미래학교,

공간과 문화를 짓다

미래학교, 공간과 문화를 짓다

초판 1쇄 발행 2022년 9월 2일

지은이 ǀ 송순재, 김은미, 박성철, 송경훈

발행인 ǀ 최윤서
편집장 ǀ 최형임
디자인 ǀ 김수경
마케팅 지원 ǀ 최수정
펴낸 곳 ǀ ㈜교육과실천
도서문의 ǀ 02-2264-7775
인쇄 ǀ 031-945-6554 두성 P&L
일원화 구입처 ǀ 031-407-6368 ㈜태양서적
등록 ǀ 2020년 2월 3일 제2020-000024호
주소 ǀ 서울특별시 중구 창경궁로 18-1 동림비즈센터 505호
ISBN 979-11-91724-15-8 (13370)

책값은 뒤표지에 있습니다.

아이의 성장을 돕고 공동체의 행복을 꽃피우는

미래학교, 공간과 문화를 짓다

송순재, 김은미, 박성철, 송경훈 지음

Green Smart School of the Future

제1장
미래학교 공간의 의미찾기_송순재

제2장

미래학교 상상하기_김은미

제3장

학습자를 위한 공간재구조화_박성철

제4장
미래학교 사전기획, 무엇을 담을까_송경훈

| 머리말

"당신이 정말로 읽고 싶은 책이 있는데, 아직 그런 책이 없다면 당신이 직접 써야 한다."

평소 좋아하던 토니 모리슨(Toni Morrison)의 명언이 내 마음에 성큼 다가왔다. 글을 써야한다는 것은 주저되지만 학교 공간을 함께 만들어가는 따뜻한 공동체의 과정을 담고 싶다는 마음으로 이 책을 쓸 용기를 가졌다. 두 번의 셀프-리모델링 경험을 포함해 네 번의 집을 짓고 고치는 과정을 거치면서 공간이 주는 따뜻함과 함께 만들어가는 과정에서 느껴지는 소중함을 알게 되었다. 10년 전부터 방학 때마다 방문했던 해외의 낯선 도시에서 학교, 도서관, 미술관 같은 다양한 공간을 만났다. 이때 느꼈던 수많은 감상과 감정들을 통해서 무엇보다 학교라는 공간이 아이들에게 따뜻하게 다가가는 편안한 공간이 되었으면 싶었다. 그와 더불어 학교라는 공간에 사람 사는 이야기를 담고 싶었다. 이러한 마음으로 행복한 특수학급 공간을 구성해 아이들과 함께 색을 칠하고, 하나씩 하나씩 만들어 가는 과정을 경험했다. 실제로 원목책상을 함께 만드는 프로젝트를 할 때 우리 반 아이들은 처음으로 고사리 같은 손에 드릴을 잡았고, 사포질을 했다. 함께 원목책상을 만드는 과정 중에 여러 번 감동을 경험했다. 절대로 책상에 오래 앉아있는 법이 없던 우리 반 아이가, 다음날 책상에 의젓하게 앉는 기적 같은 일이 생겼고, '참여' 가 얼마가 중요한지 새삼 깨닫게 되었다.

학교 공간을 새로 구성하고 싶은 욕심에 신규로 특수학급을 만드는 학교를 찾아다니게 되었다. 함께 배움의 공간을 만들고 집들이를 했던 그날들을 잊을 수가 없다. 집들이의 사전적 의미는 "이사한 후에 이웃과 친지를 불러 집을 구경시키고 음식을 대접하는 일"이다. 집들이를 하던 날, 우리 학교의 리코더 합창단 아이들이 교실 앞 로비에서 축하공연을 해 주었다. 또 우리 학교 선생님들뿐만 아니라 관내의 특수학급 선생님들까지 초대해서 '우리' 가 '함께 만든' 특수학급이 장애학생들뿐 아니라 모두가 오고 싶어 하는 공간이 될 수 있다는 것을 확인했다. 함께 어울려 살아가는 것이 얼마나 멋진 일인지에 대해서 오랜 시간이 지났어도 그때를 떠올리면 여전히 행복하다.

시간이 흐르고, 학교 공간이 국가 정책의 일환으로 인식되면서 교육부 시설과 학교공간혁신팀에서 연구사로 일 할 수 있는 기회가 생겼다. 사용자 모두의 요구를 충족하고, 보편적 설계를 기본으로 모두가 오고 싶은 공간을 만들며, 배움의 경계가 허물어지는 개방적인 학교 공간에 대한 이야기를 담을 수 있었다, 더 나아가 국가적인 시책으로 그린스마트 미래학교라는 미래교육전환을 위한 정책이 시행되는 자리에서 함께 연구하고 정책을 만드는 일에 참여할 수 있었다. 하지만 모든 정책이 그렇듯 정책보다 중요한 것은 그 정책을 실행하고 함께 할 사람의 역량이다. 그린스마트 미래학교가 추진되면서 대량의 학교 건축 물량이 쏟아지고, 정말로 중요한 '참여와 과정' 의 소중함이 사라지고, 그간에 만들어져왔던 학교공간혁신의 노하우들도 터무니없이 부족했다는 민낯이 드러났다.

교육부에 있으면서 다양한 분야의 전문가들이 함께 만들어가는 이 과정에 건축가와 교사, 그리고 학생들이 함께 할 수 있도록, '좋은 학교를 넘어서 위대한 학교' 를 만들기 위한 연수를 만들었다. 그 과정에서 송순재 교수님의 강의를 들었고, 『느낌이 있는 학교건축』이라는 절판되어 찾기 어려운 20여 년 전의 책도 만나게 되었다.

일련의 과정들을 거치면서 책속의 철학을 고스란히 담으면서 미래학교가 추구하는 학교건축물과 학교문화를 만드는 사용자참여 설계과정은 실제로 어떻게 진행되는 것인지 보여주는 구체적인 사례를 담은 책이 있으면 좋겠다는 생각을 하게 되었고, 그 결과, 이 책을 함께 집필하신 분들을 초대하게 되었다. 바쁘신 와중에도 교육의 본질과 배움의 공간을 고민하시고 먼저 불씨를 던져주신 송순재 교수님, 학교 공간에 대해 무수한 연구를 실제화 하여 좋은 사례들을 하나씩 하나씩 쌓아가며 묵묵히 걷고 계신 박성철 박사님, 교육부에서 함께 근무하면서 미래교육의 역량뿐 아니라 미래교육기획을 실제로 진행한 송경훈 선생님과 함께 머리를 맞대고 각자가 지금까지 쌓아온 경험을 담아 이 책 『미래학교, 공간과 문화를 짓다』를 세상에 내놓게 되었다.

학교 공간은 누구 한 사람의 것이 아니라 아이의 행복한 성장을 바라보면서 함께 만들어 가는 것이다. 그 과정에서 가장 중요한 것은 바로 '공동체의 힘'이다. 이 책이 함께 참여하는 과정을 통해 민주적인 학교의 새로운 문화를 만들고자 노력하는 모든 분들에게 귀한 길잡이가 되었으면 좋겠다는 바람이다. 세상에 없는 책을 쓰고 싶다는 소박한 마음 역시 이 글을 읽는 독자들이 마음으로 느껴주셨으면 좋겠다. 부족할 수 있는 이 글이 또 다른 여러분의 이야기를 만드는 밑거름이 되길 바라며 모두가 행복하고 성장하는 미래학교를 꿈꾸어본다.

2022년 8월

김은미

제1장

미래학교 공간의 의미찾기

Green Smart School of the Future

○ 송순재

독일 튀빙겐대학교(Eberhard Karls Universität Tübingen) 사회과학 박사(교육철학 전공). 감리교신학대학교 교수, 서울시교육연수원장, 한국인문사회과학회 회장을 역임하였다. 저·역서로 『상상력으로 교육에 말 걸기』, 『덴마크 자유교육』(편저), 『혁신학교, 한국교육의 미래를 열다』(편저), 『꿈의학교, 헬레네 랑에』(역서) 등 다수가 있다.

:: 일러두기

이 글의 일부(III, IV)는 필자가 2011년에 펴낸 『상상력으로 교육에 말 걸기』 중 '첫째 마당 공간'의 주요 논지를 전거로 삼았음을 밝혀둔다. 내용 중 겹치는 부분이 있기에 본문에서는 의거한 부분을 쪽수로 제시하였으나 단순 반복은 피하고 현장의 새로운 요구에 맞추어 다시 풀어썼다.

:: 감사의 말씀

2000년도 초엽 필자가 학교 공간 연구를 본격적으로 시작했을 때 부터 이 분야의 전문가이기도 한 크리스티안 리텔마이어(Christian Rittelmeyer, 독일 괴팅겐 대학교) 교수님과의 학문적 교류를 병행해 왔다. 교수님은 자신의 저서 『느낌이 있는 학교건축(Schbauten positiv gestalten:Wie Schüler Farben und Formen erleben, Wiesbaden·Berlin, 1994)』이 2005년 한국어로 출간될 수 있도록 도움을 주셨을 뿐 아니라 그동안 학교 공간에 관한 여러 자료를 제시하는 등 생산적 자극을 주셨다. 최근의 글 건축과 교육-학교건축에 관한 특별한 시각에서(Architektur und Bildung - mit einem besonderen Blick auf Schulbauten, 2021)는 그동안의 관심사를 집약시켜 나타낸 글로, 그 일부도 이 글 본문에서 소개하였다. 지면을 빌어 깊은 감사의 말씀을 드린다.

I

왜 공간인가?

평소 건축에 관심이 있는 친구로부터 전해들은 이야기 한 편으로 말문을 열어본다.

이제는 평생 하던 일을 그만둘 때가 되었다. 그래서 도시를 떠나 농산어촌 어디엔가 거처를 잡아 살아봐야겠다고 생각했다. 약간의 준비기간을 거쳐 구상을 행동으로 옮겼다. 최종 선택된 곳은 산이었다. 산중턱에 집을 지어야 한다면 어떻게 해야 할까? 쉽지 않은 과제였다. 전문가와 협의해야 할 단계에 이르렀다. 처음에는 사각형 형태의 2층집을 생각했는데, 설계사무소의 디자인 담당자는 산의 경사를 해치지 말고 경사를 따라 지붕선을 그려 보자고 제안했다. 숙고 과정을 거쳐 그렇게 해 보니 집은 자연스레 3층이 되었다. 건축이 끝난 후 집을 측면에서 바라보니 지붕 선의 흐름이 뚜렷이 살아있다. 디자인 담당자의 제안이 의미 있게 느껴졌다. 시간

| 산의 경사를 따라 지은 집 | (그림, 김행란)

이 지나면서도 그러한 평가는 지속되었다. 그렇다고 처음 나의 생각이 잘못되었다고 생각하지는 않는다. 지금도 여전히 사각형태의 2층으로 지었다면 어땠을까 하는 여운은 남아있다. 산의 경사면과 일정한 차이가 나도록 하고 그에 따라 산과 건물이 합쳐졌을 경우 전체적으로 묘한 역동성이 나타날 수도 있지 않았을까?

집 내부에는 보통 집들과 달리 지하실을 크게 제대로 만들어보았다. 그리고는 그 공간 전체를 텅 빈 채로 두었다. 살면서 필요에 따라 이리저리 마음 가는 대로 구획하여 활용하면 재미있을 것이라 생각했기 때문이다.

같은 공간이라도 가구를 어떻게 배치하느냐에 따라 느낌은 확 달라진다. 거실에 아무 것도 놓아두지 않았을 때나 그렇지 않았을 때 …. 가구를 최소화시켰을 때 공간은 단순하고 시원해진다. 그렇지 않고 필요에 따라 여기저기 여럿 배치했을 때는 또 다르다. 일곱 평 정도 되는 공간에 주방과 식탁과 소파와 책장을 어떻게 배치해야 할지를 두고 고심을 거듭했다. 수년 동안을 이리저리 해보아도 만족스럽지는 않았다. 어느 날 오랜만에 방문한 딸아이가 내가 며칠 어디에 다녀 온 사이에 소파 위치를 바꾸었다. 방 안으로 들어섰을 때 나는 바로 거실이 달라졌음을 알아챘고 그게 소파의 위치 때문이라는 것과 그 때문에 거실 전체의 느낌이 확연히 살아나 있음도 인지할 수 있었다. 소파의 등을 식탁과 반대되는 방향으로 배치한 것이었다. 그렇게 해서 거실 한쪽은 문득 이전보다 훨씬 아늑한 공간으로 바뀌었다. 그리하여 이 문제에 관한 한 딸아이의 감각이 나보다는 훨씬 본능적으로 작동했다는 사실이 드러났다. 이 자체 평가는 우리 집을 간간히 방문하는 지인의 자녀인 초등학생 여자 아이들의 소감에서도 확인되었다. "아, 여기가 달라졌어요. 이전 보다 더 아늑한 거 같아요." 아이들의 반응이 놀라웠다. 아늑함은 조명을 황색등으로 했을 때 강화된다. 하지만 빛이 너무 약하면 아늑함은 우울함으로 바뀐다. 그래서 등을 여러 개 설치했다. 등이라 해서 항상 천정에 다는 건 아니다. 바닥과 측면을 이용하면 느낌은 또 달라질 것이다. 이는 형태 뿐 아니라 색채가 공간 조성의 중요한 요소라는 점을 말해준다.

집을 둘러싼 숲에는 니끼다 소나무와 잣나무, 아카시아 나무들이 심겨져 있었다. 처음 자리 잡았을 때 이 나무들은 아직 어려 듬성듬성 흙이 보일 정도였고 어떤 곳은 나무보다 흙이 더 많다는 느낌도 주었다. 흙산은 초목이 우거진 공간과는 느낌상 현격한 차이가 있다. 그래서 초기부터 해마다 열심히 식목을 해 왔다. 산길을 내고 양쪽으로 나무를 심거나 경사면에는 꽃 잔디와 철쭉을 심었다. 틈틈이 과일나무도 심었다. 원래 있던 밤나무와 은행나무, 느티나무와 계수나무는 이후 더 커지고 굵어지고 정말 풍성해졌다. 전체적으로 보아 이제는 처음과는 많이 달라졌다. 여름철에는 밀림 느낌마저 들 정도로 우거져 간다.

만일 집만 있고 숲이 없었다면 어땠을까? 초목으로 형성된 공간은 집과 대조를 이루며 풍성함과 시원함, 때론 아늑함을 선사해준다. 이 공간은 비가 올 때나 비 온 후에는 또 다른 느낌을 준다. 촉촉해서 뿐 아니라 물기를 머금은 초목과 대지의 색채는 메말랐을 때와는 다른 정서를 촉발시키기 때문이다. 잿빛과 검정색으로 뒤덮인 겨울 숲이 봄을 맞으니 산수유가 피어나고 생강나무도 피어난다. 그리하여 숲은 돌연 노란색으로 빛나기 시작한다. 그러고 나서는 진달래와 찔레와 철쭉과 으아리와 아카시아와 장미와 말발돌이와 밤꽃과 헛개 나무 꽃들이 피어나 숲은 점점 다채롭게 변해간다. 노랑, 빨강, 분홍, 파랑 그리고 이어서 흰색 꽃들이 순서대로 피어나는 만큼 공간도 새로 조성되는 느낌이다. 이렇듯 공간은 형태와 색채로 이루어진다. 수십수천수백만의 빗줄기로 재구성되고 연회색이나 진회색 구름으로 뒤덮인 허공은 푸르고 맑은 하늘과는 다른 느낌을 준다. 기후 조건으로 인해 같은 공간이 다른 정조를 불러일으키는 공간으로 바뀌는 셈이다. 그런 때는 따뜻한 차 한 잔이 제격이다. 생각에 잠기게 하는 공간 때문이다.

"그의 이야기를 들으며 나도 이렇게 이야기를 이어가고 싶었다."

일 년 내내 혹은 한 해 중 반 년은 태양만이 작열하는 그런 나라에서는 잘 살 수 없을 것 같다. 그런 곳에서는 심오한 철학적 사유 활동이 자리 잡을 수 없을 것 같다. 나는 오래 전 독일에서 수학할 때, 그곳에서 철학이 발달한 이유를 나름 추정해 본 적이 있다. 일 년 중 흐리고 비 오는 날이 상당한 이 나라에서는 그럴 수밖에 없었을 것이라는…. 철학을 전공하던 내 독일인 친구도 같은 의견이었다. 지금은 그리스 날씨가 저렇지만 예전에, 그러니까 소크라테스와 헤라클레이토스, 플라톤이 활동했던 당시 그리스의 기후 조건은 지금의 독일과 같지 않았을까 하는 추정이었다. 그리고 우리는 특정한 기후대를 가진 지형 조건과 정신세계의 형성 간의 관계에 대해 한참 이야기를 나눈 적이 있었다. 이런 점에서 영국의 기후는 독일과는 또 다른 특징을 갖는다. 그곳에서는 정원이나 철학이나 과학이 발달할 수밖에 없었을 것이라는 게 그곳을 여행한 이들이 들려주는 소감이다.

인간의 삶을 기본적으로 조건 짓는 두 가지 요소가 있다. 시간과 공간이 바로 그것이다. 인간은 시간적 존재인 동시에 공간적 존재라는 뜻이다. 시간적 경과를 밟아나가는 것이 삶이라면 공간을 바탕으로 하지 않는 시간적 행위란 성립 불가하다. 이 전제 속에서 비로소 역사가 형성될 수 있다. 이 두 가지 요소는 교육의 과정에서도 필수적으로 고려해야 한다. 그럼에도 지금까지 우리 교육현장에서는 대체로 시간적 경과에 초점을 맞추어 왔고 공간 문제는 간과되어 왔다.

이 문제를 정당하게 다루기 위해서 먼저 현대 서양에서 이루어져 온 의미 있는 시도들을 살펴보고 싶다. 우리의 근대식 학교 공간은 가깝게 보면 일제하 학교건물 형태로부터 온 것이지만 멀리 보면 서구의 영향 하에서 조성된 것이기에 그 배경을 이해할 필요가 있고, 또 그 문화권에서 전개되어 온 성찰과 극복의 노력을 눈여겨보는 것은 어느 모로 보나 유의미하기 때문이다.

II

서구학교 공간 변화의 움직임

1. 19~20세기 전환기, 개혁교육운동기의 상황

서구에서 발현된 문제의식은 새로 출현한 교육학적 안목 때문이었다. 다시 말해서 먼저 그것은 19세기 말에서 20세기로 넘어가는 시기를 기점으로 발흥·전개된 '개혁교육운동'에서 다루어진 흥미로운 주제 중 하나였던 것으로 몇 가지 주요 사례를 들면 다음과 같다.

무엇보다 먼저 언급한 만한 것으로는 마리아 몬테소리(Maria Montessori, 1870~1952)의 '준비된 환경'이다. 아이들은 자신이 위치해 있으며 자신을 둘러싸고 있는 교실 환경이 자신의 감각과 정신 활동을 생산적으로 자극할 만큼 다양하고 풍부하게 갖추어져 있을 때 자발적으로 또한 자기주도적으로 창조적 학습활동을 하게 된다는 것이다. 이 발상은 오늘날 세계 전역의 몬테소리 학교에서 두루 구현되고 있다. 이를테면 수업이 시작되는 처음 한두 시간 정도를 아무 것도 가르치지 않고 준비된 환경만을 제시하여 아이들이 스스로 활동하며 학습할 수 있도록 하는 방식이 그것이다. 여기에는 특별히 고안된 공간이 아이들의 자기주도적 학습을 촉진하는데 결정적 의미를 가진다는 논지가 더할 나위 없이 명석하게 드러나 있다.

문제를 또 다른 관점에서 다룬 대표적 사례로는, '노작학교' 개념을 제시했으며 당시 독일 개혁교육운동의 결정적 역할을 한 교육자로 평가받는 게오르크 케르쉔슈타이너(Georg Kerschensteiner, 1854~1932)의 시도이다. 그는 정신뿐 아니라 몸의 도야를 통해 당시 공교육이 안고 있던 한계를 넘어서고자 했으며 그 요로가 수공활동에 있다고 보았다. 그가 보기에, 전통적 학교에는 다만 '경청하기' 만을 위한 수업, 즉 책을 위주로 한 수업이나 추상적 사고 활동을 위주로 한 수업구조와 그러한 교실 구조가 있을 뿐, 이 새로운 요구에는 전혀 부적합하였다. 그렇다면 어떻게 바꾸어 내야 할까? 두 가지 차원을 짚었는데, 하나는 수공활동을 위한 합리적 공간을 새로 조성하고, 나아가서 이것과 정신 활동을 위한 공간이 하나로 이어지도록 하자는 것이었다. 다른 하나는 부모의 경제생활과 가정의 노동현장이 아동의 일상과 함께 엮인 공간 구조이다. 그런 의미에서 집과 학교는 노작교육을 위한 기본적 공간이 되어야 하리라 했다. 어린 시절 아이들은 모래밭과 놀이터가 필요할 것이요, 좀 더 나이든 아이들에게는 작업실과 부엌과 정원과 들판과 외양간과 낚시 배 같은 것이 필요할 것이다. 거기서 비로소 아이들은 파고, 짓고, 만드는 등의 생산적 창조 활동을 펼칠 수 있을 것이라는 이유 때문이었다(Wehle, 1968 : 28~30). 케르쉔슈타이너는 교장으로 부임해갔던 초등학교에 이 의도를 구현했다. 실습실을 마련하고, 주방과 정원과 자연과학실험실, 수족관, 양서류와 파충류 사육을 위한 상자, 목재와 금속을 다루기 위한 작업장을 설치했는데, 이 모두 노작교육을 위한 구체적 시설물들이었던 것이다. 그는 후일 뮈헨 교육청에서 책임있는 위치에 올랐을 때 자신의 의도에 따라 뮌헨 소재 학교 전체의 변화를 이끌어내고자 했다(Wehle, 1968 : 129~131).

흡사한 맥락에서 언급할 만한 또 하나의 고전적 시도가 현대 프랑스 대안교육의 대표격에 해당하는 셀레스땡 프레네(Célestin Freinet, 1896~1966)에게서도 이루어졌다.

프레네는 자신의 교육학적 관점에 따라 기존의 학교 공간 구조를 비판적으로 극복하기 위해 다음과 같은 구상을 내놓았다. 기본 구도에 있어서, 8세부터는 모둠별 학습과 개인별 학습이 가능하기 때문에 이에 맞추어, 기존의 전통적인 학교 건물 구조와는 달리 거실을 배치하여 마치 마을의 공공 광장처럼 함께 모여 교류가 가능하도록 하고, 거실을 중심으로 방사된 칸막이로 분리된 여러 개의 일터 교실을 배치하고, 빛이 폭넓게 들어올 수 있게 유리 창문을 설치하도록 했다. “건물 중앙에 학생들이 가능한 한 자주 모일 수 있고, 일터 교실과 자료조사활동을 하는 방(교실)과 실험을 하는 방(교실)으로 자유롭게 오갈 수 있게 설계된 변형 가능한 거실이 있는 작은 마을과 같은” 형태가 그것이었다.

거실에는 우선 책상을 배치한다. 고정식 책상이 아니라 다양한 방식으로 위치 이동이 가능한 책상이다. 칠판도 필요하고, 전축과 영화, 라디오 같은 설비도 도입한다. 요즘말로 하면 오디오와 비디오 시설이다. 아울러 여기에는 개인으로는 준비하거나 활용할 수 없는 자료와 도구들인 참고문헌자료, 학습총서, 실험도구, 기구, 진귀한 물건, 행정문서들을 보관하고 관리할 수 있는 공간도 마련한다. 이런 것들을 활용하여 다양한 공동작업이 이루어지도록 한다. 실연(實演)과 집회, 자유연구발표회, 전시, 영사(影寫) 등이 그것이다. 거실을 중심으로 방사 형태로 배치된 일터교실은 목공, 대장일, 인쇄출판작업, 과학실험 활동 등을 할 수 있는 일곱 개의 방으로 구성한다.

건물 밖 외부 활동 구역 앞쪽에는 연못과 분수, 모래더미, 실개천, 텃밭과 과수원을 배치하고, 벌통도 놓아두었다. 그것은 일종의 정원이었다. 아이들이 유리 창문을 통해 이 광경을 감상할 수 있게 했다. 뒤쪽으로는 농가의 새끼 염소나 비둘기, 토끼 같은 동물들을 기를 수 있는 현대식 축사를 배치했다. 이런 시설들은 조를 짜서 공동으로 가꾸고 돌보게하는 노작 활동과 공동체 생활이 실제로 가능하게 했다. 이는 어디까지나 기본 모형으로 학교마다 처한 형편에 따라 특색 있게 할 수 있도록 했다(정훈 : 2009 : 131-137)[1].

---

1 이 기술은 프레네의 심도 있는 시도의 일부만을 보여주는 것으로, 자세한 것은 정훈의 책을 참조하기 바란다.

아울러 좀 색다른 사례 중 하나로 1900년대 초엽 루돌프 슈타이너(Rudolf Steiner, 1861~1925)에 의해 시작된 대안학교인 '발도르프 학교'(Waldorfschule) 같은 사례도 있다. 간단한 인상을 말해 보자면, 이 학교 건물은 재래의 학교건물 형태와는 전혀 다르다. 어떻게 보면 커다란 가정집이나 농가를 연상시키기도 한다. 지붕이나 교실의 흑판, 책상 등의 각진 부분들은 부드럽게 만들어져 있고 복도나 계단 등도 율동감을 느낄 수 있도록 설치되어 있다. 그런가 하면 교실의 색채도 연령층에 따라 다르게, 따뜻한 느낌으로부터 시작해서 시원하고 강한 느낌에 이르기까지 다채롭게 변화를 주는 식으로 조성되어 있다. 건물들을 서로 마주보는 식으로, 얼추 원형으로 배치한 경우도 있다.

오늘날 독일과 유럽의 학교 공간에 대한 열띤 논의와 시도들은 이러한 시도들을 배경으로 한다. 하지만 이렇듯 당대 이루어진 몇몇 고무적 시도들에도 불구하고 이후 학교교육공간에 관한 논의와 새로운 시도는 공교육의 전개 과정에서 볼 때 전반적으로 그리 역동적이지 못했던 것으로 보인다.

2. 1970년대 이후의 상황

20세기 초엽 이후 전개과정에서 그 상황을 간명하게 파악하기 위해서는 1970년대 프랑스의 포스트모던 철학자인 푸코(Michel Foucault, 1926-1984)의 저서인 『감시와 처벌』을 일견할 필요가 있다(푸코, 1994 : 295). 그는 문제의 핵심을 '일망(一望) 감시시설(Panopticon)'이라는 말로 표현하고자 했는데, 이는 요컨대 중앙에서 "끊임없이 대상을 바라볼 수 있고, 즉각적으로 판별할 수 있는, 그러한 공간적 단위를 구획 정리"하는 구조를 말한다. 이런 식의 감시구조가 감옥이나 병원에서 그리고 학교에서 힘을 발휘하고 있다는 것이다.

개혁교육운동사에서도 일견했듯이 그러한 비판적 논의는 근현대교육사에서 여러 갈래로 성장해 왔다. 그리고 그것은 근래에 들어 좀 더 강화되어 나타나고 있다. 그러한 시도 중 유력한 것 중 하나는 1980년대 들어 시작되어 현재에 이르고 있는 독일의 헬레네 랑에 슐레(Helene-Lange-Schule)의 학교공간조성을 위한 시도이다. 자세한 고찰을 요하여 이하 소제목을 달아 살펴보기로 한다.

헬레네 랑에 슐레의 학습공간

헬레네 랑에 슐레는 독일 중부 헤센 주의 수도인 비스바덴에 위치해 있다. 이 학교의 개혁을 주도한 사람은 에냐 리겔(Enja Riegel) 교장이다. 1983년 새로 부임하여 2003년 은퇴하기까지 20여 년간 뜨거운 열정과 학구적 노력을 바쳐 일했다. 이 학교는 원래 1847년 여성교육을 목적으로 설립되었고, 1, 2차 세계대전이라는 역사의 격동기를 넘어서 김나지움으로 발전한 후, 1985년에 이르러 마침내 오늘날과 같은 구조변혁을 위한 전기를 맞게 되었다. 그것은 한편으로는 외부로부터 온 자극에 의한 것이기도 했다. 당시 헤센 주 교육청은 '촉진단계계획'[2]을 입안하였는데, 이는 현장에 있는 학교들의 행정조직뿐 아니라 내적인 구조를 다시 한 번 새롭게 성찰하여 변화를 모색하도록 한 것이었다. 새롭게 변화한 면모와 특징을 요점적으로 살펴보면 다음과 같다.

관료주의적 행정체제에서 유기체적 생명체로 - '학교 안의 학교'

혁신의 과제로 가장 먼저 짚어낸 것은 대부분의 학교를 지배하는 행정 구조인 관료제였다. 그것은 지금까지 마치 공장이나 병영, 심지어는 감옥과도 같이 작용해 왔다는 것이었다. 관료제는 전형적으로 봉사하기보다는 군림하며 지배를 추구하는 행정 체제를 가동하며 권위주의적인 통제 체제를 통해 힘을 발휘하기 때문에, 시간이 갈수록 생동성과 자발성을 질식시킨다는 문제의식이 대두되었다. 리겔 교장은 이 구조를 하나의 '유기체적 생명체' 로 바꾸어 내야 한다고 생각했고 이는 다음과 같은 방식으로 진행되었다.

이 학교는 5–10학년까지 6개년의 중등교육 제1단계의 남녀학생들을 대상으로 하고 있으며, 각 학년 학생 수는 100여명 정도로 모두 620명가량 된다.[3] 교사 수는 43명이다. 이렇게 보면 이 학교는 큰 규모에 속한다. 학교운영위원회는 대형학교가 가지는 문제와 위험을 옳게 인식하였다. 큰 규모는 종종 학생과 교사들을 익명적인 존재로 전락시키고, 각자가 전체를 조망하는 관점을 얻기 어렵게 만든다는 것이었다. 학생과 교사가 상

---

2 독일의 초등학교는 전통적으로 4년제로, 5학년부터는 직업준비과정과 김나지움의 이원적인 구조로 나뉜다. 그런데 이 '촉진단계' 는 학생들을 4학년에 이어 바로 나누지 않고, '2년 동안의 공통과정' 에 다니게 하면서 진로를 준비하는 데 도움을 주도록 설치된 것이다.

3 이 학교의 학부모는 수공업과 상업에 종사하는 이들이 다수를 이루고, 공업이나 회사원, 관리는 적다. 중산층이 주류를 이루고 상류층은 드문 편이다. 타국적 어린이(이탈리아, 유고, 포르투갈, 터키, 이란, 모로코, 이집트 등)가 전체의 10~12퍼센트를 차지한다.

호 조망하고 지속적인 관계를 설정하도록 할 필요가 절실했다.

그래서 이 학교에서는 일종의 '학교 안의 (작은) 학교'를 만들기로 하였다. 핵심은 큰 구조 안에서 다시금 작은 구조를 만들고 이들 각각의 구조들이 전체적 연관성 안에서 작동하도록 하는데 두어졌다. 그것이 바로 '팀 작업'이다. 전 학년 학생을 100명을 단위로 한 여섯 개의 팀으로 나눈 후 (각 팀은 25~26명이 한 학급을 이루는 작은 학급 4개로 구성), 각 팀을 6−8명의 교사가 하나의 팀을 이루어 6년 동안 지속적으로 가르치는 방식이다. 이를 통해 학생들로 하여금 고도의 자기 책임성과 자율성을 익히도록 시도했다. 담임교사는 자기 팀에서 좀 더 많은 시간을 갖게 했는데, 저학년일수록 더욱 그렇게 하였다. 이를테면 주당 반 이상의 시간을 자기 팀에 들어간다. 이렇게 하니 학생들의 강점과 약점을 잘 알 수 있게 되었다. 교사는 한 학급에서 '두세 개의 교과'를 가르칠 수 있도록 권한이 보장되어 있다. 학교의 위계질서는 가능한 한 폐지하고 대신 연간계획을 세우는 데서부터 재정에 이르기까지 각 팀이 담당할 과제에 대한 책임성을 제고하고자 했다.

수업 혁신을 위한 철학과 방법 : 기본 구상과 몇 사례

학습에서도 근본적 변화가 요청되었다. 학습은 오랫동안 마치 공장의 생산 공정처럼 이루어져 왔다. 학생들은 효율적 외국어 학습을 위해 개인별로 칸막이가 쳐진 어학실에 들어가 반복적 연습과정에 자신의 몸을 맡긴다. 이런 식의 학습은 분명 기술공학적으로 발전된 방법임에는 틀림없으나 언어적 생동성을 기계화시켜 버리는 상황을 피할 수 없다. 외국어는 차라리 일상적인 대화 속에서, 축제에서 혹은 연극과 같은 예술작품 속에서 생생하게 배울 수 있지 않을까? 우리는 교육이 이루어지는 마당을 각자의 삶의 생동성이 분출하는 '판' 으로 만들어 나갈 수는 없을까?

이런 물음에 따라 교사들은 학교의 수업 구조를 전적으로 새롭게 바꾸어내지 않으면 안 되겠다는 필요성을 절감하였다. 제도를 쇄신하기 위해 필요한 조처가 모색되기 시작했다. 이 관점에서 염두에 둔 개념들이 있었는데 '인간화', '민주화', '학습에서의 자율화' 라는 세 가지 명제가 바로 그것이었다.

학습을 위한 교실 공간 재구성

헬레네 랑에 슐레의 변화된 교실구조와 교구는 이 맥락에서 언급할 만한 데, 전통적 교실의 정형화된 구조를 아주 다른 식으로 바꾸어냈고 교구도 다양하게 활용할 수 있도록 했기 때문이다. 주요 특징을 살피면 다음과 같다 :

> 교실과 교수의 변화는 새로운 교육적 관점 때문이다 : 전체 구조를 다시 바꾸어 방을 나누거나 트거나 하여 용도를 쓰임새 있도록 하였다. 도색도 새로 하였다. 24개의 교실을 마련하고, 각 학년마다 네 개의 교실을 배정하였다. 각 학년의 공동작업과 사회적 교류를 위한 여섯 개의 큰 방이 있다. 아울러 자료실(6개), 모둠 작업실(6개), 작업교실(11개), 자연과학 실험실(4개), 체육관, 도서관, 연극실, 식당, 정원 등이 있다. 복도는 다만 통과하는 공간이 아니라 삶이 경험되도록 다양하게 꾸몄다. 이곳은 마치 교실처럼 자유로운 학습을 위한 자리가 되기도 하고, 전시를 위한 공간이 되기도 한다.

교실 공간을 구성하는 주요소는 다음과 같다 : ① 교실은 전체적으로 가정집과 같은 분위기가 나도록 꾸민다. ② 교사의 강의 뿐 아니라 학생들의 자발적 학습 활동을 촉진할 수 있는 공간이어야 한다. 공동협력학습을 할 수 있도록 4명에서 6명이 함께 앉는 식으로 책걸상을 배치한다. 책걸상은 교실 문 왼쪽부터 시작해서 뒤편으로 돌아 다시 오른쪽으로 오도록 하되 전면은 비워둔 형태로 한다(길죽한 타원형). 이렇게 하니 모둠 토의 학습 뿐 아니라 프로젝트 등의 학습 활동이 원활하게 되었다. ③ 뒷편 구석에는 조용히 앉아 있을 수 있거나, 혼자서 책을 읽거나 쓸 수 있는 공간이 별도로 마련되어 있다. ④ 각 교실마다 프린터나 복사기, 타이프라이터, 외국어, 자연과학, 수작업 등을 위한 다양한 도구상자를 비치하여 편의에 따라 이용할 수 있게 하였다. ⑤ 공동의 방에서는 학급이나 학년간의 통합 활동이 이루어진다.

이 특징은 필자가 직접 본 것에 문헌 자료를 더하여 정리한 것이다. 교실과 학년 구역 내부는 베커, 게롤트·쿤체, 아르눌프·리겔, 에냐·베버, 하요가 함께 쓰고 이승은이 우리말로 옮긴 『만들고 행동하고 표현하라』(2006 : 310−318)에 자세히 제시되어 있다. 학교의 전반적 특징에 관해서는 리겔 교장이 쓰고 송순재가 옮긴 『꿈의 학교 헬레네 랑에』(2012)에서 자세히 소개받을 수 있다.

이상 서구적 상황을 배경으로, 우리 교육공간문제를 좀 더 근본적으로 또한 비판적으로 성찰해 보고 새로운 방향을 가늠해보고 싶다.

III

공간체험 :

공간과의 내적 교류 혹은 공간에 대한 정서적 느낌의 문제

학교 공간 조성은 물리적 공간을 어떻게 교육학적으로 만들어 제공할 것인가 하는 문제이기는 하나, 동시에 이는 학생 편에서 내적으로 어떻게 받아들이는가 하는 문제이기도 하다. 이는 기본적으로 인간이 공간과 교류하는 방식의 물음, 즉 공간을 통해서 혹은 그 안에서 체험하는 방식에 관한 것이다. 이를 선행시키거나 병행시키지 않을 경우 문제 전체를 오류에 빠지게 된다.

이 점은 일찍이 오토 볼노(Otto F. Bollnow)가 교육인간학적 관점에서 자세히 논한 바 있다. 이를테면 거주란 특정한 공간에서의 체류를 뜻하는 것만이 아니라 엄연한 노력에 의해서 비로소 획득되어야 하는 것으로, 즉 "인간이 그 안에서 자신의 공간과 관계하는 어떤 특정한 인간의 내적 상태"를 뜻하는 것이라고 보았다. 그래서 이를테면 현대인은 도시에서 잃어버린 고향을 "다시 거주함을 배우는 과정을 통해서" 되찾을 수 있어야 할 것이라 하였다.

이 논지를 교육학적 맥락으로 옮겨놓고 살펴 보면 다음과 같다. 우리는 종종 소년들이 나무에 기어오르거나 미지의 동굴을 탐험하려 드는 식의 행동을 볼 수 있는데, 부모는 이를 불안해하면서 억제하려 들지 말고 그 능력을 십분 발휘하도록 해야 한다고 한다. 왜냐하면 이는 일찍이 프뢰벨(Friedrich Fröbel)이 "공간을 정복하려는 자연적 욕구의 발로"로 표현한 것처럼, 자라나는 아이들이 공간과의 연관성 속에서 자기를 특정하게 방향지우려 하는 내적 태도이기 때문이라는 것이다. 그렇게 하지 않고 보호하려 들기만 한다면 아이들은 온실 속 화초나 안방샌님으로 갇혀버리고 만다. 우리는 오히려 그러한 요구를 적극 고무할뿐더러, 나아가서는 뒤로 물러서서 주저하는 아이들을 그러한 방향으로 이끌어내야 한다. 내적 욕구는 그러한 공간과의 교류를 통해서 발산되고 강화되고 이를 통해 자라나는 아이들의 인격이 생명력 있게 형성되기 때문이라는 것이다. 이와 같이 체육에서 '뛰어오름'은 중요한데, "뛰어오름으로써 안전한 바닥에서 분리되어 자유로운 공간에 자신을 내맡기기 때문이다." 역시 "방랑이나 노천에서 밤을 지새우는 것" 같은 행위들도 모두 이러한 맥락에서 교육학적 과제가 된다.

이상의 논지는 교육학적인 문제로서의 공간은 다만 학교건축공간을 어떻게 조성하느냐 하는 문제에 국한되지 않고, 아이들이 다양한 공간구조와 유의미하게 관계를 맺고 교류하게끔 돕는 과제이기도 하다는 점을 밝혀주는 것이다. 이러한 고찰에 따르자면 내달리거나, 파고들거나, 기어오르거나, 뛰어오르거나 뛰어내리거나, 매달리거나 하는 등의 활동을 가능케 하는 공간을 제시한다면 학생들은 그들의 내적 능력을 발현할 수 있는 적절한 기회를 발견하는데 도움을 얻을 수 있을 것이다. 그와는 반대로 가만히 마음을 모으고 함께 앉아있거나 자그마한 크기로 도란도란 모여 앉거나 좀 더 큰 크기로 둘러앉거나 빛이 없는 깜깜한 곳에서나 빛이 가득한 밝은 곳에서 혹은 어슴프레한 곳에서 고요히 앉아 있을 수 있는 공간을 제시할 경우도 마찬가지다(송순재, 2011 : 20–21).

| 아이들의 호기심을 자극하는 설악산 한계령 어느 계곡 |

그러기 위해서는 특히 자연환경, 땅과 하늘, 들과 산, 개울과 강, 나무와 꽃과 새와 각종 동물들 같은 존재와 접할 수 있도록 할 뿐 더러 가능한 한 이런 차원과 요소들을 학교 공간과 연계시키거나 끌어들일 필요가 있다. 이는 다채롭고 심오하게 전개되어 있는 수천수만 겹의 자연세계 같은 공간과 그 안에서 이루어지는 특정한 활동들, 즉 춤이나 무술, 장거리 도보 여행, 산행, 야영과 수영 같은 활동 들 안에 함축되어 있는 체험의 문제를 뜻한다.

이 논의의 연장선상에서 우리는 문제를 바라보는 시각을 학교 공간으로 옮겨와 교실과 운동장 그리고 그에 딸린 여러 시설물들 안에서 아이들이 공간과 어떻게 교류하는지에 대해서도, 즉 어떻게 정서적으로 느끼는지 혹은 내적으로 받아들이는지, 그러기에 그 안에서 수동적으로 움직이는지 아니면 능동적으로 움직이는지, 적극적으로 탐색하려 드는지 혹은 무관심한지 등에 대해서도 살펴볼 필요가 있다. 이에 따라 학생들을 내적으로 생산적으로 혹은 창조적으로 자극할 수 있는 학교 공간은 무엇인가 하는 문제가 적절히 다루어질 수 있기 때문이다.

공간에 대한 이 내적 체험 혹은 정서적으로 받아들이기에 관한 흥미로운 일화 하나를 들어본다.

> "십 수 년 전 그리스를 여행하던 중 라코니아 지방의 미스트라(Mistra)에 있는 수도원 지역을 방문했을 때 그것들 중 규모가 비교적 작은 수도원 건물에 들어가 볼 기회가 있었다. 저 멀리 드넓은 평원을 시원하게 바라볼 수 있는 테라스

> 로부터 나는 건물 안으로 발을 옮겼다. 기도실은 절반 쯤 어두움으로 둘러싸여 있었고 아주 고적하였다. 그때 안으로 들어온 몇몇 관광객 중에는 "여기는 아주 어둡네요"라든지 혹은 "여기서는 아무 것도 보이질 않아요" 하면서 바로 밖으로 나가버리는 이들이 있었는가 하면, 고요히 앉아 몇 분 동안 그 자리에 머무르며 주위를 찬찬히 돌아보거나 내면적 태도를 취하는 이들도 있었다. 나는 이 공간이 가능케 하는 공간 체험에 매혹되었다. 그래서 여러 차례 밖으로 나왔다가 다시 안으로 들어가 보았다. 밖에서 안으로 들어갔을 때, 기도실 밖에 펼쳐진 광활한 평원을 바라보는 시선과 그것이 가져다주는 체험은 이제 그 공간이 불러일으킨 명상적 정조(情調) 즉 내면을 향한 영혼의 운동에 자리를 내어주었다. 그런가 하면, 안에서 밖으로 나갔을 때 내 마음은 확장되는 느낌으로 바뀌었다. 또 다시 안으로 들어서니 '마음이 하나로 모이고' 나 자신에게 집중하는 느낌이 솟아났다."

이것은 학교건축 연구가이기도 한 크리스티안 리텔마이어(Christian Rittelmeyer, 괴팅엔대학교)가 "건축과 교육 – 학교건축에 관한 하나의 특별한 시선"(2021)이라는 글 서두에서 소개하고 있는 이야기이다. 이 경험담은 공간이라는 물리적 조건이 어떤 강연이나 글이나 대화 같은 것이 없이도 우리 내면에 특정한 정신적 활동을 자극할 수 있음을 잘 보여준다. 그는 여기서 수도원의 기도실 공간 내부와 외부, 그 각각을 통해서 또한 그 양자 간의 상호작용을 통해서 불러일으켜지는 내적 상태나 태도에 관해서 이야기해 주고 있다. 어두운 내부 공간이 그의 마음을 집중시키거나 명상으로 이끌었다면, 외부의 광활한 평원은 그의 마음을 자유롭게 노닐도록 이끌었다. 다만 그는 하나의 공간이 누구에게나 동일한 체험을 불러일으키는 것은 아니며 개개인에 따라 다를 것이라는 점도 아울러 짚었다.

리텔마이어 교수는 일찍이 1990년대 초 연구팀을 꾸려 학교 건축과 색채의 형상화가 그곳에 터 잡고 살아가는 학생들과 나아가서는 그들의 학습 태도 및 사회적 행동 양식에 있어 결코 간과할 수 없는 영향을 미치고 있음에 착안하여, 수년 동안 아이들과 청소년들이 어떻게 다양한 학교건물형태를 체험하는지 어떤 건축학적인, 색채적 특징들이 호감을 주거나 반감을 자아내게 하는지 알기 위해 연구에 착수한 바 있다. 연구팀은 다양한 연령층에 걸쳐 500명의 학생들에게 배포한 설문지에 기초하여, 학생들의 육체적 면에 건축적 형태와 색채가 미치는 작용이 어떠한지를 밝히고자 했다. 그리고 이 연구를 통해서 학교건축 및 재건축의 계획과 수행에 참여한 사람들(설계가와 건축가, 교사와 교육관련 관청)에게서 학생들에게 걸 맞는 학교건축이 어떻게 이루어져야 할는지, 그 형상화의 특징을 위한 감수성이 일깨워졌다. 연구 결과는 『학교건축을 긍정적으로 형상화하기 : 학생들은 색채와 형태를 어떻게 체험하는가*Schulbauten positiv gestalten : wie Schüler Farben und Formen erleben*』(Wiesbaden·Berlin 1994)라는 제명으로 출간되었고, 이후 이런 방향에서 많은 사람들이 학교건축을 교육학적으로 이해하고 밝히는 데 도움을 주었다. 일깨워진 '감수성' 덕분이다. 리텔마이어 교수는 이 연구에서 도출한 핵심을 학교건축물이 '말을 걸어오는 형상'이라는 말로 표현해 냈다:

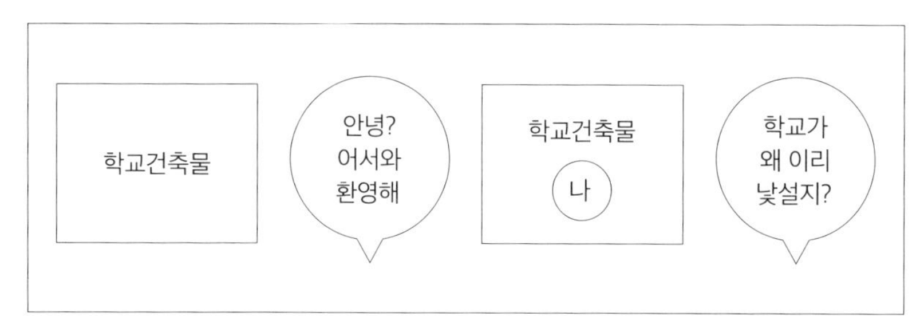

| 학교건축물이 나에게 말을 걸어오다 |

"학교건축물은 '말을 걸어오는' 형상이다. 그것은 학생들이 무의식적으로 인식하는 바, 특정한 소식을 표현한다. 그것은 이를테면 폭력적이거나, 활기차거나, 진지하거나, 쾌활하거나, 밀어닥치거나 혹은 해방감을 주거나 하는 식으로 나타난다. 이렇듯 학교 건물의 형태와 색채와 시설이 나타내는 바는 사회적 의미 맥락에서 학생들에 의해서 긍정적으로 혹은 부정적으로 평가되는데, 이는 어찌 보면 교사의 이런 저런 태도, 이를테면 사랑스러운, 아이러니한, 거부하는, 혹은 친절한 태도가 학생들에게 일정한 반응을 자아내는 것과 마찬가지 범주에 해당한다. 이 책의 포괄적인 연구 프로젝트는 독일에서 학교 건물의 사회적 표현을 평가하기 위한 세 가지 근본적인 질적 범주를 탐구하기 위한 것이었다. 이 속성이 표현된 후에 비로소 건축물은 호감을 준다거나, 마음을 끈다거나, 아름답다는 식으로 평가된다. 이런 것이 결여된 곳에서는 (대부분 무의식적으로) 건축물에 대하여 거부 반응이 나타난다. 첫째로 건물은 다채롭고 흥미를 자아낼 수 있어야 하되, 지루하거나 단조롭게 작용해서는 안 된다. 둘째로 건물은 해방감을 주고 자유롭게 풀어주는 효과가 있어야 하되, 협소하게 하거나 억누르는 듯 작용해서는 안 된다. 셋째 차디차거나 딱딱한 느낌보다는 온기와 부드러운 느낌을 발산해야 한다."(리텔마이어, 2005 : 독자들에게 드리는 필자의 인사말)

| 독일의 겔젠키르헨 비스마르크 개신교 종합학교, 외부, 내부 입구, 계단부 |
(Evangelische Gesamtschule Gelsenkirchen-Bismarck, Laarstr. 41, 45889 Gelsenkirchen)[4]

연구팀은 여기서 한걸음 더 나아가 다음과 같은 점을 명확히 해 보이려 했다. 즉 사람들은 학교 건물을 인지적으로 뿐 아니라, 우리의 몸 전체를 가지고 인식하고 평가한다는 사실이다. 공간 체험은 몸 체험의 문제라는 사실을 동시에 드러낸 것이라 할 수 있다.

건물로부터 받게 되는 인상이 정서에 미치는 일정한 영향은 학생들이 학교생활 전반에서 가지는 학습태도의 바탕을 깔아준다는 점에서 이 연

4 공간 조성에 특별한 관심을 기울여 흥미롭고 인상적 면모를 많이 보여주는 학교로 알려져 있다. – 홈페이지 참조 (https://e-g-g.de) 사진을 제공해 주신 리텔마이어(Christian Rittelmeyer)교수님께 감사드린다.

구의 의미를 가늠해 볼 수 있다. 학교나 교실의 형태와 걸상의 배치구도, 조명도 같은 요인들이 만들어내는 특정한 분위기가 긍정적으로든 부정적으로든 학생과 교사의 의식 상태나 태도를 일정한 방향에서 조성하고 또 일정한 방향으로 이끌어가며 형성할 수 있다는 뜻이다. 개개 체험의 내용은 긍정적일 수도 혹은 부정적일 수도 있다. 이에 따라 교사의 교수행위와 학생의 학습행위는 특정한 영향을 받게 된다. 일상적 경험에 의하면 같은 내용의 수업이라도 어디서는 아주 성공적으로, 어디서는 아주 불만족스럽게 이루어지는 경우가 있는데, 우리는 그 이유를 교실의 공간 구조와 특정 요인과 결부지어 추적해 볼 수도 있다는 것이다.

IV

교육과정의 실현을 위한 공간

전반적으로 보아, 우리나라의 경우 교육공간에 관한 비판적 문제의식과 실천적 시도는 그리 오래되지 않았고 – 이를테면 열린교육 도입 시기를 그 한 기점으로 보았을 때 –, 다만 서울, 경기, 광주 등의 경우 최근 들어 빠르게 심화·성장하고 있다는 인상을 주고 있기는 하나 전국적으로 보았을 때 아직 초동 단계에 있는 것으로 볼 수 있다. 현황을 보면, 보통 학교들에서는 언어나 수학, 과학 등 교과를 위해 외국어나 자연과학 교실들을 설치해 두었지만, 대체로 이러한 시설들 설치 수준을 크게 벗어나지 않는 선에 머물러 있는 실정이다.

이점에서 우리 학교 공간의 변화를 위해 의미 있을 만한 방향을, 앞 장에서 기술한 바와 같은 서구학교들을 위한 새로운 변화를 위한 시도와 관점들을 배경으로 모색해 보고 싶다. 이 과제는 그동안 지속적으로 변화해

온 국가 교육과정의 특징, 즉 가장 최근의 것으로는 7차 교육과정의 맥락에 서 있다. 한 마디로 그것은 아동에 대한 관심의 대폭적 전환이자, 그 골자는 '자율성' 과 '자기주도성' 이라는 개념에 있다 할 수 있으며, 그 기본 방향은 대안학교나 혁신학교의 그것과 같은 맥락에 서 있다 할 것이다. 나는 십여 년 전 아동을 존중하는 시각에서 요청되는 공간의 성격과 특징을 열 가지 정도로 추려서 제시한 바 있는데, 이는 이 논지 맥락에 기본적으로 부합하기에 그 요점을 여기에 다시 제시해 본다 :

1) 철학이 녹아있는가? : 종래의 학교건물은 대체로 교육행정당국이 함께 만들어낸 틀에 따라 조성되고 관리 운영되어 온 것이 사실이다. 여기에 교육학적 철학이 자리할 곳은 없다.

2) 몸과 마음에서 느끼고 누릴 합리성과 안전성 : 공간 구성과 여기에 비치하는 도구들이 편리한지, 경제적인지, 아이들의 신체적, 심리적 발달 수준에 잘 들어맞는지에 관한 문제이다. 이를테면 교실의 크기는 충분한지, 책걸상은 협력 학습에 적절한지, 다양한 교과목의 특성을 조건에 따라 잘 반영하고 있는지, 조명은 잘 되는지 등의 물음등이 여기에 해당된다.

3) 아늑함과 트임 : 아늑함이 혼자서나 여럿이 휴식이나 집중을 할 수 있는 자리가 확보되어 있는지, 혹은 방해받지 않거나 보호를 받는다는 느낌을 주는지 등에 관한 물음이라면, 트임은 외부 세계나 미래와 적극적으로 소통하거나 교류하도록 이끄는 구조를 갖추고 있는지에

| 남아공 케이프타운에 위치한 노발리스 우분투 연구소 |
(The Novalis Ubuntu Institute in Cape Town, South Africa)[5]
- 계단부 아래에 위치한 홀과 드높은 둥근 천장은 아늑한 느낌을 주며
지붕과 벽에 설치해 놓은 대형창호는 시선을 외부 세계로 이어준다.

관한 물음이다.

4) 삶의 분지화와 전체성 : 분지화가 개별과학의 발전에 따라 분화 설정된 교과와 다양한 연령층을 고려한 공간의 세분화라면, 전체성이란 각각을 하나로 엮어내어 소통을 도모하고 개개 삶의 단위가 공동체

5 사진을 제공해주신 에긴하르트 훅스 박사님(Dr. Eginhard Fuchs, 유럽자유교육협회 EFFE 설립자)께 감사드린다.

적으로 존재하고 기능하도록 하기 위한 구조를 말한다. 이를테면 월요일 아침 첫 시간을 둥그렇게 모여 앉아 노래를 부르고 덕담을 주고받는 것도 그런 것이라 할 수 있다.

5) 민주적 공간과 통제식-권위주의적 공간 : 학교가 민주주의를 배워야 한다면 그것은 이론으로서만이 아니라 학교생활의 실제에서 경험해야 한다. 공간 배치는 이를 위해 중요한 기여를 할 수 있다. 교장실이 중앙에 있지 않고 다른 공간들과 나란히 배치될 수 있다면, 교장실 내부의 회의실 구조도 원탁으로 만들어 어떤 권력이든 상대화시켜 나타낼 수 있다면 어떨까? 이 문제를 다음 지평선중학교의 도서관 중심부 구조와 연관지어 생각해 보면 재미있을 것 같다.

| 지평선 중학교 도서관 중심부와 천장 |

6) 아름다움 : 아름다움은 청소년들을 매혹시키는 삶의 핵심 가치이다. 의복 뿐 아니라 공간이 아름다울 수 있다면 이를 통해 교육은 많은 성과를 기대할 수 있을 것이다. 그 외형에 있어서 또한 그 내부에 있

어서, 색채와 형태를 통해서 많은 기회가 열려있다. 미술과 조형예술은 이를 촉진할 수 있는 유력한 통로가 될 수 있다.

7) 내면성 : 삶의 수평적 차원만이 아니라 수직적 차원, 즉 내면적 성찰 능력을 배양하지 못하는 것은 현대 교육의 불행이다. 상응하는 교과가 없다면 마음성찰을 위한 특별한 공간 같은 것을 고안하여 학교의 일상에서 활용해 보면 어떨까?

8) 생동성 : 획일적인, 도식적 학교의 모양은 이제 벗어나자. 아이들과 청소년 심리정신구조는 운동성, 활기, 변화무쌍함 같은 특징을 나타내는 건물 형태를 요구하기 때문이다.

| 획일성을 넘어서, 자유분방한 산봉우리가 보여주는 설악산 한계령.
시선을 산봉우리 방향으로 움직여 보았다. |

9) 전통과의 교류 : 한국의 옛 가옥 형태나 특히 서원 같은 전통교육기관의 건축형태를 그 외형과 내부구조 모두에서 현대적으로 음미하고 도입해보자는 것이다. 이제는 그런 유산들 안에 내포된 교육학적, 미학적 가치를 되살릴 때가 되었다. 한옥 형태가 서양식 현대건축물과 잘 어우러져 새로운 역동성을 만들어낼 수 있음은 한국전통식 건물과 현대식 서양 건물이 어우러져 있는 수도 서울의 몇몇 장면을 떠올려보는 것만으로도 충분할 것이다. 이 주제는 상론할 필요가 있어 이 글의 부록에서 자세히 다루었다.

10) 생태적 시각 : 우리 사회 도처에서 환경친화적 시각으로 건물을 짓고 내부를 조성하기 위한 시도가 부쩍 늘어나고 있다. 학교 자체의 일부에서만이라도 그런 시도를 도입하거나, 학생들이 장차 사회의

| 서원의 누를 현대식 건물과 함께 지은 산돌학교(경기도 수동) 설계도 |

일원으로 활동할 수 있게 되었을 때 그런 과제를 함께 해 낼 수 있도록 기회를 제공해 보자는 것이다.

11) 함께 하는 집짓기 프로젝트 : 학교 공간 구성 문제를 단지 건축가나 교장이나 교사의 소관 사항만으로 보지 말고 학생들과 함께 풀어내자는 것이다. 오히려 학생들을 가장 중요한 주체로 내세울 수도 있다. 그들의 아이디어 그들의 공동적 노력이야말로 종래의 판도를 새롭게 할 수 있는 신선한 원천이라 할 수 있을 것이다. (송순재, 2011 : 42-91).

학교교육 전반과 또 교육과정에서 공간이 가지는 의미는 다음 시각에서 또 달리 드러내 볼 수 있다. 교과수업을 시간적 경과에 초점을 맞춘 역사 교과와 공간적 조건에 초점을 맞춘 지리 교과로 나누어 살펴보는 동시에 또 이를 서로 엮어서 살펴보는 것이다. 이를테면 고대 그리스나 이집트, 동양의 위대한 문명을 그것이 탄생한 지리적 조건에 결부지어 보는 것이다. 이점에서 일제하 전설적인 교사 김교신의 수업 방식은 탁월하였다. 그는 역사 공부에 늘 지리 답사를 병행하였던 바, '무레사네' ('물에 산에' 라는 뜻)라는 학습 동아리를 만들어 학생들과 함께 경성 일대는 물론 저 남쪽 이순신 유적지까지도 열정적으로 찾아다녔던 것이다. 그 결과 "인도의 최대 특산물은 무엇인가?"라는 질문을 던지고 그것은 바로 '간디' 라는 명언을 남기기도 했다(송순재, 2021: 106-108). 역사에서 지리를 읽고 지리에서 역사를 읽는 식이다. 오늘날의 통합교과수업적 지향점에 부합하는 것이라 할 수도 있다.

V

가상공간과 자연공간

1. 가상공간

우리는 1970년대 개발된 아날로그 전자 기계 기술로부터 그 이후 디지털 기술로 이행하여 현재 진행 중인 3차 산업혁명기와 인공지능, 로봇, 사물인터넷, 빅데이터와 클라우딩, 3D 컴퓨터와 퀀텀 컴퓨팅, 나노, 바이오 기술 등 첨단 정보통신기술의 융합을 통해서 이루어지는 4차 산업혁명기의 초기 단계에 살고 있다. 지금 자라나는 세대는 4차 혁명기의 전성기를 구가할 것으로 예측된다. 이 혁명의 파급효과는 산업 전반에 각 영역에 미칠 것이며, 그로 인해 우리 삶의 방식 전반 또한 거대한 변혁을 마주할 것으로 예상된다.[6]

이 새로운 사회의 특징은 디지털화 된 사회가 만들어내는 가상공간이다. 이제는 이 공간이 본격적인 삶의 자리이자 학습의 자리가 되었다. 무한한 정보의 바다와 그것을 마음껏 활용할 수 있는 능력, 자유로운 쌍방간 의사소통과 정보교류 그리고 이를 바탕으로 한 자기주도적 학습이 바로 그것이다. 거리에서, 카페에서, 공원에서, 운동장에서, 식당에서 학습이 새로운 의미와 정당성을 가지게 됨에 따라 그 각각의 공간에 독립성과 독자성을 부여하고 이들 공간을 학교 공간과 상호 네트워킹 해야 할 필요가 부상하였다. 그에 따라 전통적 수업–학습 방식은 물론 학습공간의 위상은 상대화되는 상황에 처하였다. 그러한 변화에 따라 학교 공간에서 상응하는 시설을 확충하는 동시에, 나아가서는 가상공간 전반에서 자율적, 자기주도적으로 학습 세계를 구축해 가고 또 학교 공간과 상호 연관구조 속에서 학습해 나갈 수 있도록 촉진할 필요가 있다.

가상공간이 만들어내는 확장 가능성은 현재 상상을 초월하는 수준이다. 이에 따라 동시에 위험한 상황도 설정할 수 있는데, 즉 그것은 몸이라는 차원이 가지는 의미의 대폭적 축소이다. 이는 감각 활동의 축소, 신체 활동의 축소로 이어질 수 있는데, 이러한 축소가 삶 전체에 대해서 가지는 부정적 의미는 새삼 강조할 필요가 없을 것이다. 그것은 삶의 생기와 운동성을 약화시키고 정신활동의 차원에도 부정적 영향을 끼친다. 몸과 정신의 유기적 연관구조 때문이다. 디지털화와 몸의 촉진 간에 놓인 균형관계를 발견하고 이를 의미 있게 조율해나가지 않으면 안 될 것이다. 다양한 체육활동뿐 아니라 여러 종류의 수공예 활동과 놀이 문화 혹은 몸을 사용

---

6 이상 4차 산업혁명에 관한 기술 전체는(안종배의 관점을 포함하여) 김병호·이창길(2018 : 180–183)의 논지에 의거한 것임.

하는 탐험과 탐구활동 등을 대폭 촉진해야 할 필요가 여기에 있다.

이런 활동을 의미 깊게 만들어낼 수 있는 터전 중 하나는 바로 자연이다. 이 디지털화된 사회와 학교의 공간 구조의 한계 문제는 그 반대쪽에서 있는 이 자연이라는 공간을 통해서 다시 조율될 필요가 있다. 이때 의미하는 자연이란 무엇인가?

2. 자연공간

자연은 가능한 한 인위적 요소가 배제된 삶과 문화의 원천적 터전이다. 그것은 구획되거나 폐쇄된 공간을 넘어서 우리를 개방성과 원천성으로 인도하곤 한다. 근래 우리나라에 소개된 덴마크의 '숲 유치원'은 어머니의 착상에서 시작된 것이다. 하루는 엄마가 아이를 유치원에 데리고 가던 중 그보다는 숲으로 한 번 가보자고 했던 것이 그 발단이라 한다. 아이는 숲에서 하루 종일 뛰어 놀았고 행복에 겨워했다. 유치원 생활에서와는 전혀 다른 양상이 관찰되었다. 그런 발걸음은 며칠 더 계속되었으며 그 와중에 다른 부모들도 함께 하기 시작했다. 숲 유치원의 기원이다. 숲 유치원은 말 그대로 쉴 곳과 비 피할 곳 밥 먹을 곳만 따로 설치하고 그 외에는 개방된 자연을 교육의 전적인 터전으로 삼는 유치원이다. 풀 섶과 잔디와 야생화와 나무들과 야생동물들 외에 소위 교육학적인 교구들은 없다. 이 과정에서 흥미로운 상황이 관찰되었는데, 좀 조용하고 소극적인 아이들은 활발하고 적극적으로 변했으며, 좀 활달하거나 때로 좀 거칠고 적극적인 아이들은 차츰 조용하고 부드럽게 변해갔다는 것이다. 자연의 힘이 아니고서야 다른 무엇으로 설명이 필요치 않다. 가상공간에서는 할 수 없는 일이다.

그런가 하면 자연은 탐험과 탐구를 요하는 미지의 세계이기도 하다. 그곳에는 흙과 돌, 광물과 식물과 동물이 있다. 자연과학과 기술과학, 또한 인문학을 공부하기 위한 일차적, 원천적 공간이자 이를 위한 소재와 도구를 제공하는 곳이기도 한 것이다. 아이들이 이 세계를 몸으로 체험하도록 초대해야 할 이유이다.

나아가서 자연은 삶의 수직적 깊이, 즉 종교적 세계 체험도 가능한 공간이다. 오늘날의 공교육이 이 영적 세계를 가르치지 않고 종교기관에 맡겨 놓았다면, 대관절 아이들은 어디서 이 가공되지 않은 삶의 깊이를 만날 수 있을 것인가? 그곳은 달과 별이 빛나는 밤, 바람과 물소리를 선사하며 자연스레 그 적막함 속에서 우주에 대한 명상을 촉발시키지 않는가? 이것이 가능한 이유는 자연이 단순한 물질이 아니라 그 자체 운동과 진화를 본질로 하는 생명적 존재라는 사실 때문이며, 인간 또한 자연의 일부라는 사실 때문이다. 그것은 한 마디로 단정 지을 수 없는 다양함과 복잡함 그리고 그 끝을 알 수 없는 깊이로서 존재한다. 자연은 때로는 아름답지만 때로 참혹하고, 법칙에 따라 움직이지만 법칙을 넘어서는 신비로움도 은밀하게 간직하고 있다. 그것은 장구한 세월을 거쳐 존재해 왔고 또 그렇게 존재해 갈 것처럼 우리에게 나타나 있다.

> "생명의 과정은 … 너무나도 풍성하며 신비롭다. 생명의 과정에는 … 끊임없는 새로움도 존재한다. 그리고 자연에는 오직 시와 종교의 상징적 언어를 통해서

만 다가갈 수 있는 비장하면서도 창조적인 깊이가 있다."(호트, 2005 : 218)

단 자연이라고 모두 자연이 아니라, 아이들 몸과 심리의 발달 단계에 따라 적절하게 조율된 자연이어야 할 것이다.

마지막으로 자연은 우주 안의 모든 생명체에 대한 생태학 공부의 자리이기도 하다. 문명의 진보와 세계 지배를 향한 맹목적 질주는 근래에 들어 더욱 광적으로 나타났다. 자연은 잊혀지고 무시당하고 착취의 대상으로 전락하였다. 그 누구도 멈추게 할 수 없던 자연에 대한 폭력적 행위는 역설적이게도 자연의 복수, 즉 기후변화와 Covid-19 사태를 통해서 잠시나마 멈추었다. 교육과 학습의 방향을 전환시키기 위한 주제이기도 하다. 전 세계가 봉착한 폐쇄된 공간 경험이 드러낸 자연이라는 문제는 이제 더 이상 회피할 수 없는 절박한 교육학적 과제로 대두되었다 할 것이다. 이 과제는 교과목 안에서 다룰 수도 있지만 교육 전반의 기초에 놓아야 할 문제이기도 하다. 그 공간의 의미를 드러내기 위한 요로로 낭만주의와 미적 감수성, 생태철학적 시각과 우주적 경외감, 대화적 교류 등을 들 수 있을 것이다. 정복하기 보다는 한 걸음 뒤로 물러서기, 물질 안에 깃들어 있는 생명적 깊이를 바라보기, 인식하기에 앞서 동시에 느끼기, 말하기에 앞서 듣기 같은 태도 등은 자연 앞에서 우리 교육이 새롭게 눈떠야 할 주제임이 분명하다.

VI

공간의 상상력을 더하기 위해

학교공간조성 문제는 신설학교가 아니면 보통 관심을 기울일 만한 주제가 아니라고 생각할 수도 있다. 신설학교의 경우, 교육청의 관련부서와 건축사와 교장이 주된 역할을 해 온 것이 상례이다. 하지만 개축이나 증설 혹은 보수의 여지는 늘 있는 것이기에 접근하기에 따라 달리 다루어볼 여지는 충분하다. 그럴 경우 보통은 교수-학습의 합리성과 효율성을 높이기 위한 공간구조 변경이 주된 일이 될 것이고, 내부 개축이나 인테리어 관련 작업에서는 미술과 조형예술이 주요 도구로 활용될 수 있을 것이다.

신설학교든 기존 학교든 건축과 기존 공간 변화를 위한 시도에서 중요한 것은 교장 뿐 아니라 교사와 학생, 학부모의 참여가 중요하고 이 주체들이 어떻게 이 과정에 의미 있게 참여할 수 있을지 하는 것이 현재 떠오른 과제이다. 그 가능성은 생각하기에 따라 다양할 것이다. 벽화는 화가와 미술 교사 뿐 아니라 아이들 손으로도 그려볼 수 있으며 혹은 삼자가 함께 할 수도 있을 것이다. 학교가 필요로 하는 작은 건물들을 전문가와 학생들이 함께 설계하고 시공도 함께 해 보는 식으로 말이다. 이를 위해서 평소에 관련 교과나 특별활동 시간을 배치하고 또 목공실이나 작업실을 설치하여 필요한 기본 기술을 익히도록 할 필요가 있다. 학교 공간 문제는 노작교육을 위한 자리이기도 한 것이다. 아이들이 자신들에게 필요한 의자와 책상을 한 번 같이 만들어 볼 수 있을까? 아니면 액자나 상자는 어떨까? 노후한 시설 보수를 함께 해도 좋지 않을까? 정원은 또 하나의 아주 흥미진진한 과제가 될 수 있을 것이다. 여기에는 초목과 연못과 벤치와 정자를 설치해야 하며 작은 규모의 쉼터도 있을 수 있을 것이기에 현 상태에서도 충분히 접근 가능할 것이다. 한국식, 영국식, 일본식, 중국식 정원…? 이야기는 계속된다. 우리 학교는 우리 한국식으로, 저 학교는 또 다른 문화권의 형태로 정원을 구상해 보자.

아주 파격적인 제안 하나 해 보자. 아예 어린이나 청소년들이 상상하여 그려낸 설계도를 기반으로 즉 이 기본 축을 바꾸거나 훼손하지 않은 상태에서 전문가와 교장 교사 그룹이 전체를 완성해 가보는 것이다. 가능할까? 그런 시도가 이미 유럽 학교들에서 이루어진 적이 있었다면 놀랄 것도 없다. 나는 어렸을 적 버섯을 보면서 이다음에 커서 집을 지으면 이런 버섯 집을 직접 짓고 살아봐야겠다고 상상해 본 적이 있다. 이것은 내게 여전히 살아있는 상상이다. 이런 형태의 집을 짓기 위해서는 여러 가지 기술이 필요할 것이다. 모두 노작교육을 위한 기회이기도 하다.

공간건축 프로젝트를 지역 내 학교들과 공동으로 설정 추진하면서 아이디어도 교류하고 또 진행과정에서 협력하여 완성해 보는 방식도 있다. 그 후속 결과는 '전시회' 형식이 될 수 있다. 전시회는 한 학교를 정해서 사진자료와 모형을 놓고 할 수도 있고, 이 전시물을 가지고 일정 기간 여러 곳을 순회하면서 할 수도 있다. 이를 통해 학교를 개방하는 효과도 거둘 수 있을 것이다. 지역민들을 그 자리에 초청하면 그들 자신의 집이나 공동의 공간을 새로 조성하도록 자극하기 위한 생산적 기회로 이어질 수도 있다. 우리 집도 한 번 고쳐 볼까? 마을회관을 좀 바꾸어 보자. 아이들 교육이 학교 안에 국한되어 있지 않고 가정은 물론 지역 사회와 또한 마을과 연계되어 있으며 그런 곳들 자체가 또 하나의 독립된 교육의 자리를 의미한다면, 이러한 시도는 충분히 기대해 볼 만하다. 전시회를 '경연대회'로 바꾸어볼 수도 있겠으나 이는 각 지역의 특성이나 방향에 따라 결정할 문제이다.

혹은 교사나 학생 집에서 땅 한 뙈기라도 장만할 수 있으면(고향이 농산어촌인 경우는 좀 더 쉽겠지만), 나무와 흙과 돌만을 소재로 단순한 오두막이나 서양식 캐빈을 지어볼 수 있다. 수공능력과 미적 감수성과 기예, 그리고 이를 떠받칠 수 있는 삶의 철학이 필요할 것이다. 이런 것은 결코 혼자 힘으로는 안 된다.

| 서양식 캐빈 | (건축, 최영란)

여럿이 함께 해야 하니 자연스레 동료의식과 공동체 의식이 배양될 수 있는 기회이기도 하다. 근래 세계적 풍조가 되기도 한 '작은집' 짓기는 이를 위한 좋은 디딤돌이 될 것이다.

숲 속에서 나무를 이용하여 짓는 '트리하우스(tree house)'도 이런 범주에 속할 것이다. 이런 것들은 거주 공간에 대한 역사학적 성찰을 가능케 해준다. 즉 고대인들과 선조들은 어떻게 집을 짓고 살았으며 다른 문화권 사람들은 어떠했을지 그리고 여전히 지금도 고대적 풍속을 지니고 있는 이들의 거주 방식을 공부할 수 있는 경로가 된다. 이러한 성찰은 현 시점에서 공간을 조성한다고 했을 때 혹은 현재 조성되어 있는 다양한 공간들에 대해서 하나의 비교 기준을 제시할 수 있을 것이다. 이러한 일체의 작은 경험들이 훗날 도시공간 조성을 위한 작은 출발점을 이루게 될 것임은 두

| 교실 오두막과 트리하우스 | (노천초)

말할 나위가 없다.

이러한 공간 조성을 위한 우리의 노력을 동물세계에서 일어나는 현상과 비교해 보면 또 다른 시각에서 흥미가 솟아난다. 이를테면 벌은 밀랍을 기반으로 집을 짓는데 위에서부터 아래로 얼추 하트 모양으로 내려오도록 짓는다. 장소에 뿌리박는 본능이 있어 집은 쉽사리 옮길 수 없다. 3킬로미터 정도는 떨어져야 새로운 장소에서 자리를 잡는다. 그렇지 않으면 원래 제 집 주위 공간을 헤매다가 흩어져 버린다. 벌은 대대손손 그렇게 동일하게 집을 짓고 또 동일한 습관을 따라 거주한다. 고양이나 개, 닭이나 오리, 새 같은 동물들의 거주습관도 이어서 비교해 볼 수 있다. 이들 모두 자연에 주어져 있는 공간을 약간 변형하여 거주할 뿐이다.

이에 비해 공간에 다양한 의미를 부여하면서 자유롭게 이동하고 거주하는 법을 익혀가는 인간은 벌이나 다른 동물들과는 근본적으로 다르다. 인간은 공간을 지으면서 삶을 위한 하나의 독자적 세계를 창조해내려는 존재인 것이다. 인간은 이를 거점 삼아 하나의 세계를 전개한다. 세상에는 그러한 의미에서 무수한 중심점들이 존재한다. 그렇게 다양하게 존재하며 교차하기도 하고 엇갈리기도 하며 독자적으로 존재하는 공간들이 인간적 삶의 바탕을 이룬다. 학교는 그러한 중요한 중심점들 중 하나라 할 수 있으며, 문화권에 따라 다른 형태를 보여준다.

그 공간들은 교육 내용이 어떠한지를 반영해 주기도 한다. 동양에서 보편화되어 있던 전통적 교육기관의 수업형태나 수행을 위한 좌식 공간 체험이 의자를 사용하는 공간체험과 다르리라는 것은 두 말할 나위가 없다. 그렇다면 그것은 어떻게 다르고 그렇다면 이를 교육학적으로 어떻게 의미

| 일본의 자유학원. 연못과 전통가옥 구조 형태를 살려 지은 1층 교실 |

화 시킬 수 있을지에 대해서도 생각해 보자. 이를테면 디지털 기기로 분산된 정신을 일정한 깊이의 집중력을 요하는 사유행위, 즉 명상을 통해서 생산적 방향으로 이끌어낼 수 있다면, 이러한 실천 행위에 참여할 수 있도록 이끌 수 있는 학교 공간은 어때야 할까 하는 등의 물음이 그것이다. 이는 이제 막 변화하기 시작한 학교 현장을 위한 하나의 작은 사례에 불과하다.

마지막으로 학교공간건축에 관한 국제적 비교 연구 필요성이다. 이러한 비교는 좀 더 폭 넓은 지형에서 다른 쪽에서 오는 자극을 통해 자신의 위치를 상대화시켜 보고 타자와 생산적 대화를 시도해 보기 위한 것이다. 현 시점에서 양자를 비교할 수도 있겠지만 역사학적 관점에서 접근할 수도 있다. 가까운 일본의 예를 한 번 보자. 1920년대 설립된 대안학교인 자유학원(동경 미나미사와 지역에 소재)이 그 좋은 사례 중 하나이다. 전체적으로 전통 양식과 현대 양식이 어우러져 있으며 대부분의 건물은 1층으로 되어 있다(단 도서관은 2층으로 되어 있다). 학생들은 자주 밖에 나와 쉬거나 놀고 활동할 수 있어야 하는데 그러기 위해서는 이러한 구조가 가장 적합하기 때문일 것이라는 설립자 하니 모토코 여사의 철학 때문이라 한다. 그러한 철학은 학교 전체에 잘 나타나 있다. 큰 연못과 잔디와 초목과 숲이 풍부하게 건물들 사이나 둘레에 배치되어 있는 것이나, 생활의 기예 습득을 위한 실습공간과 농사일을 위한 너른 밭 같은 것도 그런 것이라 할 수 있다(송순재, 2011: 33-36). 이 사례를 출발점으로 놓고 이후 일본 학교 공간 조성의 발전과정과 현황에 대해 살펴보는 것이다. 러시아에서는 1990년대 말부터 십여 년 간 '아름다운 학교 운동'(공간 조성을 주요 주제로 삼은)이라는 주제를 놓고 정기적으로 학교의 외형과 내부 구조의 변화를 시도하여 그 성과를 중심으로 전시회와 세미나를 개최한 적이 있다. 여기에 유럽 여러 나라의 교사들도 때때로 참가했기 때문에 자연스레 여기서 국제적 비교도 이루어졌다. 현재 학교 공간의 변화를 위한 모색은 독일은 물론 북유럽 여러 나라들에서도 활발히 진행되고 있는 것으로 알려져 있다. 모두 우리의 과제를 위한 길동무들이다.

III의 (9) '전통과의 교류'에서 간략히 언급한 '서원'은 상론할 필요가 있어 지면을 따로 마련해 보았다. 이 글은 리텔마이어(Christian Rittelmeyer)의 『느낌이 있는 학교건축』(송순재·권순주 옮김, 내일을 여는 책, 2005) 부록에 편집되어 있는 역자의 글 "서원 건축·학교공간·산마을 고등학교 건축 사례"(214–239) 중 일부를 약간 손보아 가져온 것이다. 처음 글을 쓴 후 시간이 좀 흘렀으나 여전히 느낌이 새롭다.

한국의 서원이 학교 공간에 대하여 주는 영감

서원을 찾아서

오늘의 거주 문화를 옛 유산의 빛에서 돌아보거나, 옛 유산을 토대로 지어진 현대적 건축물이나 도시공간 구조를 보게 되면 종종 많은 상념에 사로잡히게 된다. 이런 뜻에서 나는 현대적 학교건축 문제를 선인들의 창조적 삶과 학문의 자리였던 서원 건축물에 비추어 본격적으로 한 번 생각해 보기로 하였다. 사학기관으로서 서원이 가진 건축기법은 독특하고 빼어나 오늘날에도 여전히 새로운 감흥과 착상을 불러일으키곤 하기 때문이었다. 나는 2005년 봄 어느 하루, 조선조 때 이름이 높았거나 중요한 역할을 했던 경상북도 지역에 위치한 서원 세 곳을 찾아보았다. 원래 모습을 가능한 한 그대로 보존하고 있는 서원으로서 병산서원(屛山書院)과 도동서원(道東書院) 그리고 규모는 앞서 두 곳 보다 좀 작지만 역시 중요한 역할을 했던 묵계서원(默溪書院)이 바로 그곳이었다. 병산서원은 그간 하회 마을을 찾을 때마다 들르곤 했던 곳이지만, 다른 두 곳은 이번이 처음이었다. 이 글에서는 병산서원이 그래도 좀 낯익어 이 서원을 중심으로 하되 다른 두 서원은 곁들여 살피기로 한다.

병산서원의 건축물 구조 개관

서원은 성균관이나 향교와 달리 향촌에 자리하였으되 보통 산수가 수려하고 고요한 산기슭이나 계곡 등에 세워졌다. 이는 잡다한데 유혹을 받지 않고 자연에 이끌려 하나로 마음을 모아 학문에 진력할 수 있도록 하기 위함이라 한다. 서원이 있는 곳이면 자연도 한결같이 아름다운 까닭은 바로 이 때문이다. 이것이 서원건축을 읽어내기 위한 바로 첫 번째 조건이다. 즉 서원건축물은 그 건축물만으로서가 아니라 그 건축물이 자연과 어떻게 어울려 있는지에서 그 뜻이 제대로 드러난다는 것이다. 특히 이산서원, 역동서원, 영봉서원 등이 그렇고 소수서원, 옥산서원, 노강서원, 임고서원, 청성서원 등이 그렇다.

자연과의 어우러짐이라는 점에서 병산서원은 특히 거론할 만한 곳이다. 하회 마을과 갈리는 협로를 한참 따라가다 보면 왼쪽 널찍한 모래사장을 끼고 잔잔히 흐르는 낙동강이 보이고 오른쪽 산기슭 고적한 곳에 서원이 자리 잡고 있다. 서원을 바라보니 정문에 이르는 길이 일직선상으로 나 있고 그 좌우로 아름다운 수목들이 가꾸어져 있다.

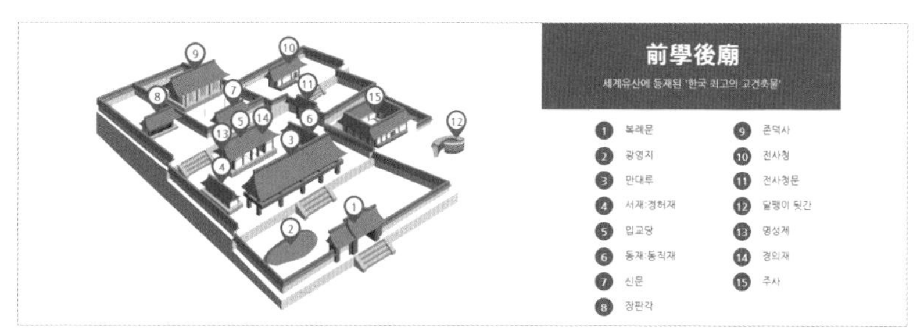

| 병산서원 전체배치도 | (byeongsan.net 갈무리)

① 광영지 ② 누에서 안쪽으로 바라 본 강당, 동재(오른쪽), 서재(왼쪽)
③ 장판각 ④ 만대루 ⑤ 강당에서 바라본 만대루 ⑥ 외삼문

사진을 제공해주신 김좌중 선생님(안동 진명학교)께 감사드린다.

서원의 정문은 보통 '외삼문'(外三門, 세 칸으로 되어 있고 서원 안팎을 구획 짓는 문)으로 이곳의 외삼문은 솟을 대문으로 지어져 있다. 사찰이나 궁궐이나 서원이나 옛 건물들에는 모두 이름을 붙여 그 뜻을 새기도록 하였다. 이 문은 복례문(復禮門)이라 불린다. 이 문을 열고 들어가니, 누(樓)가 나타난다. 만대루(晩對樓)라 불리는 이 누는 외삼문과 강학(講學)공간 사이에 위치하여 두 영역을 가르면서, 양쪽(주변 자연경관과 서원 내부)을 조망할 수 있도록 조성되어 있다. 사찰의 경우, 누에는 종과 북이 설치되어 있지만, 여기서는 가로로 길게 펼쳐져 비어 있는 채로 있다. 일종의 휴식 공간이다. 외삼문에서 누를 바라보면 오른쪽 담 가까이 산기슭에서 물을 끌어와 조성한 방형의 작은 연당이 있다. 광영지(光影池)라 불리는 이 연당 중앙에는 작은 섬을 만들어 배롱나무와 대나무가 심겨져 있다. 위에서 흘러오는 물길은 동쪽에서 서쪽으로 가로질러 연당으로 이른다. 누를 지나면 보통 네모진 뜰이 열리고, 이곳을 중심으로 정면으로 강당(立敎堂)이 우뚝 서 있고 그 좌우로 동재(東齋)와 서재(西齋)가 배치되어 있다. 강당을 바라보아 우측이 동재이고 좌측이 서재이다. 강당은 대청마루로 된 강학공간을 지칭하며 여기서 함께 글공부도 하고, 유회나 제사 때는 회의 장소로 사용했다. 대청마루 양쪽에는 작은 방이 하나씩 있는데, 동쪽방(明誠齊)에서는 원장이 서쪽방(敬義齊)에서는 유사들이 기거했다. 이를 통틀어 강학(講學) 공간 혹은 당재(堂齋) 공간이라 했다. 동재와 서재는 유생들이 머무르며 독서하는 곳이다. 동재에는 나이든 학생들이, 서재에는 어린 학생들이 기거했다. 이 기숙사가 강당 후면에 위치한 곳도 있다. 이렇게 서원은 선생님과 학생들이 함께 기거하며 공부했던 기숙학교였다. 강당을 바라보고 왼쪽으로 돌아가면 장판각(藏板刻)이 있는데, 선현들의 문집을 판각(板刻)하여 서적을 펴내는 목판을 보관하던 곳이다. 오늘날로 보자면 출판소나 도서관의 기능을 갖춘 곳이다. 강당 동쪽 옆을 돌아 후면으로 돌아서면 언덕 위에 소중하게 앉힌 제향 공간, 즉 사당(尊德祠)이 나타난다. 사당은 서원 경내에서 가장 깊이 들어간 곳으로 가장 존귀한 곳에 자리한다. 사당에서는 선현의 위패를 모시고, 춘추에 따라 향례(享禮)를 행한다. 서원에 사당이 있는 것은 선현을 받들어 모시기 때문으로, 그 까닭은 선현의 큰 뜻을 받들어 배우고 따르기 위해서이다. 병산서원 사당에는 서애 유성룡(西厓, 柳成龍, 1542~1607년) 선생의 위패가 모셔져 있다. 서애의 제자인 우복 정경제(愚伏, 鄭經世, 1563~1633년) 등 지방 유림이 1613년(광해군 5년) 서애의 학문과 덕행을 추모하기 위해 건립한 것이다. 사당 안으로 들어가려면 '내삼문'(內三門, 神門이라고도 함)이라 하는 또 하나의 문을 거쳐야 한다. 내삼문이라 함은 외삼문과 구별하여 부른 것이다. 사당을 보조하는 건물로 전사청(典祀廳)이 있는데, 다시 말해서 제기고(祭器庫)로, 제향 기구들을 갖추어 보관하였으며, 강당을 바라보고 동북쪽 후면에 위치해 있다. 서원에서는 이곳에 기거하는 이들의 서원지기를 두었는데, 이 일을 맡아보는 곳이 고직사[庫直舍, 관리사(管理使)라고도 함]이다. 고직사는 강당과 재실, 누가 위치한 중심부와는 별도로 지어 배치했는데, 서원을 바라보고, 오른쪽에 위치해 있다.

새겨보기

병산서원의 공간 구조는 서원의 기본 유형을 보여주며, 묵계서원이나 도동서원에서도 이 구조는 거의 그대로 되풀이된다. 모든 서원들 가운데 도동 서원은 가장 전형적 형태를 갖춘 것으로 평가된다.

(1) 작고, 절제된 미

서원은 그저 조그마하다. 서원은 사찰이나 궁궐에 견주어 보면 아주 작다. 경우에 따라 도산서원(陶山書院)이나 도동서원 혹은 돈암서원(遯巖書院, 논산)처럼 규모가 꽤 큰 것들도 있지만, 그래도 보통 작고 아주 작은 것들도 있다. 그리고 보통 단청도 입히지 않고 다른 아무런 장식도 하지 않았다(단청은 서원에 따라 강당 일부나 사당 정도에 해 놓은 것이 전부다). 서원은 화려하지 않다. 그럼에도 흙과 나무와 돌, 그리고 흙색, 나무색, 흰색, 검은색, 그리고 수목이 빚어내는 색 같은 정도로 빚어낸 이 작은 공간은 놀랍게 아름답다. 현란하게 단청으로 옷 입힌 사찰과는 전혀 다르게 수수하게 차려입은 모양이 산속 호젓한 길목을 넘어 언덕 위에 한데 어우러져 서 있는 숲 모양 같다. 서원의 색이 단조롭다면 현대식 학교도 그럴 것이다. 그런데 서원의 색채는 현대식 학교들이 내보이는 색채와는 전혀 다르다. 하나가 무뚝뚝하다면 다른 하나는 어떤 느낌을 불러일으키기에 충분하다. 무슨 차이일까? 거리에는 대단한 기법으로, 웅장하게, 절묘하게, 각기 다른 간판들과 더불어 화사하게 차려입은 현대식 건축물들이 줄지어 늘어서 있다. 이에 비해 서원은 전혀 다른 논법을 가지고 우리에게 말을 걸어온다.

(2) 대칭과 비대칭 구조의 어우러짐

서원에서 건물들은 일정한 중심 축을 따라 좌우에 배치되어 있다. 외삼문에서 누를 지나 뜰에 이르면 뜰 좌우 편에 재실이 있고, 정면에 강당이 보인다. 뜰은 누와 양편의 재실, 강당으로 둘러싸여 중심부에서 사각 꼴을 형성한다. 뒤뜰로 돌아가 강당 중심부에 있는 창문을 열고 안을 들여다보면 시선은 뜰을 통해 누에 이르고, 또 누를 통해 대자연에 가닿는다. 외삼문에서 강당에 이르기까지 이 구조는 보통 일정한 좌우 대칭구조를 보여주면서 일정한 균제미를 맛보게 한다. 그러나 이 구조를 넘어서서 사당, 제기고, 장판고, 고직사 같은 건물들의 배치 구조를 보면 이 대칭구조는 더 이상 존재하지 않는다. 전체적으로 보아 대칭구조와 비대칭구조는 서로 어우러져 있다. 서원 여기저기를 둘러보면서 가지게 되는 느낌은 선인들이 전체 구조를 일사불란하게 좌우 대칭구조로 만들어내려 하지는 않았다는 것이다. 식자들 간에 널리 받아들여지는 견해에 따르면 집을 짓는 데 특히 변화무쌍하고 굴곡이 심한 우리네 자연 지세를 십분 고려하였기 때문이라 한다. 억지로 깎아내고 다듬어 좌우 대칭 구조를 만들어내기보다는 자연 속에서 터 잡고 살아감에 있어 자연과 어우러지는 맛을 더욱 깊이 향유하고자 하였기 때문이었다는 것이다. 돈암서원의 경우, 그러한 대칭, 비대칭의 어우러짐은 아주 잘 나타나 있다. 그런가 하면 전체적으로 비대칭의 구조가 자유분방하게 사용되고 있는 경우도 볼 수 있는데, 이를테면 소수서원(풍기)이 그렇다. 여기서 강당과 재실은 일정한 축 없이, 있고 싶은 대로 경내 중앙에 여기저기 자리하고 있으며, 서당 또한 별도의 담으로 구획되어 경내 왼쪽에 자리하고 있다. 임석재는 이러한 소수서원의 건물배치 구도에서 '무질서적 질서' 또는 '비대칭적 대칭' 이라는 역설적 의미를 찾아내면서 이를 역시 현대 서양건축이 추구하는 '임의성' 과 비교하고자 했다. 그는 여기서 '불쾌한 혼란' 이 아니라 '편안한' 조화'를 느끼려 하는데, 그 까닭은 '비대칭적 구성이 현실 세계의 가장 솔직한 모습' 이기 때문이라 한다.(임석재, 1999: 239ff. 특히 227-236. 임석재는 서원에서 일정한 대칭적 구조 부분이 존재함을 인정하기는 하나, 이 틀을 넘어서서 서원을 구성하는 다른 건축물들이 자유분방하게 배치되어 있는 점을 들어, 전체적으로 비대칭적 구조를 가진 것으로 본다. 특히 소수 서원을 그 근거로 들고 있다. 그럼에도 나는 외삼문에서 뜰을 지나 강당에 이르기까지 나타나는 대칭적 성격을 중시하지 않을 수 없다. 뜰을 중심으로 한 구조가 서원의 중심 구조이고 여기서 대칭적 성격이 나타난다면 전체적으로 대칭적 성격이 우세하다고 말할 수 있지 않겠는가, 혹 그렇지 않다 하더라도 적어도 대칭과 비대칭이 서로 적절하게 어우러져 있다 말할 수 있지 않겠는가 하는 생각이다. 서원 건축의 전형을 보여주는 도동서원의 경우에서 이 구도는 잘 드러나 있다. 소수서원은 보통 서원과는 다른 구조를 가지고 있기 때문에 이 구조를 들어 일반화시키기는 어렵겠다는 생각이다.)

(3) 누(樓)

틈틈이 자연을 벗삼아 휴식을 취하며 시를 읊고 담소를 나누었던 곳이다. 병산서원의 만대루는 누 가운데서도 으뜸이 아닌가 싶다. 누를 떠받치고 있는 기둥 나무들은 다듬지 않고 그대로 써서 자연미를 그대로 살리면서도 누 위에 기둥들은 잘 다듬어 배치하여 정제된 미감이 살아나도록 한 것이 일품이다. 이 누야말로 서원 내부와 외부 공간을 이어주는 통로이다. 이곳에서 인위와 자연은 둘이 아니다. 고요히 흐르는 낙동강과 그 뒤로 숙연히 서 있는 병산(마치 병풍처럼 서 있다 하여 붙인 이름)을 바라보도록 하는 이런 시선은 오늘날 좀처럼 찾아보기 힘들다. 묵계서원의 읍청루(挹淸樓)나 도동서원의 수월루(水月樓)에서 맛보았던 흥취 역시 그런 점에서 버금하는 것이었다.

(4) 실개천과 연당

정문과 누 사이에 흐르는 실개천은 마음가짐을 위한 것이다. 즉 바깥 세상에서 안으로 들어서려면 이 실개천에서 흐르는 물길을 바라보아야 하

| 필암서원의 곽연루 |

| 내부에서 바라보았을 때 |

| 외부에서 홍살문을 거쳐서 바라보았을 때 |

는데, 이 시선을 가지고 마음을 추스르라는 것이다. 이 실개천 끝에 연당이 있다. 병산서원의 연당은 아주 작다. 그보다 좀 더 큰 규모들은 보통 사찰이나 궁궐에 있다.

(5) 사각형 뜰

한옥 건축물에서 뜰은 늘 서로가 모여 앉을 수 있는 공동의 자리이며 어떤 보호받는 느낌, 아늑함, 서로가 일정한 거리를 두고 살게 하면서도 또 어떤 때는 친근하게 바라볼 수 있게 만들어주는 공간이다. 이런 뜰의 꼴은 우리 현대식 건축물에서도 그대로 반영되어 나타나는데, 아파트 거실이 바로 그것이다. 들어서면 바로 복도가 나타나고 이 복도를 따라 방이 각각 배치되어 있는 서양의 아파트와는 분명 다르다.

서원에서도 다른 한옥 건축물 구조와 같이 사각형 뜰이 있다. 보통 앞뜰은 누와 재실과 강당으로 감싸 안아 조성되어 있다. 다만 도산서원의 경우 중앙 통로를 중심으로 배치되어 있는 시설물 구조에 따라 각각 나름대로 다양한 사각형 뜰 – ㅁ자형에서 H자형, 一자형 二자형에 이르기까지 - 을 만들어내고 있다는 점에서 특이하다. 이 뜰들은 독자적 공간을 형성하면서도 또한 서로 절묘하게 이어지거나 어우러져 전체적으로 보아 하나의 유기적 구조를 엮어내고 있다는 점에서 놀랍다. 그 다양한 꼴이 빚어내는 기기묘묘한 감정과 분위기라는 점에서 임석재는 여기서 '인생과 현실' 을 하나의 '축소판' 으로 읽어내고 싶어 한다

"어머니 품 같이 아늑한 농운정사와 하고직사 앞마당, 엄숙하면서도 아기자기한 기지의 전교당 앞 중정, 청아한 무욕의 도산서당 앞마당, 위풍당당한 광명실 앞마당, 한적한 외딴섬 같은 상고직사 앞마당 ……" (임석재, 1999 : 240).

(6) 건물들 사이의 모서리

뜰을 중심부에 두고 이리저리 서로 어깨를 잇대고 있는 건물들 모서리는 서로 막혀 있지 않고 약간의 사이를 두고 열려 있다. 이런 열림은 뜰과 뜰 사이를 구획 짓는 갖가지 형태의 담과 어울려 갖가지 아름다움을 연출하면서 자유로운 여백과 소통의 느낌을 자아낸다. 자유로운 여백과 소통이라 했거니와 그것은 자연이라는 외부 세계와 열어놓고 관계하려 했으리라는 뜻일 수도 있고, 다른 공간에 있는 사람들과 관계하는 방식이라는 뜻으로도 읽을 수 있다. 여기서 개인은 사적인 공간에 살면서도 공동의 공간을 향해 서로를 열고 또 서로를 연결하지 않으면 안 되는 생활방식을 배우게 된다. 이런 식으로 스승과 제자, 재생과 재생들 사이의 특유한 소통방식이 만들어지는 셈이다. 이런 모서리 구조는 뜰을 중앙에 두고 건물을

ㅁ자로 둘러치되, 건물들 사이를 완벽하게 폐쇄시킨 전통 서양 건축물과는 전혀 다른 느낌을 준다. 모서리를 여는 식의 건축 형태는 최근에서야 서양건축기법에서 도입되고 있다.

(7) 누·정(樓·亭) 건축과 아름다운 풍광

서원은 보통 수려한 산과 계곡 혹은 강이 흐르는 곳에 지었다. 병산서원이나 도동서원은 모두 낙동강을 바라보고 있다. 황혼이 깃들 무렵 병산서원 만대루에서 바라보는 낙동강과 병산은 그러한 아름다움으로 자주 언급되곤 한다. 묵계서원은 장려한 길안천 계곡이 내려다보이는 언덕 위에 자리 잡고 있으며, 서원이 자리한 언덕 절벽 아래에는 작은 소(沼, 물웅덩이)가 있어 그 절묘한 운치를 더해준다. 묵계서원 맞은편으로 1 km 정도 들어가면 만휴정(晩休亭)이라는 정자가 나오는데, 이 정자는 보백당 김계행(寶白堂, 金係行, 1431~1517년) 선생이 1501년 낙향하여 지은 것으로 이 정자와 정자가 자리 잡은 계곡과 폭포 그리고 소(沼)는 한데 어울려 빼어난 경관을 연출해 내고 있다. 정자 밖에서 그 정자를 자연과 함께 보아도, 정자 안에서 밖을 내다보아도 그 아름다움은 일상을 훌쩍 넘어선다. 이를 묘미로 하여 인간과 자연의 합일을 지향하던 성리학자들의 세계관을 엿볼 수 있다. 수려한 계곡을 가까이 하여 서로 어우러지며 절묘한 하나의 작품을 이루어내고 있다는 점에서 옥산서원(玉山書院, 경주시 옥산리)은 특별하다.

(8) 사당-영적인 공간

서원에 사당이 있는 것은 선현들의 삶과 지혜를 흠모하고 따르기 위함이다. 서원 가장 깊숙한 곳에 자리 잡은 사당은 재생들에게 삶과 학문의 지향점을 지시하는 자리로서, 재생뿐 아니라 마을 전체의 방향을 잡아주는 축이었다. 달리 말하자면 일종의 예배처요, 영적인 공간인 셈이다.

오늘날 학교건축을 위한 제언

서원은 총체적으로 하나의 완결된 소우주를 나타낸다. 이 공간 구조는 우리네 살림집, 사찰(寺刹), 궁궐(宮闕), 누정(樓亭) 들 가운데 모든 면을 두루 구비한 건축물로 손꼽힌다. 서원은 목수와 조선조 유학자들의 삶의 철학이 하나로 엮여 탄생한 작품인 듯싶다. 작은 크기, 소박함과 절제미, 건물들의 어우러짐, 아늑함과 트임, 아름답고 신비로운 자연과의 어울림, 명상적 구조, 기숙학교, 생태적 시각 등, 논하기로 하자면 오늘날 도입해 볼 만한 중요한 단서들을 고루 갖추고 있어서, 이 공간 형성의 철학과 기예를 오늘날 학교 공간 조성을 위한 문제로서 한 번 배워보고 싶다. 종종 작은 학교를 지향하는 대안학교들에게 이 서원 건축물은 호소력이 있을 수 있으며, 도시의 대형 학교에게도 어쩌면 신선한 착상을 촉발할 수 있을 성싶다.

한편 서원이 옛 건축물이라는 점에서 오늘날 그대로 받아쓰기에는 일정한 한계가 있지 않을까 생각되기도 한다. 혹은 어린이와 청소년들에게도 어른들에게 솟구치는 감흥 같은 것이 있을까 하는 물음도 가져본다. 여기에 대해서는 필자의 아이들 이야기를 좀 해야겠다. 꽤 오래 전, 필자가 일하는 대학교 학생들 열댓 명과 함께 당시 중고등학교에 다니는 필자의 집 아이들을 같이 데리고 병산서원을 찾은 적이 있는데, 이때 대학생들이 얼마나 열렬한 반응을 보였는지 잘 기억한다. 그런데 잊혀지지 않는 것은 같이 간 필자의 아이들도 역시 그러한 반응을 보였다는 것이다. 아이들은 정말 경탄해마지 않았고 집에 돌아와서도 두고두고 서원 이야기를 하였던 것이다. 그리고 이때 받은 강렬한 인상은 아들 녀석에게 장래 한옥 건축공부를 하고 싶다는 열망을 불러일으키기까지 하였다. 이 사례는 서원이 옛 건축물 양식 그대로도 오늘날 어른은 물론 아이들과 청소년들에게까지 얼마든지 호소력을 가질 수 있음을 보여준다.

그래도 오늘날 건축기법이 이 옛 정신과의 대화를 통해서 새로워지거나, 이 옛 건축기법이 현대적 정신과 만나서 새로워져야 할 필요성은 어느 모로 보나 절실하다. 학교건축이라는 맥락에서 나의 서원에 대한 관심과 제안은 다만 옛 것으로 돌아가고자 하는 식의 전통주의를 말하려 함이 아니라, 이 밑도 끝도 없는 공간 문화를 우리의 옛 것을 바탕으로 하여 새로 만들어보자는 뜻을 담고 있을 뿐이다. 오늘날 건축기법을 두고 서원건축 연구가 이상해는 안토니오 그람시(Antonio Gramsci)를 이용하여 "옛 것은 죽어 가는데 새로운 것은 태어나지 않은 상황"을 위기로 인식하였는 바(이상해, 1998: 12), 이 말은 학교건축기법을 두고 특히 새겨볼 말이다. 이런 견지에서 임석재의 『우리 옛 건축과 서양 건축의 만남』은 서원 건축물을 현대적 시각에서 살피도록 도와주는 매우 값진 연구서로 거론하고 싶다. 흥미롭게도 저자는 어떤 대목에서 현대교육이 상실한 교육적인 의미로 찾아내려 한다. – 이를테면 "모서리가 열린 투명한 사각형 공간"이 스승과 제자 사이에 "일종의 간접 의사소통"을 가능케 해준다라든지…(236)

앞서 필자의 아이들 얘기를 하기는 했지만, 이런 사례만을 가지고 오늘을 살아가는 어린이와 청소년들의 감각과 판단을 일반화할 생각은 없다. 다른 아이들은 얼마든지 그렇지 않을 수도 있기 때문에 구조와 재료와 형태와 색채 사용, 활용도 등에서 좀 더 다른 인상을 바탕으로 그들 나름대로 제기할 수 있는 요구와 판단을 고려하지 않을 수 없다. 이런 전제를 두고 생각이 짚이는 대로 서원이 오늘날 뜻할 수 있는 몇몇 한계와 가능성에 관하여 살펴본다.

서원은 글공부가 중심이었으니 만큼, 다양한 교과연구나 협동학습, 체육이나 음악, 미술 등 다양한 활동을 보장해야 하는 현대식 학교와는 분명 다르다. 거니는 뜰 뿐 아니라 운동장이 있으면 좋겠다. 균제미는 학생들에게 균형과 통일성 혹은 안정감을 부여할 수 있겠지만, 어떤 학생들은 역동감이 부족하다고 느낄 수 있다. 좌우가 절묘하게 대칭을 이루어 정상으로 말끔하게 솟아오른 일본 후지산의 매력이 있다면, 수많은 봉우리가 서로 방향을 달리하여 마치 당장이라도 하늘 높이 웅비하려는 듯 서 있는 우리 삼각산의 매력도 있을 것이다. 나무 같은 소재로는 오늘날 학교건축에 필요한 조건과 수요에 맞추기 힘들 것이다. 서원 건축물의 색채감은 고요하고 잔잔하다. 이것이 공부하는 이들의 마음을 일정한 방향으로 이끌 것은 틀림없다. 그러나 혹 이것으로는 학생들의 마음을 자극하는 데 부족하지 않을까 하는 의문도 든다. 즉 너무 고요하고 너무 잔잔하지 않은가, 반면에 지나치게 현란한 단청은 사람의 마음을 어지럽게 만들 수 있지 않을까 하는 의견도 있을 법하다. 이 두 가지 물음 사이에서 색채를 어떻게 도입하는 것이 좋을지, 생각해 보자. 현대식 학교가 무뚝뚝한 표정을 짓고 있는 까닭은 어쩌면 너무 색채감이 단조롭고 어둡기 때문일 수 있다. 밝은 청색과 황색 혹은 적색을 써서 새로운 장면을 연출해 보면 어떨까, 아예 어떤 부분은 단청을 입혀보면 어떨까?

서원은 오늘날 도시에 집중된 인구를 수용하기 위해 지어진 대형학교들로부터 돌이켜 향촌에서 다시 교육을 시작해보고 싶은, 어쩌면 좀 낭만적인 생각도 부추긴다. 향촌은 텅텅 비어 있는데, 아이들은 종종 대도시에서 사람 대접도 변변히 받지 못하고 그렇게 살아가고 있다. 서원은 여기에 대한 하나의 극단적인 반명제를 뜻할 수 있다. 정문에 들어서면 건너야 하는 실개천이나 연못 같은 구조는 오늘날 폭력적 속도에 내몰리는 청소년들에게 분명 어떤 다른 것을 의미할 수 있을 것이다. 나는 오늘날에도 그런 것들이 몇몇 현대적 학교들에서 (마산성지여자고등학교의 연못이나 이우학교의 실개천, 풀무농업고등기술학교의 연못 등) 구현되어 있는 사례를 거론하고 싶다. 서원이 빼어난 자연 안에 자리 잡고 있다는 사실, 하지만 이런 조건을 현대 도시 학교들이 향유하기는 불가능할 것이다. 그러나 그러한 정신, 그러한 자연의 요소들을 일정한 방식으로 교육공간에 끌어들일 수는 있다. 교실과 학교 전체가 꽃과 화초로 가득하도록, 숲이 무성하도록 가꾸어 보기. 도시 학교 안에서도 그런 사례가 있는데, 영란여자중·정보산업고등학교(서울시 중랑구 광천 8길)의 정원과 숲이나 성심여자고등학교(서울시 용산구 원효로)의 언덕과 숲, 소명여자고등학교(부천시 원미구 소사동)의 앞뜰과 뒤뜰 같은 시도들은 나에게 이례적 감흥을 불러일으켰다. 아니 파격적적으로 현대식 건물 옆에 작은 정자나 누를 갖춘 서원을 그냥 옛 형식대로 지어보면 어떨까? 그리고 국어수업은 누에서 한 번 해 보고…. 배화여자중·고등학교(서울시 종로구 필운동)에는 뒤뜰 언덕에 그런 정자가 있다. 서울애화학교(청각장애특수학교, 서울시 강북구 미아 3동)에서 기울여 온 노력은 눈물겹게 아름답다. 자그마한 운동장을 둘러싸 초목을 가꾸되, 오른쪽에는 연못을 잘 가꾸어 놓고 그 안에 방아를 설치했는가 하면, 왼쪽에는 세심하게 돌본 흔적이 역력한 널찍한 꽃밭 옆에 정자를 지어놓았다. 이 정자가 아이들이 즐겨 찾는 곳임은 어렵지 않게 확인할 수 있다. 이러한 시설들은 그냥 한 번 지어진 후 버려지지 않고, 끊임없이 돌보아지고 있다는 느낌이 와 닿았다.

마당은 운동장이면서 동시에 하나의 독특한 정원이라는 느낌을 준다. 어떤 마음이 이런 아름다운 정원을 가능하게 했을까? 현대식 학교는 서원의 사당과 같은 영적 공간에 대해서는 거의 전혀 고려하지 않고 있다. 반드시 기도처가 아니라도, 철학을 이야기하고 적막함을 경험하며 마음공부 한 번 해 볼 만한 그런 처소를 학교의 가장 깊숙한 자리 혹은 중심부에 배치할 수는 없을까? 이화여고의 기도실이 아마 그럴 것이다. 혹은 서원 건축양식을 바탕으로 이를 현대화한 학교 건축물을 설계해 볼 수도 있을 것이다. 이 경우 규모는 좀 커지고 집의 수도 많아지겠지만, 약간의 창조적 변형을 가하여, 너무 잔잔한 느낌을 준다면 역동적 구조를 도입하고, 색채가 단조롭다면 좀 바꾸어 보고, 뜰은 뜰대로 두되 운동장은 다시 만들어 보고, 자연에 다가가거나 자연을 끌어오거나, 책걸상을 사용하는 교실이 아니라 모두 앉아서 서안을 가지고 한 번 해 보는 식으로…, 이런 것들은 산돌학교(남양주시 수동면 운수리)에서 시도한 바 있다. 도시에서도 대형 학교 건물을 한몫에 짓지 말고, 몇 개의 뜰을 사이에 두고 서로 마주 보도록 혹은 원형으로, 혹은 어깨를 잇대어 서 있도록 지어 볼 수는 없을까? 그러니까 건물과 건물 사이를 작은 뜰로 연결해 보는 것이다. 아기자기함과 아늑함과 고즈넉함과 엄숙함 같은 분위기가 느껴지고 인간적 삶을 위한 시야가 확보되도록, 체육관이 있다면 굳이 그 넓은 운동장을 현재와 같이 유지할 필요가 없을 것이다. 이것은 학교 숲 만들기의 일환으로 조성되어

온 작업에 대한 보충적인 견해가 될 수 있을 것이다.

이상은 그저 단상일 뿐이다. 바라기는 이 문제를 두고 학교건축가와 교장과 학생과 학부모와 선생님들과 교육청 관계자와 같이 한번 진지하게 이야기를 나눠보고 싶다. ‘한 번’ ‘진지하게’ 말이다.

참고문헌

김병호·이창길.『(사람중심으로 달라져야 할) 4차 산업혁명 교육』(서울 : 책과나무, 2018).

송순재. "인간교육을 위한 김교신의 철학과 방법", 강선보 외,『민족의 스승 김교신의 삶과 교육』(서울 : 박영스토리, 2021), 69-127.

_____.『상상력으로 교육에 말 걸기』(서울 : 아침이슬 : 2011).

안동문화연구소.『서원. 한국 사상의 숨결을 찾아서』(서울 : 예문서원, 2000).

이상해.『서원. 조선시대 사회문화사의 심원한 흐름을 이어온 강학과 제향의 건축공간』(경기도 : 열화당, 1998).

임석재.『우리 옛 건축과 서양 건축의 만남』(서울 : 대원사, 1999).

정훈.『자발성과 협력의 프레네 교육학』(서울 : 내일을 여는 책, 2009).

리겔, 에냐.『꿈의 학교 헬레네 랑에』(송순재 옮김) (서울 : 착한 책 가게, 2012). 원제 Riegel, Enja, *Schule kann gelingen* (Frankfurt am Main : S. Fischer, 2004).

리텔마이어, 크리스티안.『느낌이 있는 학교건축』(송순재·권순주 옮김) (서울 : 내일을 여는 책, 2005). 원제 Rittelmeyer, Christian, *Schulbauten positiv gestalten : wie Schüler Farben und Formen erleben* (Wiesbaden·Berlin 1994).

_____. "Architektur und Bildung – mit einem besonderen Blick auf Schulbauten", in : Ulrike Barth/Thomas Maschke (Hg.), *Dimensionen pädagogischer Räume* (Salzburg : Residenz Verlag, 2021), S. 12-24.

바이예, 디틀린데.『프레네 교육학에 기초한 학교 만들기』(송순재·권순주 옮김) (서울 : 내일을 여는 책, 2002). 원제 Baillet, Dietlinde, *Freinet-praktisch : Beispiele und Berichte aus Grundschule und Sekundarstufe* (Weinheim·Basel : Beltz, 1995).

베커, 게롤트·쿤체, 아르눌프·리겔, 에냐·베버, 하요.『만들고 행동하고 표현하라』(이승은 옮김)

(경기도 : 알마, 2006). 원제 Becke,Gerold · Kunze,Arnulf · Riegel,Enja · Weber,Hajo, *Die Helene Lange Schule Wiesbaden. Das Andere Lernen* (Hamburg : Bergman+Helbig Verlag , 1997).

벨레, 게르하르트 : Wehle, Gerhard (Hg.). *Georg Keschensteiner. Texte zum pädagogischen Begriff der Arbeit und zur Arbeitsschule. Ausgewählte Pädagogische Schriften* Bd. II. (Paderborn : Ferdinand Schöningh, 1968).

푸코, 미셸. 『감시와 처벌』(오생근 옮김) (서울 : 나남, 1994), 원제 Foucault, Michel, Surveiller et punir : naissance de la prison (Paris : Gallimard, 1975).

호트, 존. 『다윈 안의 신』(김윤성 옮김) (서울, 지식의 숲, 2005), 원제 Haught, John F., Deeper than Darwin (Boulder : Westview Press, 2003).

Q. 정수초등학교 한옥도서관 진행과정이 궁금합니다.

A. 서울 정수초등학교 한옥교실은 국토교통부 산하 국토교통과학기술진흥원(이하, 진흥원)에서 2009년부터 2021년까지 진행한 한옥기술개발 R&D 사업에 속한 "신한옥형 교육시설 실증구축" 사업의 일환으로 조성된 결과물입니다. 3단계 R&D 사업의 마지막 결과물의 하나인 셈입니다.

이 사업을 위해서 특별히 서울시교육청은 사업비 일부와 건축대지를 제공하였고, 서울 소재 초등학교 대상으로 선정심사를 거쳐 정수초등학교에 한옥도서관이 지어졌습니다. 2017년에 개시한 사업은 지난하고 고단한 준비과정을 거쳐 2019년에 설계를 시작했고, 2020년 2월부터 공사를 진행했습니다. 같은 해 11월 4일 드디어 준공식을 가졌습니다. 사실 이렇게 멋진 한옥도서관을 지을 수 있었던 건 여러 전문가들의 도움이 컸습니다. 기관들도 열심히 힘을 보탰고, 문화재 보수 설계 전문가(종합건축사사무소 대연건축), 젊은 감각의 건축가(쿠나도시건축연구소), 전통건축 전문 시공사(현영종합건설)이 참여함으로써 많은 이들의 염원대로 멋진 한옥도서관이 지어진 것이죠. 게다가 이미 운영 중인 학교에서 진행하는 공사라 부담이 컸는데, 착공시점에 코로나19로 인해 재택수업을 한 덕분에 생각보다 편하게 공사가 진행될 수 있었습니다, 학생들이 다시 학교로 돌아왔을 때는 이미 한옥교실이 거의 마무리된 상태가 되었으니, 코로나19가 만든 선물이라고도 할 수 있겠네요.

Q. 학교건축에 한옥의 형태를 도입할 수 있었던 배경은 무엇인가요?

A. 앞에서 말씀드린 것처럼 정수초등학교 한옥교실은 애초에 공공공간에 한옥을 보급하려는 취지로 시작된 프로젝트입니다. 여기에 진흥원과 서울시교육청이 호응하여 완성된 결과물입니다. 국내에 한옥건축을 확산시키기 위해서는 먼저 공공건축분야

에서 시도해야 한다는 전략적 검토가 있었고, 그 중에서 학교는 전국 학교 수와 학생 수가 보여주는 파급효과에 대한 기대도 컸습니다.

Q. 학교건축에서 한옥건축형태가 주는 미래지향적이고 친환경적인 의미는 어떤 가요?

A. 한옥도서관 설계에서 가장 힘들었던 점이 한옥건축 고유의 강력한 형태규범이었는데, 완공 후에는 직육면체 실내공간을 만들지 않아도 되는 디자인논리가 되었습니다. 오래된 것이 새로운 목표를 제시하는 혜안이 되었다는 점에서 의미가 있습니다. 이 외에, 나무로 지은 집, 마당과 가까운 건물, 채광과 전망이 좋은 창호(창문), 온돌이 있는 좌식공간은 학생들에게 제 2의 집, 또는 집보다 건강한 교실을 만들어 주었다고 생각합니다.

Q. 미래학교 건축과 관련하여 한옥(서원)이 주는 영감이 있다고 생각하시나요?

A. 개인적으로 서원과의 연계성을 고민해본 적은 없습니다. 아무래도 전근대의 공공건축은 고유의 건축규범을 지니기 때문이죠. 다만, 전근대 시기부터 현재까지도 고유의 기능이 연속되고 있는 시설유형을 보면, 주택, 학교, 관청, 종교시설 정도가 떠오릅니다. 그 중에서도 주택과 학교는 유무형의 고유한 가치가 일상에서도 지속되고 있다는 점에서 미래학교 건축에서도 의지적으로 챙겨야 하지 않을까 기대하고 있습니다.

Q. 학교건축 진행시 사용자 참여설계를 함으로써 좋았던 점이 있을까요?

A. 애초부터 의도한 프로그램은 아니었습니다. 혹시라도 설계의도와 다른 주장이 나오면 사업 진행이 힘들어지니까요. 학교구성원과의 연결성에 대한 이슈가 있어서 뒤늦게 진행하게 되었지만, 결과적으로 학교구성원 전체의 호응과 기대를 불러일으키는 기대 이상의 반응을 얻을 수 있었습니다. 설계가 상당히 진행된 시점이었기 때문에, 고학년 학생들과 교직원을 대상으로 간략한 모형을 제공하고 원하는 한옥도서관을 만들게 해 본 적도 있습니다.

정수초 한옥교실은 함께 만드는 한옥의 취지를 살려, 학교구성원이 시공과정에도 참여할 수 있게 하였습니다. 공교롭게도 코로나19로 인해 행사를 크게 할 수는 없었지만, 안전기원제, 상량식, 준공식을 진행했습니다. 전교생과 함께 지붕기와에 소원그리기 작업을 진행하고, 그 기와들을 한옥 지붕에 실제로 시공했던 특별한 기억이 있습니다. 불교 사찰의 기와불사에서 착안한 프로그램인데, 특별한 미술시간이자 건물에 학교구성원들이 흔적을 남기는 일종의 타임캡슐을 기대하였고, 모두들 흥겹게 동참해 주었습니다.

Q. 실제 한옥도서관을 이용해본 학생 혹은 교사들의 소감이 궁금합니다.

A. "학교에 궁궐이 생겼다"며 만족해합니다. 한옥에서 책을 빌려 읽을 수 있는 유일한 학교니까요. 새로운 공간에 대한 만족, 즐거움과 함께, 관리자분들의 염려도 있습니다. 예를 들면, 2층 바닥 일부가 없는 복층 공간에서의 안전사고, 목재로 만든 이례적인 건물의 유지관리에 대한 숙제는 부담이라고 하셨습니다.

Q. 앞으로 미래학교 건축에 한옥건축이 많아진다면 제안하고 싶은 내용이나 당부가 있으신가요?

A. 한옥교실 사례가 많아진다면 그 자체로 더할 나위 없을 것 같습니다. 학교 교사 전체를 한옥으로 만들 수 있는 때를 소망하고 있습니다. 큰 교사동에서 학년과 반으로 구분하는 교실을 찾아가는 것이 아니라, 학년 또는 몇 개 반이 함께 ○○재, △△헌 등의 멋진 현판이 달린 한옥에서 수업을 하는 거죠. 근래 야외 운동장 없는 서울 신길중학교 조성 사례를 보면 학생들에게 새로운 경험을 제공하는 일이 불가능한 일은 아닐 것입니다.

(인터뷰이 : 장필구_동양미래대학교 건축과 부교수)

한옥학교 건축에 대한 이해를 높이기 위해 필자가 요청한 서면인터뷰에 응해주신 정수초 한옥도서관 프로젝트 전체 운영기획을 맡은 동양미래대 건축과 장필구 교수님께 감사 드린다.

©김경석(오데뜨 스튜디오)

©장필구

제2장

미래학교 상상하기

Green Smart School of the Future

○ **김은미**

네 번의 집을 고치고 짓는 건축과 관련된 과정을 경험하면서 공간이 우리에게 주는 중요성을 경험하고 아이들을 행복하게 만드는 학교 공간에 관심을 갖게 되었다. 특수학교 교사로 근무하면서 특수학급 공간혁신을 진행하였다. 교육부에서는 학교공간혁신과 그린스마트 미래학교 담당연구사로 근무하면서 국립학교 공간혁신을 추진하며, 종합추진계획을 세웠다. 지금은 본업인 특수교육으로 돌아와 장학사로 소임을 다하고 있다. 저서로 『학교공간, 이렇게 바꿨어요』, 『교사, 지금』, 『특수교사, 수업을 요리하다(매체편)』 등이 있다.

I

미래사회를 대비하는 학교의 변화

1. OECD 미래학교 6단계 시나리오

우리는 교육과 학교의 기능을 이야기하며 불확실한 미래에 대한 이야기를 참 많이 한다. 학생들의 미래를 위해 학교가 어떻게 변해야 하는지를 이야기를 하면서 다양한 요소들을 살펴보고 여러 가지 상황들을 이야기 한다. 미래사회가 어떻게 변화할 것인지, 우리 아이들이 미래사회에 살아가기 위해서는 어떤 역량이 필요한지, 현재의 학교교육이 인간의 성장과 뇌의 발달단계에 적합하게 진행되는지. 미래 지속가능한 사회를 위해서 어떤 가치를 실현해야 하는지 중점적으로 고민하며 학교의 역할에 대한 질문을 던지기도 한다.

미래학자 파비엔 구보디망은 "미래의 학교은 덜 집단적이 될 것이다. 지금 같은 '닫힌 교실' 은 사라진다. 아침에 일어나자마자 학교에 가는 것이 아니다. 컴퓨터 앞에 앉아 사이버 세상을 통해 지식을 습득한다. 점심을 먹고 오후에 학교에 간다. 함께 운동하고, 생각하고, 집단생활에서 배울게 많다. 하지만 지금처럼 한 교실에 계속 머무는 게 아니고, 교실이 계속 움직인다. 월요일 오후는 스포츠, 화요일은 다함께 실내활동, 수요일은 음악, 목요일은 음악감상, 금요일은 함께 놀기, 학교에서는 이런 것들만 하고 돌아온다"고 이야기하셨는데 결국 학교는 미래세대의 삶을 준비하기 위해서 성장과정을 경험하는 곳이라는 결론에 도달하게 된다.

과연 정말 미래학교가 이렇게 변화한다면 우리는 이에 따라 어떻게 학교환경을 준비시키고 교사로써 어떤 역량을 키우면서 준비해야 할까? 앞에서 말한 내용들을 살펴보면 교육의 목적이 지식탐구보다는 학생의 웰빙과 성장, 행복에 집중되어 있다는 생각이 든다. 코로나 시기에 아들이 이런 이야기를 한 적이 있다. 엄마 학교를 매일 가야해?? 미래학자인 파비엔 구보디망의 이야기처럼 아침에 일어나자마자 학교에 가는 것이 아니라 학교를 가고 싶은지 가지 않고 싶은지를 선택해서 결정할 수 있고, 때로는 필요에 따라 학교에서 하는 활동에 따라 온라인으로도 수업내용을 전달받을 수 있고, 학교를 갈지 말지를 결정하는 상황들이 많이 발생할 것이다, 마치 기존에는 학교에서 국어, 수학 등과 같은 교과를 배웠다면 미래의 아이들은 학교에서 스포츠, 실내활동, 음악, 음악감상, 함께 놀기를 하기위해 학교에 온다는 것이다. 학교는 더 이상 지식을 배우는 곳이 아니라 관계를 배우고 행복해지기 위한 삶을 배우는 곳이 되는 것이다. 그리고 학교에서 한 교실에서 머물지 않고 교실이 계속 움직인다고 이야기하는 것은 학교가 학교라는 건물에 한정되는 것이 아니라 외부와 연계되고 유연하게 바뀌게 된다는 의미로 다가왔다. 이러한 미래학자들의 예측처럼 OECD 산하의 CERI (교육연구혁신센터)는 향후 학교교육의 미래를 전망하는 여섯 가지 시나리오를 제시했는데 이 내용은 다음과 같다(Schooling for Tomorrow Project, 2001).

1) 현체제가 유지되는 방향 (Status quo)

- 시나리오 1 : 견고한 관료제적 학교 체제
- 시나리오 2 : 시장경제 원리 적용 모델 확대

2) 학교가 재구조화 되는 방향 (Restructure)

- 시나리오 3 : 핵심적 사회센터로서의 학교
- 시나리오 4 : 중심 학습조직으로서의 학교

3) 탈 학교 (Destructure)

- 시나리오 5 : 학습자 네트워크 형성
- 시나리오 6. 교사의 탈출, 학교의 붕괴

이 내용을 발표한 시기가 2001년인데 지금의 현재와 비교해서 살펴보면, 우리에게 머지 않는 시기, 얼마 남지 않는 가까운 시기에 이 모든 것들이 다가온다고 볼 수 있다. 1단계는 아마 지금 기존의 학교를 의미하는 것인 것 같다. 2단계와 3단계를 본다면 학교는 더 이상 학교건물로 존재하는 것이 아니라 유연하게 연결된 학습조직망처럼 될 것이라는 것을 우리는 예측할 수 있다. 그러면서 학습의 방법은 기존처럼 대면식의 강의를 듣는 형태가 아니라 온라인이라는 상황에서는 학생들은 혼자서 잘 안내되는 동영상 강의를 들으면서 무한반복하며 수업을 받고, 이런 기본적인 지식이 습득되면 교실수업의 상황에서 학생들과 함께 토론과 문제해결 중심의 수업들에 참여하고 그 과정을 경험하도록 하게 될 것이다. 이러한 과정들을 지원하기 위해 온라인상의 개인별 맞춤교육을 제공할 것이고, 학생들의 개별적인 학습진도를 피드백하며 학생들이 배움에 흥미를 느낄 수 있도록 적극적으로 지원할 것이다. 이러한 과정을 예측하기로 한 듯 최근에 다양한 외부의 학습플랫폼이 구축되고 있고, 학생들은 학습에서 친절한 피드백을 주는 온라인 학습 공간을 더 선호하게 된다는 연구결과들도 나오고 있다.

이쌍철과 김정아(2018)는 학습자들의 수업 만족도에 영향을 주는 요인을 알아보았다. 그 결과로 온라인수업에 학습자 스스로 자발적 참여를 하거나 정기적으로 수업에 참여한 학습자일수록 수업 만족도가 높았다. 또한 온라인수업에서 교수자의 학습 지원이 높을수록 학습자의 수업만족도가 높았다고 했으며, 마지막으로 학습 콘텐츠의 질과 시스템 편리성이 높을수록 수업 만족도가 높았다라고 이야기 하고 있다[1].

앞에서 제시한 OECD의 여섯 가지 미래학교 시나리오를 세부적인 시나리오를 설명하자면 다음과 같다.

첫 번째 시나리오 Robust Bureaucratic School System

1) 견고한 관료제적 학교 체제가 유지됨
2) 학부모, 고용주, 언론은 학교교육에 대한 불만은 지속적으로 제기하지만 급진적인 변화에는 반대함
3) 학생들의 수학연한은 계속 길어지고 학교 졸업장은 학생들의 진로

1 효과적인 온라인 학습을 위한 학습자 특성과 선호도분석 연구

에 결정적인 역할을 함

4) 학교는 내적인 문제들을 해결하기 위하여 개혁을 반복하지만 사회적 불평등이 교육적 불평등으로 재현되는것을 막지못하는 상황일 것이다

두 번째 시나리오 Extending the Market Model

1) 시장모델 확대를 통한 현 체제유지
2) 공교육체제 약화, 시장원리의 적용을 받는 새로운 학교시스템 강화
3) 학교의설립, 학교 운영방식이 더 유연화 – 새로운 교육공급자 등장
4) 교육에서 경쟁을 중시하는 문화, 불평등과 소외가 실질적으로 용인
5) '효율성' 과 '질' 이 중요한 척도로 등장
6) 다양한 경력을 지닌 전문직업인들이 정규직, 시간 임시직 형태로 교수활동에 참여하는 형태

세 번째 시나리오 Schools as Core Social Centers

1) 학교가 핵심적인 사회중심센터로의 재구조화
2) 학교의 사회적 역할이 중시
   - 학교는 사회와 연계를 맺고, 지역사회에서 리더의 역할 수행
3) 학교는 가치관의 위기를 겪는 사회에서 공통된 가치를 전수하는 가장 효과적인 보루로 인정받음
4) 학교의 목적 및 전문성에 대해 관련 집단들 간에 폭넓은 동의가 필요
5) 학교는 평생학습을 통해 형성할 지식, 기술, 태도, 가치에 대한 인지적, 비인지적 기초를 쌓는데 집중

6) 모든 지역사회에 양질의 학습환경을 제공하기 위해 풍부한 재정이 필요
7) 교원의 역할은 학생을 가르치는 교수와 사회의 책무가 결합되면서 역할이 복잡화
8) 기타 전문가, 지역사회 활동가, 학부모 등의 역할이 제고

네 번째 시나리오 Schools as Focused Learning Organization
1) 핵심 학습조직으로 재구조화
2) 학교는 학문적, 예술적 능력 개발을 주요 목적
3) 더 많은 전문화된 교육과정 제공
4) 사회적 책무보다는 교육의 '질'이 더 중요
5) 양질의 학습기회를 모든사람에게 제공하는데 더 많은투자
6) 교육과정과 평가형식에서 실험과 혁신이 일반화
7) 학습집단은 소규모화, 개별활동, 집단활동, 네트워킹이 전문적으로 발전
8) 교원들은 더 전문적이고 다양한 전문가들로 구성

다섯번째 시나리오 Netsorks & the Network Society
1) 학습자 네트워크가 학교를 대체
2) 지속적 비판을 받아오던 학교제도는 대안적인 가능성이 발전함에 따라 점차 약화
3) 학습은 '학교라는 특별한 장소나 '교사'라는 특정 전문가 집단에 의해서만이 아닌, 개별화된 학습이나 학습자, 부모, 전문가 네트워크를

통해 학습

4) ICT가 학습과 네트워킹에 광범위하게 활용

5) 정규교육과 비형식 교육 간의 경계가 모호

6) 새로운 학습전문가 등장하여 다양한 형태의 학습 지원

여섯 번째 시나리오 Meltdown & Teacher Exodus

1) 학교붕괴

2) 교사부족이라는 유럽사회의 현실적인 문제 인식에서 비롯

3) 퇴직, 불만족한 근무조건, 매력적인 다른 직업으로의 전환 등
   → 교사부족으로 기존의 교육구조는 심각한 압박을 받음

4) 교사의 대안으로 ICT 가광범위하게 활용되는 6단계의 시나리오가 점진적으로 나타날 것으로 예측하고 있고, 이미 6단계에 와 있다는 이야기도 한다

이미 선진국이라고 불리우는 유럽의 학교들은 변화를 모색하고 있고, 외국 학교의 변화사례를 https://webzine-serii.re.kr/1603-2/에서 자세하게 소개하고 있는 자료가 있다. 여기서 가장 중요하게 바라보는 것은 세계의 미래학교정책들이 변화하고 있는데 기존의 학습을 형식적 학습이라고 본다면 이 형식적 학습을 비구조화된 상황에서 비 형식적인 학습 환경들과 연결하고 이로 인해 학교의 교육과정뿐 아니라 교육환경이 변화하고 있다고 이야기한다. 이러한 상황을 그림으로 설명하자면 21세기 학급에서는 다음과 같은 상황을 포함하고 있어야 한다고 이야기한다. 학생을 중심에 두고 21세기 기술 결과들, 관련되고 적용된 교육과정, 유익한 평가, 사

회적이고 감정적인 연결, 창조적이고 혁신적인 문화, 24/7 평가 도구와 자료들로 구성되어야 하고 그러한 학습환경은 강의존과 협동학습존, 과학실험존, 브레인스토밍존, 모듬학습존 등 다양한 공간이 교실안에 구성되어야 한다고 이야기하고 있다.

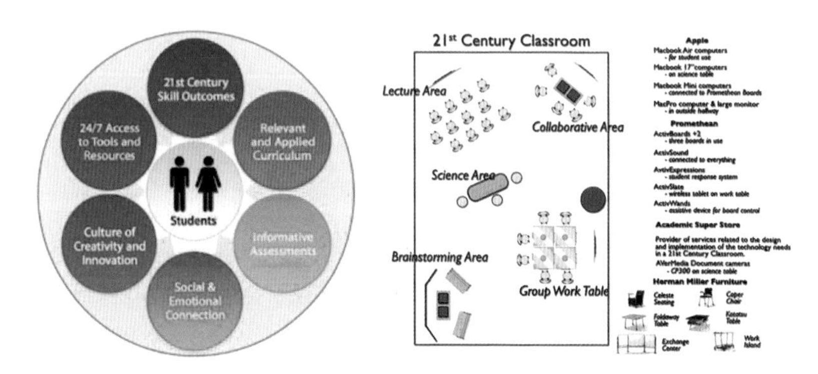

| 21세기 학습환경과 교실환경 |

2. 스마트한 미래학교를 상상하다

우리가자

걱정은 잠시 내려놓고

실컷 웃고 다시 돌아오자

거기서는 우리 아무 생각말자

선우정아의 노래 〈도망가자*RUN WITH ME*〉의 가사를 보면 걱정은 잠시 내려놓고 실컷 웃고 다시 돌아오자는 내용이 있다. 미래학교를 상상하면서 우리는 얼마만큼 걱정할지에 대해서는 내려놓고 실컷 웃고 스마트하게 미래학교를 상상하고 도망가 보자는 마음이 든다. 특히 우리가 생각하는 스마트한 미래학교는 기존에 스마트 기기를 활용한 교육이 아니라 앞서 이야기한 학생을 중심으로 학교라는 공간에 한정하지 않고 학생의 삶을 중심으로 한 웰빙을 스스로 조직하고 기획하면서 재미있게 만들어 가는 교육을 의미하고 그런 학교를 상상(相尙, 서로를 바라보며)하는 프로젝트과정이라고 생각하면 좀 더 쉽게 다가갈 수 있을 것이다.

스마트한 미래학교란?

"배를 만들게 하고 싶다면 배 만드는 법을 가르치기 전에 바다에 대한 동경심을 키워줘라. 그러면 스스로 배를 만드는 법을 찾아낼 것이다."

인도의 교육학자 수가타 미트라는 자기주도학습이라는 학습개념을 발표하였는데 이 이론은 자신이 실제 진행했던 연구를 토대로 자신의 경험을 통해 확신하게 되었다고 한다. 1999년, 실제 인도 델리의 한 빈민가에서 시작된 실험은 아이들에게 컴퓨터를 자유롭게 가지고 놀 수 있도록 허락해주었고 그 결과 컴퓨터를 좀 더 빠른 프로세스로 만드는 방법 뿐 아니라 영어를 사용하는 능력까지 키우게 되었다고 한다. 이러한 경험은 아이들은 자기조직학습환경만 만들어주면 배울 수 있고 그 배움을 서로 나누고 가르친다는 것을 알게 되었다.

나 또한 하고 싶은 마음을 갖는 상상력이 어떻게 그것을 성취하도록 만드는지를 직접 함께 그 과정을 즐기면서 경험하였고 그동안에 스마트한 역량을 키웠고 가르치면서 동시에 배웠다. 불과 1년 반 전까지만 해도 컴맹이었던 내가 지금 '스마트한 미래학교'에 대한 이야기하고 있는 것은 우리가 흔히 이야기하는 스마트 역량을 키우기 이전에 미래사회를 상상하고 동경하면서 아이들에게 어떤 배움을 주도록 환경을 만들까 하는 생각을 많이 하고 고민하면서 실제로 한 걸음 한 걸음 걸어가 본 경험 때문이 아닌가 하는 생각이 든다. 그리고 그 생각과 더불어 방학 때마다 해외로 다니면서 외국의 다양한 미래학교를 탐색하고 그 공간 안에서 아이들이 학습자 중심으로 어떻게, 어떤 배움을 자기 주도적으로 하고 있는지를 지켜봐 왔기 때문이다. 이러한 과정을 직접 경험한 나는 코로나로 인해 온오프라인의 교육상황이 주어지자 빠르게 컴퓨터 및 온라인 학습역량을 높여서 스마트한 미래학교를 꿈꾸고 자기주도적으로 학습하는 미래형 학습방법으로 실제 아이들과 온라인공동교육과정 교사로서 환경수업을 진행해 봤고 그런 경험들이 모여서 (그린스마트)미래학교를 그리고 있는 자리에 있는 것 같다.

그렇다면 스마트한 미래학교란 무엇일까? 미래사회가 원하는 시대적 변화와 더불어 교육환경의 시대적 변화요구들을 살펴보면서 스마트에 대한 올바른 정의와 스마트한 미래학교에 대해 알아보도록 하자.

또한 한 가지 살펴볼 것은 '스마트한 미래학교란 무엇일까?' 라는 질문에서 우리가 말하는 스마트 역량에 대한 질문이다. 흔히들 스마트역량을 이야기하면 떠오르고 최근에 연일 거론됐던 이야기가 AI일 것이다. 그렇지만 그렇게 기술적으로 접근하는 것은 스마트역량의 일부에 지나지 않는다는 사실이다. 더 중요한 것은 스마트한 역량에서 자기주도성과 동기, 그리고 생산자적 입장에서 직접 체험하고 이것을 나의 삶과 연결해서 문제를 해결하는 역량일 것이다. 중요한 알맹이는 없이 기술적인 접근만으로는 스마트한 교육에 접근하기가 어렵다.

그렇다면 우리가 꿈꾸고 그리는 스마트한 미래학교는 무엇일까?

2020년 OECD에서는 "Back to the Future of Education : Four OECD Scenarios for Schooling"에 제시하면서 네 개의 미래학교교육 시나리오를 제시하였다. 이 시나리오는 기존 2001년 제시한 미래학교교육 시나리오를 기초로 효과적인 전달을 위해 조은경(2020)이 재정리한 것으로, OECD 미래학교교육 시나리오와 비교해서 시사점에서 잘 나타내고 있다. 시나리오를 자세히 살펴보면 다음과 같다.

OECD의 미래학교 시나리오는 전략적 추측이라는 방법론에 기반 하는데 특히 추세분석법과 시나리오법을 바탕으로 미래학교 학교 시나리오를 구상하였다. 이러한 추세가 이어진다면 미래에 어떤 일이 일어날지를 분석함으로써 과거와 현재가 이끌게 될 미래의 모습으로 제시하였다고 한다. 학령기중심 교육의 확대, 학습에 대한 관점의 변화, 교사 및 교사정책의 변화, 교육 거버넌스의 진화를 중심으로 분석한 시나리오는 다음과 같다.

| OECD 미래학교교육 시나리오 |

가) 시나리오1 : 학교교육의 확대(Schooling Extended)

- 학교교육에서의 참여가 지속적으로 늘어난다.
- 학교시스템의 관료적인 성격이 유지된다.
- 국경을 넘은 공공기관과 사기업간의 협력이 디지털 학습환경을 발전시킨다
- 교육활동이 구성이나 교사-학생관계는 전반적으로 변화가 없으나, 혁신의 가능성이 있다. 다양한 혼합교수방법을 활용함으로써 수업일정이 유연해지고 교과목 간 경계가 모호해진다.
- 학교 및 관련 네트워크는 규모의 경제를 통해 효과적으로 자원을 계획하고 활용한다. 학습산업체(learning industries)의 기능이 많아질 것이다

– 디지털화로 인해 학생들은 더 자율적으로 학습할 수 있게 된다.

나) 시나리오2 : 교육 아웃소싱(Education Outsourced)

다양한 형태의 민간 혹은 지역사회 주체 이니셔티브가 학교교육의 대안으로 제기된다. 유연근무제도가 자리 잡으면서 학부모가 자녀 교육에 더 적극적으로 참여하게 되고, 교육 사립화에 대한 요구가 높아지면서, 공공 교육체제가 난관에 부딪힌다. 교육을 제공하는 사람에게나 교육을 소비하는 사람에게 '선택'이 중요해진다. 홈스쿨링과 튜터링, 온라인학습, 지역사회기반 교수학습 활동 등 교육의 형태도 다양한 실험이 이루어진다. 몇몇 국가에서는 공공 교육기관과 민간 교육기관이 교육의 질을 향상시키기 위해 경쟁한다. 또 다른 국가에서는 공공 교육기관들이 무료 혹은 저비용 유아 보육서비스를 제공하거나 학생들의 일과를 채우는 교육활동을 제공하는 등의 '대안책 (remedial solution)'으로 기능한다.

교육의 아웃소싱이 심화됨에 따라 거버넌스 및 책무성에 있어서 관료적 성격이 상당 부분 사라진다. '학습 시장(learning market)'에서 경쟁하는 교육기관의 수가 기하급수적으로 늘어나면서 다양한 자격증과 자격 평가 기준이 생겨난다. 정부는 기초 학습 평가 등을 통해 교육기관들에게 표준을 제시하고 교육시장을 지휘하는 역할을 담당하기도 한다. 개별화학습이 보편화되면서, 대부분의 국가에서 사회적 분절에 대한 우려가 정치적인 이슈로 떠오른다.

다) 시나리오3 : 학습 허브로서의 학교(Schools as Learning Hubs)

학교교육은 '포괄성(comprehensiveness)', 실험정신, 다양성에 기반을 둔다.

협동학습, 자기평가, 또래책무성(peer accountability)을 바탕으로 하는, 개별화된 학습 경로가 도입되고 강화된다. 학년 구성과 같은 분류 체계가 사라지고, 교수학습의 구성에 있어서 유연하고 지속적인 순환이 이루어진다. 다양한 종류의 학습 자원에 대한 가치가 인정되고 형식학습과 비형식학습 간 경계가 모호해진다. 또한, 학습은 끊임없이 일어난다. 학습은 교육전문가들의 지도하에 일어나기는 하지만, 교실 안, 학교 안에서만 일어나는 것은 아니다. 학교 활동은 학교라는 벽을 넘어 더 광범위한 교육 환경에서 기획되고 설계된다. 디지털 정보 시스템의 발전에 힘입어 혼합 학습 활동(blended learning activities)이 실현가능 해지고, 이를 활용하기 위해 학교교육의 구조(물리적 인프라, 수업 일정)가 유연해진다. 학교는 더 광범위하고 역동적인 지역 내 교육 생태계의 중심축으로서, 다양한 교육공간에서 제공하는 학습기회를 연결하는 역할을 담당한다. 이러한 방식으로 다양한 개인과 기관이 각각의 기술과 전문성을 바탕으로 학습자들의 학습을 지원한다.

학습은 더 이상 획일적이고 경직된 교육과정을 바탕으로 구성되지 않고, 개인 학습자 혹은 학습자 집단의 니즈 및 지역적 발전에 따라 설계된 적합한 교육 시기(teachable moment : 특정 주제나 개념을 배우는 것이 가능하거나 가장 쉬워진 때)를 바탕으로 구성 된다. 교사들은 계속해서 발전하는 학습활동들을 개발하는 엔지니어로 여겨지며, 교사 전문직에 대한 신뢰가 매우 높다. 교수법에 대한 지식수준이 높고 다양한 네트워크와 밀접하게 소통하는 교사들의 존재가 매우 중요한 역할을 담당한다. 따라서 강력한 초기교사교육과 전문성 개발 활동이 중요하다.

라) 시나리오4 : 삶의 일부로서의 학습(Learn-as-you-go)

모든 종류의 학습이 '합법적'이게 된다. 교육은 실생활의 문제를 해결하기 위해 협동 지식을 활용하는 과정에서 발전한다. 인공지능 개인 비서가 개별 학습자의 호기심, 니즈, 지식 및 역량을 분석하여 학습 솔루션을 제시한다. 인공지능 개인 비서는 개별 학습자의 창의력과 자기 표현력 발달을 도울 뿐 아니라, 공통 관심사를 가진 서로 다른 학습자들을 연결 해주기도 한다. 서로 다른 언어들이 실시간으로 정확하게 통번역되기 때문에, 학습 콘텐츠에 접근하는 데 있어서 혹은 다른 학습자들과 협동하는 데 있어서 언어의 장벽이 없다. 교육, 일, 여가 간의 구분이 모호해진다. 민간기업들은 인공지능을 활용해 직원을 모집하고 채용한다. 구직자들 또한 구직 활동에 인공지능을 활용한다. 취직을 한 이후에도 지속적으로 학습활동에 참여한다. 과거 학교제도의 일부는 남아있으나, 그 기능이 대부분 개방되고 유연해진다. 공공 교육기관에서도 모든 학생에게 적용되는 수업 일정과 같은 개념(시간표)이 사라지고, 학생들이 원하는 시간에 학습활동을 할 수 있도록 지원한다.

이상 네 개의 미래학교교육 시나리오를 목적과 기능, 조직과 구조, 교사인력, 거버넌스, 공교육의 도전과제를 바탕으로 요약하여 제시하면 다음에 나오는 [OECD 미래 학교교육 시나리오 요약]과 같다.

〈표 1〉 OECD 미래 학교교육 시나리오 요약

구분	목적과 기능	조직과 구조	교사 인력	거버넌스	공교육의 도전과제
시나리오 1: 학교교육의 확대	사회화, 습득된 지식과 역량에 대한 인증 및 자격 부여, 돌봄	교육기관이 독점적으로 학교교육의 전통적인 기능을 담당함	규모의 경제와 기능의 분화의 가능성이 있으나, 학교교육을 교사가 독점함	전통적인 행정부가 강력한 역할을 담당하면서, 국제협력이 강조됨	공통의 교육체제 내에서 다양성과 질을 보장하는 것: 합의와 혁신 간 균형이 필요함
시나리오 2: 교육 아웃소싱	유연한 서비스를 찾는 "고객"들의 요구에 따라 다양해짐	구조의 다각화: 여러가지 조직적 구조가 개인학습자에게 제공됨	학교 안팎을 운영하는 교사인력의 역할과 지위가 다양해짐	더 큰 교육시장(지역, 국가, 국제수준의) 내에서 학교교육시스템이 기능함	시장실패를 해결하기 위해 접근성과 질을 보장하는 것. 다른 교육 공급자들과 경쟁하고 정보를 공유하는 것
시나리오 3: 학습 허브로서의 학교	유연한 학교 구조를 통해 학습개별화와 지역사회의 참여가 활성화됨	학습허브로서 학교가 다양한 지역적, 국제적, 자원을 조직함	교사 전문직이 광범위하고 유연한 전문가 네트워크의 연결점으로 기능함	지역의 의사결정에 중점을 둠. 다양한 파트너십을 구축함	다양한 관심사와 권력관계의 역동성, 지역적 목적과 제도적 목적의 잠재적 갈등, 지역간 역량 차이
시나리오 4: 삶의 일부로서의 학습	테크놀로지가 기존 학교의 목적과 기능을 재구성	사회적 제도로서의 학교교육이 사라짐	프로슈머들이 중심적인 역하을 하는 개방형 시장	데이터와 디지털 테크놀로지에 대한 (글로벌)거버넌스가 핵심	정부 혹은 기업의 강력한 개입이 민주적 통제와 개인의 권리에 영향을 미칠 수 있음. 사회가 분열될 위험이 있음

출처 : OECD(2020, p.41)

II

왜 학교 공간은 변화해야 하는가?

(미래학교의 변화에 대한 질문)

그린스마트 미래학교를 추진하면서 "왜", "무엇을", "어떻게" 라는 이 세 가지 카테고리는 아주 중요한 부분이다.

우선은 그린스마트 미래학교가 이름은 그린+스마트+미래학교가 합쳐져 있지만 궁극적으로는 학교의 본질에 대해서 학교가 앞으로 나아갈 방향성에 대해서 어떻게 왜 그렇게 해야 하는지에 대한 정확한 이유를 아는 게 중요하고 그래서 왜 해야 하는지에 대한 당위성을 아는 것이 매우 중요하다. 왜 해야 되는지를 구성하는 당위성은 학습자의 특성이 바뀌었고 그 특성에 따라 공간을 구성하고 공간에 따라 교육과정 운영이 달라지므로 함께 이야기해볼 필요가 있다.

두 번째는 "무엇을"이라는 부분이다. 그린스마트 미래학교는 과연 무엇을 바꾸고자 하는 노력일까. 외연적으로는 40년 이상 된 노후 학교를 바꾸는 것이고 그 바꾸는 과정을 통해서 학교가 학교로서 가져야 할 본질에 대해서 다시 이야기할 수 있는 것이다.

그린스마트 미래학교에서 방점을 찍을 수 있는 것은 최근에 이슈가 되고 있는 기후환경과 스마트 환경 하지만 여기서 스마트 환경은 스마트 기기를 활용하는 환경이 아니라 자기 주도적인 학습을 어떻게 구성하고 학교가 그것을 어떻게 지원할 수 있는 시스템으로 바뀌어야 되는지에 대한 부분들을 이야기를 하고 있다.

실제 그린스마트 미래학교를 추진하는 학교들은 사전 기획이라는 과정을 통해서 학교를 구성하고 학교를 만들어가는 전체적인 기획과 마스터플랜의 과정을 담고 있다. 이 사전 기획은 크게 학교의 미래교육방향 설정과 교육과정 환경분석을 통한 미래교육기획과 실제 건축물의 기본 콘셉트를 설정하고 학교를 둘러싼 도시환경을 분석하여 사용자의 의견을 반영하는 건축기획으로 나뉜다.

교육기획은 이 학교가 학생들의 성장과 행복을 위해 어떤 가치를 가지고 바뀔 것이며 그 안에서 구성원들은 어떤 교육적 요구가 있는지에 대한 판단을 하고 그 요구에 대한 이야기들을 함께 들으면서 민주적인 합의 구조 안에서 학교를 만들어가는 것들을 고민하는 것의 시작을 이야기하는 것이다.

그렇다고 해서 만들어진 학교가 모두 민주적인 과정을 거쳤기 때문에 그 과정을 인정한다는 것이 아니라 그 과정 안에서 나왔던 여러 가지 고민들을 함께 나눌 수 있는 것이 프로세스 중심의 미래학교라는 것이다.

여기서 의문이 생길 수 있다. 그린스마트 미래학교가 아닌 학교는 그럼 미래 지향적이지 않냐는 의문을 제기할 수 있다. 실제로 많은 혁신학교들이 마을 공동체를 중심으로 그린스마트 미래학교를 실현하고 있다. 여기서 중요한 것은 기후 환경적인 그린 요소와 스마트 환경적인 환경 요소 그리고 미래 지향적인 학교의 환경 요소들을 함께 아울러서 미래학교가 추진하는 네 가지 복합적인 요소를 통해 만들어갈 수 있는지에 대한 부분들을 고민하면서 학교 공간을 바꾼다는 게 다르다.

마지막으로 "어떻게" 하느냐에 대한 부분이다. 실제 사전 기획이라는 과정은 6개월 이상의 시간이 걸린다. 이 6개월 이상의 시간 동안에 교육기획과 건축기획, 특히 교육기획은 새로운 학교 만들기처럼 교육의 전반적인 부분을 이야기할 수 있는 전문가가 학교와 함께 협의하는 과정들을 이야기를 하고 사전기획이 끝난 이후에도 학교가 완성된 이후에도 지속가능하게 미래교육에 대한 대 전환을 꿈꿔야 한다. 그리고 교육기획가는 가이드의 역할을 하는 것으로 퍼실리테이터(facilitator)로서 촉진과 협의의 과정을 전체적인 틀 안에서 동행해주는 것이다. 실제 교육기획을 추진하고 미래교육으로의 대전환에 함께 하는 것은 학교 선생님들의 몫이다.

물론 많은 선생님들이 이 많은 노력을 들여서 그린스마트 미래학교를 만들고 사전기획결과를 내놓지만 그것이 실제 설계에 반영되지 않는 상황들 때문에 그 과정들에 대한 아쉬움을 토로하고 있는 사례들도 있다. 하지만 중요한 것은 그러한 과정에서 학교가 어떻게 주도성을 가지고 이 문제를 해결할 수 있는 역량을 키워내는 또 하나의 프로젝트과정이라고 인식하며 볼 수 있어야 한다는 것이다.

10여 년 전 시작된 교육운동으로 만들어진 많은 혁신학교가 학교의 본질을 찾고자 했던 학교들의 다양한 시도를 통해 만들어진 것처럼 그린스마트 미래학교에서도 교육기획에 관련된 부분에서 전문적인 퍼실리테이션을 할 수 있는 퍼실리테이터의 역량을 바탕으로 학교의 구성원들이 자기 목소리를 낼 수 있는 전체적인 프로세스에 대한 기획이 필요하다.

이 교육기획을 바탕으로 전문가는 어떻게 학교를 지원하고 구성할 수 있을지에 대한 부분들을 학교뿐만 아니라 지역사회와 함께 거버넌스를 구축하고 그것들을 만들어갈 수 있다. 실제로 그렇게 의견이 수렴됐던 사항들, 즉 교육적 요구들이 건축기획가에게 전달이 되고 건축기획가는 그것을 바탕으로 공간이 어떻게 구성되어야 되는지에 대한 전문적인 지식들을 학교 구성원과 지역사회 구성원의 요구와 맞게 조율해 나간다. 이를 바탕으로 나온 디자인적인 요소를 다시 한 번 건축기획가와 학교 구성원과 마을 공동체 주민들이 모여서 전체적인 틀을 완성해 나간다. 건축적인 요소의 것들은 우리가 사용하는 교육의 언어와 달라서 교사인 우리들이 제대로 이해하기 어렵다는 걸 유의해야 한다. 그래서 이러한 전반적인 과정을 번역해줄 수 있는 코디네이터역할이 필요한데 이게 대부분 건축설계 이전의 퍼실리테이션과정이다. 사용자 참여설계를 진행하는 건축가들은 사전기획을 바탕으로 브릿지하는 역할을 한다. 이때 건축가는 디자인적인 부분에 대해 조언을 하고 사용자의 요구분석을 통해 설계에 잘 반영될 수 있도록 해 주고, 교사는 수업 풍경을 떠올리면서 사용자들에게 조금 더 편리하고 유용하게 설계되도록 건축가에게 세심하게 이야기해 줄 수 있다. 이는 '이렇게 해달라 저렇게 해달라' 는 식의 시설적인 의미의 요구가 아니라 교육과정을 고려하여 전체적인 요구사항을 어떻게 담고 어떻게 표현할 것인지에 대한 문제로 서로가 조율해 나가는 과정이다.

교사들은 이러한 상황에 대한 경험이 없고 미래지향적인 학습환경 구성을 위해 공간에 대한 재구조화가 정말 필요하지만 실제로 많은 학교들이 지금까지는 일 방향의 학습 환경과 편복도 상황에서 네모진 환경들만

학교의 재구조화(re-schooling*)
학생을 넘어서 개개인의 성격을 존중하는 공간, 개인의 다양한 활동 형태를 지원하는 공간,
다양한 활동 요구를 즉각적으로 수용하는 공간

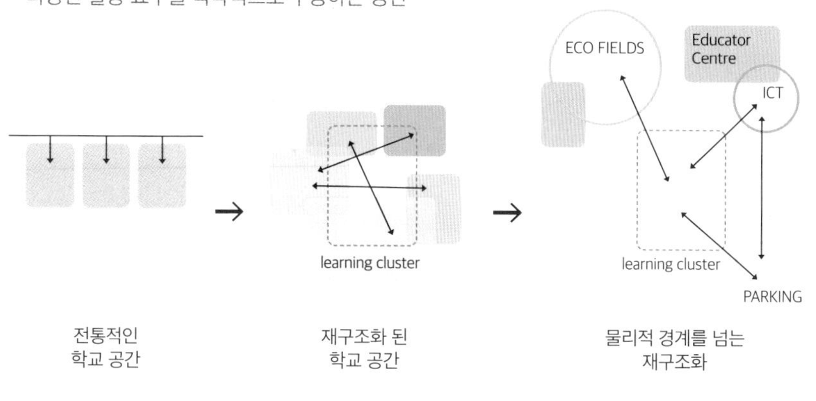

| 공간재구조화의 변화과정 |

출처 : 종암중 사전기획보고서

을 경험했기 때문에 그 이상을 상상하는 것 또한 쉬운 일은 아니다.

따라서 이러한 상상과 경험을 위해서는 다양한 공간들을 실제로 공간 탐방을 가서 직접 눈으로 확인하고 어떻게 사용되고 있는지를 살펴보아야 한다.

그렇다면, 이런 질문도 해볼 수 있다. 네모진 교실환경에서는 미래학교를 추구할 수 없는 것인가?

사실 그렇지는 않다. 학생과 학부모, 학생과 교사, 학생과 지역사회가 함께 어우러지는 다양한 교육과정에 대한 고민이 있다면 사실 어느 공간에서 교육을 하든지 미래교육을 꿈꿀 수 없는 것은 아니다. 오히려 학교라는 공간을 벗어나 다양한 학습환경을 재구조화하면서 미래교육을 꿈꿀 수 있다. 공간이 주는 창의적인 요소가 아이들의 사고력들을 깨울 수 있고 그 안에서 우리는 그린스마트 미래학교를 추구하고 생각해 볼 수 있게 더

고민을 해야 한다.

그런데 많은 선생님들이 이 부분에서 참으로 많이 어려워한다. 그 이유는 지금까지 한 번도 이런 공간과 학교의 교육과정에 대해서 우리에게 묻는 사람이 없었고 그것에 대해 논의하는 토론과 논의를 하는 시간을 갖지 못했기 때문이다. 그렇다면 지금 우리는 무엇을 할 수 있을까? 무엇을 해야 할까? 각자의 위치에서 어떤 것들을 고민하고 끄집어낼지를 한번 이야기해 볼 필요가 있다.

그리고 이러한 학교 공간에 대한 고민들을 학생들과 함께 나누고 정말로 창의적이고 기발한 아이디어를 공간에 어떻게 담아낼지 아이들과 소통해야 한다. 아이들은 의외로 학교 공간에 대해 생각보다 많이 알고 있다. 그리고 무엇이 필요한지도 알고 있다. 실제로 저학년 아이들의 경우 학교가 나를 지지해 주고 나아가게 하는 공간으로서 일방적인 지식을 전달하는 구조의 학습 환경보다 자율적으로 탐색하고 탐구할 수 있는 학습 환경을 갖추고, 동시에 신체 발달과 연결될 수 있는 공간적인 요소들을 가져가기를 원한다.

스웨덴에 있는 수학 선생님의 교실을 유투브로 처음 보았을 때 그 느낌을 잊을 수가 없다. 특수학급을 맡고 있는 교사로서 학교 환경을 학습의 환경들을 삶의 환경으로서, 최선을 다해서 삶의 공간과 비슷한 환경들을 조성하려고 노력하는데 그 선생님의 환경 또한 마찬가지였다. 교실 문을 열고 들어갔을 때 오른쪽에 펼쳐진 그린월 나무들 그러니까 식물들이 자라는 벽면이 있었고, 여기저기에 런닝머신을 비롯한 신체를 움직일 수 있는 활동을 돕는 여러 기구들, 그리고 군데군데 놓여 있는 책상은 학생들이 개별적으로, 때로는 그룹을 지어서 학습할 수 있는 환경들이 조성되어 있었다. 또 인상 깊었던 것은 간단한 음료를 마실 수 있도록, 작은 서빙 공간이 마련되어 있었던 부분이다. 학생들이 학교에 있는 동안에 자신의 필요에 의해서 뭔가 마시고 싶을 때 본인이 본인의 물을 따르는 경우도 있지만, 다른 친구가 나를 위해, 혹은 내가 다른 친구에게 필요한 것들을 가져다주는 등의 타인을 섬기고 배려할 수 있는 것을 자연스럽게 터득해나가는 과정이 흥미롭기도 하고, 인상적이었다.

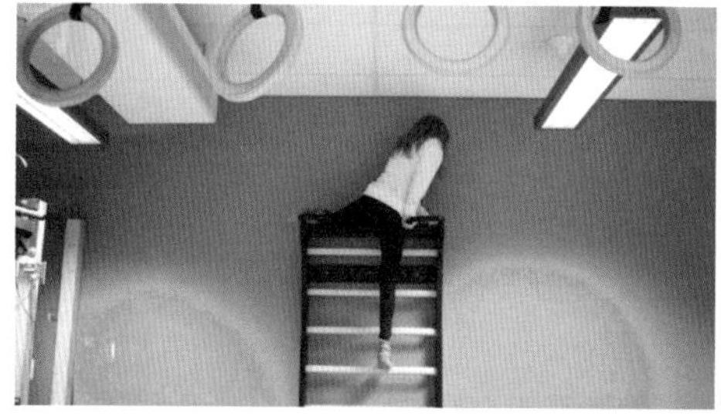

| 스웨덴 수학교사 교실 사진 |

https://yle.fi/uutiset/3-9988948?fbclid=IwAR0ie0kwescKcgkCb9YddDL-seemUxiNR4CWdzg7r-Z1G9819nzqGEf1mdA

교사는 교사의 책상에 앉아 본인이 어떤 역할을 담당할지를 고민하고 도움을 요청할 때 알려주고 때로는 학생들이 서로 배움의 안내자 역할을 할 수 있도록 하면서 아이들은 자기 스스로 학습하기도 하고 서로에게 도움을 요청하는 그 환경이 매우 인상 깊었다.

그린스마트 미래학교가 학교 전체를 바꾸고 구성하는 큰 사업으로 느껴질 수 있지만, 사실 우리는 이미 미래학교에 대한 학교의 본질에 대한 고민들을 학교 공간 혁신으로 시작했었고, 그 과정에서 그린스마트 미래학교가 정책으로 발전된 것이다. 학교의 본질은 결국 아이들의 행복과 잘 살아가는 것들을 지원하기 위한 것으로 탈바꿈해야 한다는 것이 미래학교에 대한 정책이자, 현 시대가 추구해야하는 교육 공간에 대한 생각의 핵심이다.

앞에서 본 것처럼 미래학교가 왜 해야 하고 무엇을 해야 하고 어떻게 해야 되는지에 대한 부분들을 우리가 고민하고 많은 사례들을 만들어 갈 때, 실제로 펼쳐질 학교에 대한 다양한 생각들과 고민들 그리고 이러한 고민들을 서로 나눌 수 있는 그런 논의의 장에서, 지역에서, 곳곳에서 시작될 점화불씨로 생각될 수 있다고 생각한다.

'왜, 무엇을, 어떻게' 로 이야기를 정리할 때 우리가 가장 먼저 마음에 두어야하는 것은 학교가 마음을 사는 곳이어야 한다는 점이다. 아이들이 자유롭게 탐색할 수 있는 아주 가장 중요한 시기에 학교는 무엇보다 아이들이 오고 싶고 그 마음으로 학교에서 지지받고 자유롭게 탐색할 수 있는 환경들을 모아야 한다.

그런데 우리의 학교는 탐색할 수 있는 공간의 힘이 별로 없는 것 같습니다. 특히나 학교의 교실 공간들을 바라봤을 때 네모난 공간 안에서 우리는 무엇들을 궁금해하고 탐색할 수 있을까요? 하지만 이 공간에 텐트가 하나 놓여져 있더라면 아니면 뒤에 매트나 작은 소파 등으로 인해서 아이들은 그곳을 탐색하고 쉬고 놀 수 있고 자유롭게 쓸 수 있는 공간으로 바뀌도록 만들 수 있다. 이렇듯 학교는 다양한 요구들로 학생들의 마음을 살 수 있는 곳이어야 한다.

| 잇다자유학교, 은여울중학교, 노천초등학교 들어가는 입구 |

안동의 그린스마트 미래학교를 시작하는 학교에 갔을 때 워크숍을 진행했고 워크숍의 마지막에 서로의 생각을 전달하고 서로의 생각을 고민하는 자리가 있었다. 학생과 선생님들이 섞여 팀을 만들었을 때, 메인 테마로 정한 것이 "아침에 오고 싶은 학교"였다. 아침에 오고 싶은 학교가 되기 위해서 학교는 무엇을 할 수 있을까?

| 아침에 오고 싶은 학교 사진 |

각자가 속한 학교에서 이 주제에 대한 고민들을 나누고 생각하고 함께 할 수 있는 그런 시간들이 확보되고 구체화하는 의미들이 있으면 좋겠다. 이러한 학교 공간에 대한 변화로 인해 학생들의 교육활동에 대한 만족도를 보고한 연구결과물들도 많이 나타나고 있다. 그리고 OECD에서는

2018년에 이미 학교사용자설문이라는 설문조사문항 만들고 실제로 유럽의 학교들에 설문조사하여 그 결과물을 수집하여 기록하고 연구하는 결과물들을 내놓았다. 그 안에는 학생들의 학습환경에 심리적인 것과 물리적인 부분에 대한 구체적인 요구사항을 묻고 있다.

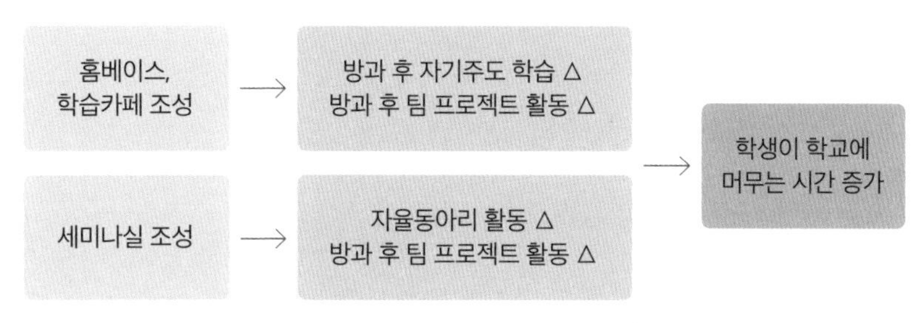

| 공간요구 반영 프로세스 사례(예시) |

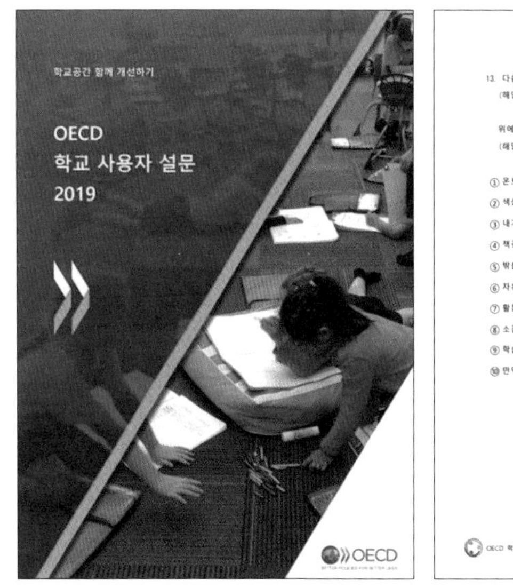

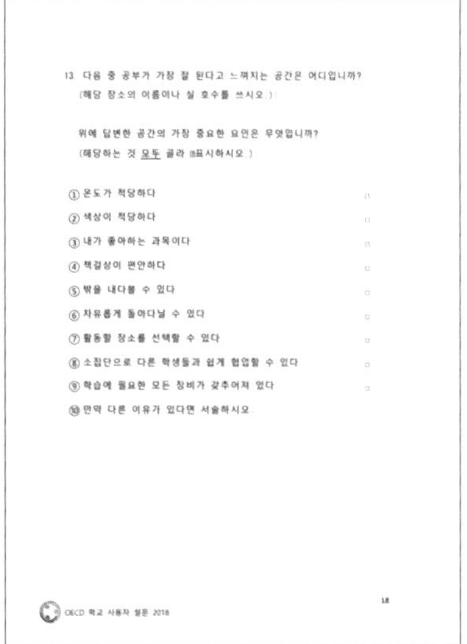

13. 다음 중 공부가 가장 잘 된다고 느껴지는 공간은 어디입니까?
(해당 장소의 이름이나 실 호수를 쓰시오.)

위에 답변한 공간의 가장 중요한 요인은 무엇입니까?
(해당하는 것 모두 골라 ☐표시하시오.)

① 온도가 적당하다 ☐
② 색상이 적당하다 ☐
③ 내가 좋아하는 과목이다 ☐
④ 책걸상이 편안하다 ☐
⑤ 빛을 내다볼 수 있다 ☐
⑥ 자유롭게 돌아다닐 수 있다 ☐
⑦ 활동할 장소를 선택할 수 있다 ☐
⑧ 소집단으로 다른 학생들과 쉽게 협업할 수 있다 ☐
⑨ 학습에 필요한 모든 장비가 갖추어져 있다 ☐
⑩ 만약 다른 이유가 있다면 서술하시오.

OECD 학교 사용자 설문 2018

18

| OECD 사용자설문지 |

III

미래학교는 공동체의 행복을 위해 스스로 질문한다

1. 모두가 반기는 공간

학교 공간은 학습환경과 배움의 즐거움을 지원하기 위한 또 다른 배움이 있는 곳이다. 여기서 학교가 물리적 공간과 심리적 공간으로 나눌 수 있는데 여기서 말하는 심리적인 배움 환경은 배움의 결과와 학교에서 잘 살아나는 것에 영향을 준다(brooks. D.C, 2010)고 이야기하고 특별히 학생의 배움에서 형식적인 배움 환경의 조건을 뛰어넘는 심리적 공간에 대한 요소들이 더욱 더 부각되고 있다. 그런 의미에서 교육학과 배움을 지원하는 학교 건축은 중요한 시대적 사명감을 가지고 있는 듯하다. 여기에 새로운 미래학교의 교과목은 배움 환경을 재구조화하는데 중요한 열쇠가 된다고 볼 수 있다. 학교 건축이 교육환경에서 지속적 변화와 개혁을 이야기하고 그걸 통해서 지금까지 걸림돌이었던 학교공간이 공간 재구조화를 통해

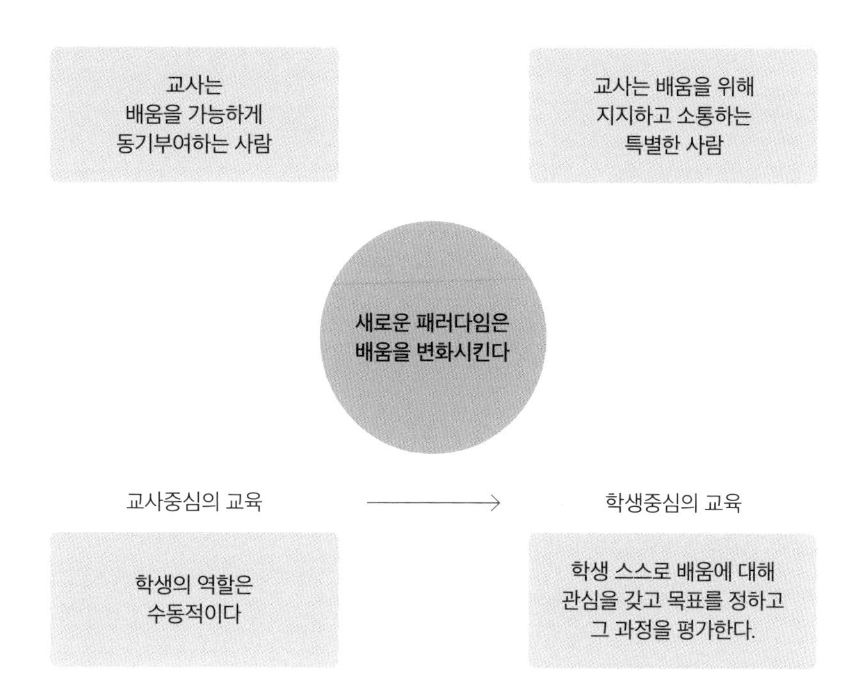

내일의 학교를 담아내기 위한 디딤돌이 될 수 있기를 바라는 마음이다.

일례로 이러한 변화와 개혁을 감지하고 먼저 교육의 변화에 관심을 지속으로 관심을 갖고 있었던 핀란드가 1970년대부터 시작된 교육운동들이 작지만 확실하게 배움의 결과들로 인해 부각되고 주목받고 있고 특히나 어린 핀란드 학생들은 세계적인 평가에서 OECD 국가 중에 우수한 성적을 보인다. 우수한 성적이 이야기되는 것이 예전에는 국어, 수학 과목 중심의 성적이었다면 지금은 수학적 사고 기술, 문제해결력, 과학과 문해능력이 우수한 성적을 나타냈다고 이야기하고 있다. 그럼 "왜 핀란드가 PISA에서 잘 하는가?"를 물으면 학교 공간에 대한 우수한 모습보다 소프트웨어적인 부분을 먼저 이야기한다. 이런 부분을 정리하면 아래와 같다.

어쩌면 이러한 선행조건이 배움의 공간에서 물리적인 공간보다 우선시 되어야 한다.

- 무상 공교육
- 교육의 공정한 기회
- 선별하지 않는 기본 교육
- 유연한 행정집행
- 업무에서 내적인 활동중심의 협력 방법
- 질 높은 교사들
- 배움에서 개별적인 지원
- 사회구성원 전반의 배움의 인식들

이러한 물리적 배움의 공간을 지원하기 위해서 우리는 어떠한 시도들을 할 수 있을까? 그건 아주 작은 시도로 쉽게 바뀌고 실천될 수 있을 것 같다. 그러한 사례를 보여주는 학교의 모습을 몇 가지 예시를 들어 설명해 볼 수 있을 것 같다.

네모난 학교 네모난 교실에서도 소소하게 진행한 공간 혁신을 통해 배움의 공간은 충분히 만들어 질 수 있다. 이러한 내용들은 외적인 물리적 기준을 충족하지 못한다 하더라도 심리적 환경이 갖추어 진다면 물리적 환경의 부족함을 충분히 보완할 수 있기 때문이다 더욱이 교육의 선진국이라고 하는 핀란드의 경우만 보더라도 이게 과연 물리적 기준인가 하는 생각을 가지게 된다. 핀란드 학교의 물리적 기준은 아래와 같다.

① 수행하는 일의 다른 방식들이 가능하고 다양한 상호작용이 가능한 유연하고 다용도의 방식을 작동한게 한다
② 다양한 문화적이고 활동적인 중앙현관의 기능을 가지고 있다
③ 영감을 주며 배움에 집중하고 창의적이고 탐구적인 배움을 유도하고 상황에 따른 배움을 지원한다
④ 심미적으로 아름답고 심리적이고 사회적인 웰빙을 강조한다
⑤ 지속가능함을 소중히 여긴다
⑥ 그 규모를 적정하게 한다
⑦ 육체적 건강과 안정성을 중요시한다

그리고 최근에 대두되고 있는 학습자 중심교육환경은 교육에 있어서 무엇이 선행되어야 하는지를 알 수 있게 해준다. 핀란드 교육은 오늘 현재나 그리고 내일을 위한 교육으로 다음과 같은 부분을 상기하고 있다.

- 학생 중심의 체험하는 방법들
- 주제 중심을 포함한 집중(몰입)하기
- 탐구하고 체험하고 관찰하고 내적동기를 부여하는 접근

또한 최근 학교에서는 모든 학생의 수준별 지원을 하는 학교(comprehensive school)의 비전을 이야기하고 있다. 이것은 앞으로 학교 모습이 배움에 있어서 대량생산적인 접근보다는 개인별 맞춤의 지원이 되어야 하는 모습을 제시해준다고 본다.

그렇다면 현재 공간혁신을 진행했거나 학교혁신을 진행하고 있는 학교

에서 물리적 심리적으로 어떤 배움의 조건들이 적용되고 실천되고 있는지 살펴보고자 한다.

배움환경은 늘 내적동기를 불러일으킬 수 있는 환경이어야 한다. 이것을 달리 말하면 배우고 싶은 마음, 즉 의지라고 표현할 수 있다. 그런데 과연 지금의 학교는 무언가를 하고 싶은 의지를 불러일으킬 수 있는 환경인가? 교실 안이나 학교가 상상력을 자극하고 호기심을 유발할 수 있는 환경인지 돌아보면 고개가 절로 저어질 것이다. 내가 근무하는 학교의 상황만 보더라도 아침에 책상에 앉아 아이들은 연결되는 따뜻함을 느끼기보다는 나무도 아닌 것이 나무의 모양을 하고 있는 차가운 책상의 표면을 만지작거리면서 딱딱하고 차가운 느낌을 먼저 받을 것이다. 학교하면 떠오르는 이미지가 〈네모의 꿈〉이라는 노래가사다.

네모난 학교 안 네모난 교실에서 네모난 책상에서 공부하는 학생들, 우리가 보통 생각하는 학교의 모습이다. 여기서 네모가 정형화, 규격화되어 있는 사회를 대변한 것처럼, 학교라는 공간은 딱딱하고 자유가 존중되지 못하는 공간으로 인식되어 있다. 일반적인 학교와 교실은 네모난 모양이다. 그리고 책상은 전면의 칠판을 보고, 교사는 학생을 바라보는 위치에서 학생을 바라보는 구조로 배치되어 있다. 정말 이 공간이 나를 반긴다고 느낄 수 있을까?

2. 사용자 참여=민주주의의 시작

근대학교에서 미래학교로 시대적인 기류가 바뀌면서 가장 많이 이야기되는 것이 참여라는 개념이다. 이것은 학교의 교육과정 운영을 하는 과정에서부터 먼저 시작되었다고 볼 수 있는데 수업에서 학생의 참여, 학교운영에서 학부모의 참여라는 이야기를 들으면 어떤 마음이 드는가? 이 참여의 개념이 학교건축에도 이야기 된 것이 작은학교 운동을 시작했던 많은 학교들 중에서 남한산초등학교가 학생들과 교사들에게 학교 공간을 어떻게 바꾸고 싶은지 묻기 시작했고, 그러한 결과물들로 학교 공간은 다양하게 변화할 수 있었다.

필자가 근무했던 학교에서도 거창한 학교 공간 변화의 참여는 아니지만 학생들에게 학교에 가장 있으면 좋은 것이 뭐인지 물어본 적이 있다. 학생들에게 질문을 던지자 학생들이 스티커를 붙힐 수 있게 의견을 수합하는 판을 만들고 기초적인 것들(영상, 개폐의자, 쿠션 등)에 대해서는 먼저 제시한 후에 4~6학년 교실을 돌아다니면서 의견 수합을 했고 그 의견수합의 과정을 거쳐서 학교 내외부에 평상과 책상과 의자를 설치해서 학생들이 활용하고 엄청 뿌듯하게 여겼던 경험이 있다. 이처럼 사용자가 참여해서 만들어진 공간은 그 공간의 완성도는 어떨지 모르겠지만 공간의 활용도가 높고 그 공간에 대한 만족도도 높게 나타난다. 그러면서 학생들은 다른 사람의 의견을 어떻게 수합할지, 그 과정에서 대표성은 어떻게 수렵할지를 의견을 내고 생각하는 기회를 경험하게 된다. 이것이 아주 기본적인 사용자 참여의 과정이다.

이러한 과정이 다양하게 주어진 상황에서 자신의 의견을 내고 그 의견을 내는 경험이 곧 민주주의를 경험하는 시작이다고 할 수 있다. 그리고 이러한 사용자 참여를 바탕으로 한 학교건축은 사용자 참여설계라는 과정으로 연결되면서 또 다른 학교의 수평적 문화를 경험할 수 있또록 제공해 준다. 이러한 과정을 오랫동안 연구하신 박성철, 이윤서님은 "모든 건축의 가치는 사용자의 만족도에 의해 결정된다. 사용자가 직접 조성한 공간은 많은 의견을 적극적으로 수용할 수 있으며, 전문가와 소통할 수 있는 소통의 장을 만드는 효과를 가진다. 기획, 설계 등 초기단계부터 교사, 학생 등 사용자가 원하는 공간을 조성하는 것이 중요하며 사용자가 직접 조성한 공간이라면 공간에 대한 애착은 더욱 강화될 수밖에 없을 것이다."[2] 라고 이야기하면서 학교건축에서 사용자 참여가 얼마나 중요한 의미를 갖는지를 이야기 해주고 계신다.

프로세스의 시각으로 디자인에 접근할 때 경험 디자인(experience design) 분야에서 반영되어진 사용자 중심 디자인 프로세스는 건축설계뿐 아니라 다양한 분야에서 사용된다. 사용자 참여 설계 프로세스는 '스토리텔링으로 풀어보는 UX디자인'의 UPDP (User Participatory Design Process)와 '서비스 디자인 씽킹'의 SDTP(Service Design Thinking Process)의 이론을 통해 Figure 3 과 같이 총 6단계의 과정으로 구분할 수 있다.

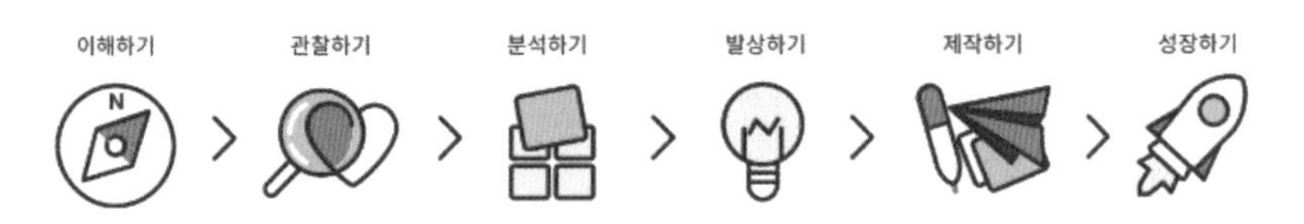

| 서비스 디자인 씽킹 프로세스 |

2 박성철 이윤서, 학교공간혁신을 위한 인식변화와 향후과제, 한국교육개발원, p.4, 2019.

'서비스 디자인 씽킹' 은 '서비스 디자인' 과 '디자인 씽킹' 의 결합한 용어로 사용자 중심 디자인 프로세스 방법 중 하나이다. '서비스 디자인' 은 디자인 사고를 중심으로 혁신을 끌어내는 방법론이며, 현재 학교를 대상으로 진행 중인 사용자 참여설계의 '학교공간혁신사업' 은 이러한 방법론을 이용한다. '서비스 디자인 씽킹' 프로세스와 기존 프로세스의 가장 큰 차이점은 프로젝트의 중심이 경제적 합리성이 아닌 사람을 중심에 두고 있느냐의 차이이다.[3]

그리고 많은 학생들과 선생님, 관리자, 관계전문가들이 사용자 참여를 바탕으로 몰입 경험, 관계 경험 등 새로운 학교문화에 필요한 새로운 경험들을 하게 되었다고 이야기한다.

3 백성환, 처음부터 다시 배우는 디자인 씽킹, 한빛미디어, pp.27~35, 2017.

IV

우리는 새로운 환경에서 배울 준비가 되어 있는가?

선생님은 새로운 배움환경에서 배울 준비가 되어 있나요?
학습과 배움은 무엇이고
아이들이 즐겨야하는 배움 놀이환경은 어떠할까요?

1. 학습자의 특성을 파악하고 그에 따른 배움 환경을 재구조화하자

21세기 교사들은 학습자 중심의 교육환경을 구조화하여 새로운 환경에서 가르칠 준비가 되어 있을까? 존 듀이가 "어제 가르친 그대로 오늘도 가르치는 건 아이들의 내일을 빼앗는 것이다"라고 말하는 의미를 생각해보면서 지금 우리가 만나는 아이들은 학습자로써 어떤 특성을 가졌고, 그에 따라 우리는 어떻게 새로운 배움 환경을 재구조화하고 그 안에서 교육과정을 어떻게 운영해야 할지에 대해 성찰해야 한다. 우리는 성찰의 터널을 통과해야만 더 멋진 미래교육공간, 즉 (그린스마트)미래학교와 만날 수 있기 때문이다.

우리가 말하는 요즘 학습자인 '포노 사피엔스'는 태어나면서부터 인터넷이 연결된 시대를 살아온 1990년대에 출생한 세대로 '신인류'의 핵심 세대이며, 지금까지 기성세대들이 쌓아놓은 문명 양식의 약 30퍼센트를 바꾸어버린 '문명의 전환'을 이끌고 있다. 이런 포노 사피언스 '신인류'의 특성을 그린스마트 미래학교 혁신적 운영모델[4]에서 잘 정리되어 소개하고 있다.

(1) 스마트폰 하나만으로 시공간에 구애받지 않고 전 세계의 사람들과도 소통을 하고, 또 스스로 영상을 찍어 그것으로 수익을 창출하기도 한다.
(2) 스마트폰은 기계의 일종이 아니라 신체의 일부로 생각하며, 공부를 할 때나 잠을 잘 때나 길을 걸을 때도 손에서 스마트폰을 떼어놓지 않는다.
(3) 객관적 사실만을 지식으로 인정하며, 지식은 언제든지 검색해서 자신의 것으로 만들 수 있으며, 인터넷 검색을 통해 모르는 것이 없다고 생각함 : 검색만 하는 세대라고 봐도 무리가 없다.
(4) 다양한 일을 동시에 처리함 : 전략적으로 주의를 분산하여 집중하고 처리하는 것이 가능하다.
(5) 항상 인터넷에 연결되어 있어야 하고, 모든 정보를 빠르게 얻길 바라며, 즉

4 그린스마트 미래학교의 혁신적 운영을 위한 모델개발(2021), 한국교육학회

각 카피해서 전파하길 원하며 신속한 반응을 추구한다.

(6) 공감하고 나누기를 좋아하며 인스턴트 메신저와 문자 메시지. 이들은 자신이 원할 때 언제나 상대방과 의사소통을 한다.

(7) 도전적이고, 재미있을 때 몰입한다.

이런 '신인류'의 특성은 미래학교 운영에 큰 시사점을 준다. 이를 정리하면 다음과 같다.

포노사피엔스 '신인류'의 특성	
특성 1	시공간에 구애받지 않고 전 세계의 사람들과도 소통한다.
특성 2	스마트폰은 기계의 일정이 아니라 신체의 일부로 생각한다.
특성 3	지식은 언제든지 검색해서 자신의 것으로 만들 수 있다.
특성 4	다양한 일을 동시에 처리한다.
특성 5	신속한 반응을 추구한다.
특성 6	공감하고 나누기를 좋아한다.
특성 7	도전적이고 재미있을 때 몰입한다.

➡

미래학교 운영 시사점
• 시공간에 구애받지 않는 학사 운영 • 창의·융합교육, 몰입학습(VR/AR) • 정보 검색을 통하 지식습득 선호 • 다양한 체험기회를 제공하는 멀티태스킹(Multi-tasking) • AI 교육 플랫폼을 통한 맞춤형 개별학습 • 학습 성과에 대한 즉각적인 피드백

궁극적으로 교사는 학습자를 독려하고 학습자가 주도적으로 학습에 참여할 수 있도록 안내하는 가이드의 역할을 담당해야 하는데, 이것이 바로

퍼실테이션이다. 결과적으로 교사의 역할은 기술을 가르치는 것이 아니라, 학생이 그 기술에 다가설 수 있도록 안내하고 효과적이고 효율적인 학습이 되도록 힘을 주는 것이다. 이를 위해 교사는 동시에 이러한 학습자를 위한 학습환경에 대한 이해가 필요하다.

2. 혁신적 운영 모델을 위해서 새로운 학습환경에 대한 이해가 필요하다

새로운 환경과 운영을 미리 실천한 미국의 4개 학교의 실천사례를 비교·분석하면서 탐색해 보고 교육과정 운영에 대해 살펴봄으로써 우리는 혁신적 운영모델에 대해 다시 생각하면서 미래학교를 상상해볼 수 있다. 이러한 미래학교를 상상해보면 일반적으로 제시한 교실의 형태를 파괴한 배움공간 재구조화, 학생의 개별학습 수준에 맞는 학교 공간에서 다양한 학습이 이루어질 수 있도록 학습자의 학습수준과 진행속도에 맞게 재구조화하는 것이 인상적이었다. 그러면서 멀티공간과 학습 플라자 공간들이 다양하게 배치되어 있다. 그 공간은 그만큼 일반적인 강의식 학습이 아닌 학습자가 온·오프라인의 에듀테크를 활용해 스스로 학습과정을 구조화하는 것으로 나타난다. 아래는 미국의 미래학교연구를 하는 대표적인 4개의 학교를 비교한 자료이다. 공통적으로 발견되는 내용은 학습프라자, 학습 스튜디오, 클러스터형 교실 등이 그렇다. 대부분의 공간은 공용공간이고 그 공간안에서 학습에 대한 전반적인 조직이 된 후에 프로젝트 형태로 개별학습을 하고 그것을 함께 모여 토론하고 다시 공유하는 방식으로 수업이 진행된다는 것을 공간의 형태나 특성만 봐도 알 수 있다. 보통 미래학교 공간에 대한 이야기를 하면 우리는 자칫 그 안에서 이루어지는 수업의 풍경은 이야기 되어지지 않는 경우가 많은데 우리에게 가장 중요한 것은 학생들의 배움을 중심으로 교사가 펼치면서 상호작용하는 수업의 풍경이 어떻게 바뀔 것이고 상상되느냐는 것을 상상할 수 있는 공간의 변화가 담보되어야 한다는 것이다.

3. 교육과정과 연계한 공간재구조화, 미래학교로 모두 함께 가보자!!

새로운 배움환경의 필수요소를 찾기 위해서는 다음과 같이 어떤 철학과 학습형태가 필요한지를 파악하는 것이 필요하다. 이러한 기본적인 필요요소를 파악하면서 각 학교에 맞는 배움환경을 구조화하는 것이 (그린스마트) 미래학교의 가치이며, 그러한 학습환경을 위해서는 교수학습혁신이 동시에 이루어져야 한다. 이를 박성철(한국교육개발원, 2021)은 그린스마트 미래학교의 사전기획을 제안하는 구성요소로 다음과 같이 제안하였다. 여기서 가장 중요한 것은 공간 재구조화를 통한 스마트한 교육환경, 생태적 환경, 마을과 함께 하는 시설공유, 여기에 더해 안전이라는 요소를 가미하면서 미래교육 전환을 앞당기기 위해 학교 공간이 변해야 한다는 사실이다. 그리고 그것을 실행하기 위해 교육철학과 학습방법을 바탕으로 기본기를 쌓아야 한다고 볼 수 있다. 박성철이 제시한 미래학교 핵심요소도 가장 아래 기초가 공간혁신인데 이것은 학습자중심의 교육과정 운영

	Columbus Signature Academy	New Tech High @Coppell	High Tech High	New Line Learning Academy
Primary student work area	Learning studio	Dual subject matter learning environment	Clustered classroom Common studio	Learning Plaza
Presentation space	Presentation room	Large multi-group collaboration zones	Commons	Learning Plaza
Large group space	Multi-purpose room	Large multi-group collaboration zones	Commons	Learning Plaza
Extended learning spaces	Breakout area Project conference room	Corridor alcoves Project planning rooms Media library Outdoor benches	Small and large conference rooms Common studios Commons	Learning Plaza watering holes and caves
Specialty labs	Graphic media lab, Science	Science	Biotech, Engineering, Art, Music, Multimedia, Digital Arts	Art Technology Science
Furniture	Rolling tables and chairs; flip-up tables	Mix and match tables; office chairs; lounge chairs and sofas in extended learning spaces	Benches in Extended learning spaces	Modular tables and mobile lecture-style amphitheater seating

출처 : http://www.bobpearlman.org/isacs.htm

을 위해 학교 공간에 어떻게 재구조화되고 그것을 실현할 수 있는 교실 배치와 교실내의 배치라는 것을 도형만으로도 충분히 잘 나타내 주고 있다.

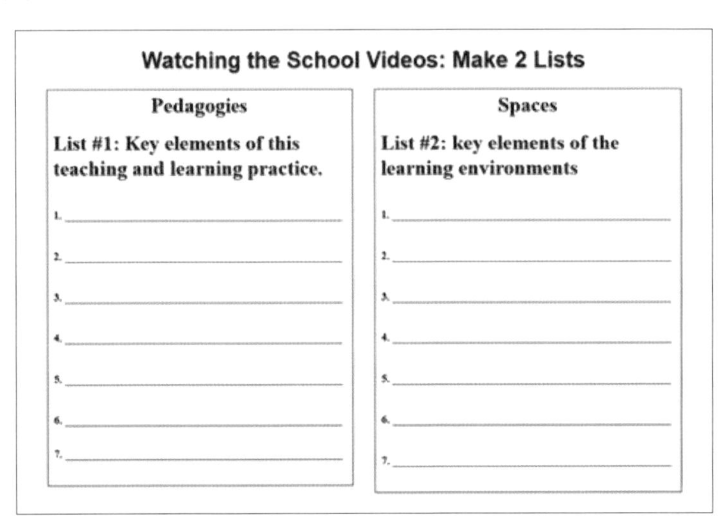
Watching the School Videos: Make 2 Lists

Pedagogies	Spaces
List #1: Key elements of this teaching and learning practice.	List #2: key elements of the learning environments
1.	1.
2.	2.
3.	3.
4.	4.
5.	5.
6.	6.
7.	7.

by bobpearlman

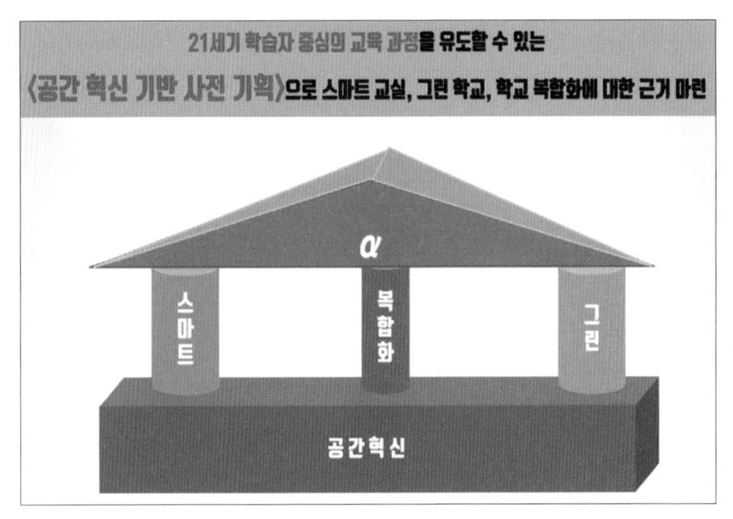

by 박성철

미래학교의 혁신적 운영을 위한 모델 개발연구(2021)에서도 이러한 구체적인 학습환경에 대한 솔루션이 파악되고 제시 되었다. 이번 연구가 국내학교와 해외학교가 새로운 배움환경에서 제시한 혁신적 학교운영사례를 탐구하면서 아래의 새로운 학습 환경에 대한 기본 원칙을 염두해 둔다면 미래학교의 혁신적 운영모델이 보장되고 실현할 수 있는 귀한 기초석이 될 것이다 그러면서 다음과 같은 교육내용들을 제시할 수 있다고 본다.

- 협업을 배우려면, 팀으로 작업하십시오.
- 비판적 사고를 배우려면, 복잡한 문제를 해결하십시오.
- 현재의 구두 의사소통을 배우려면, 말해보세요.
- 서면 의사소통을 배우려면, 쓰십시오.
- 기술을 배우려면, 기술을 사용하십시오.
- 시민권을 개발하려면, 시민 및 글로벌 문제를 해결하십시오.
- 직업에 내해 배우려면, 인턴십을 하십시오.
- 콘텐츠를 배우고 조사하기 위해, 위의 모든 작업을 수행하십시오.

결과적으로, 학습자의 특성을 파악하고, 새로운 배움환경에 대한 이해와 미래형 교육과정 운영을 위한 공간 재구조화를 뒷받침해줄 수 있는 실질적인 학교변화의 사례를 미래학교를 추진하는 학교가 사전기획단계를 운영하면서 교육과정 운영에 대해 고민했던 이 내용들을 공유하고 더 나은 시도를 위한 사례들이 생겨난다면 후에 미래학교를 준비하는 학교들에게 귀한 발자국이 되어줄 수 있을 것이다.

V

미래학교와 주체별 역할

1. 유기적인 관계와 미래지향적 시대적 요구

자동차에 들어가는 부품은 2만 개, 누리호의 부품은 37만 개, 그렇다면 인간은 어떤가? 인간의 신체구조는 부품과 같은 기능을 갖춘 장기들 뿐 아니라 305개의 뼈로 구성되어 있고, 그 안을 흐르는 액체인 혈액과 신경계들도 구성되어 있다. 다만 태어날 때 305개였던 뼈는 성장하면서 수가 줄어드는 변화를 한다. 또한 인간을 이루고 있는 수분만 해도 남성과 여성의 몸 안에서 차지하는 비율이 다르다. 이처럼 우리는 알면 알수록 많은 부분에 대한 신비가 밝혀지고 있는 시대에 살고 있음에도 불구하고, 인간의 정신세계와 영혼에 대해 더 많은 것들이 밝혀지면서 인간이 얼마나 신비로운 존재인지 새롭게 확인하고 있다. 인간이 가지고 있는 특성 중의 하나가 유기적 관계, 특히 온기나 혈액, 신경계들의 관계이다.

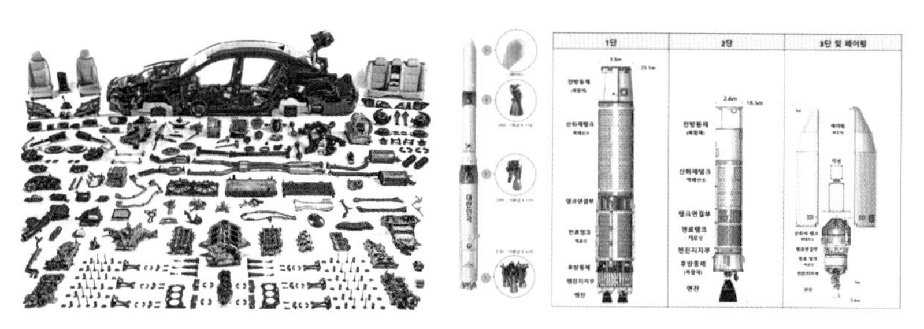

| 자동차, 누리호에 들어가는 부품 |

그렇다면 우리가 바라보는 미래교육은 어떤 유기적 관계를 갖고 있고 그 상황은 어떤가? 교육은 개별 한 학생을 학교라는 공간 안에서 만나고 생활하고 삶을 나누는 관계(interactive)속에서 지금 당장의 모습을 볼 뿐 아니라 10년, 아니 최소 20년 후를 바라보고 행복한 삶을 살아가기 위해 지향되는 것이며, 여러 겹의 유기적 관계 속에 있다.

이 글에서는 교육이라는 큰 틀을 담는 그릇, 학교 공간에 대한 이야기를 해 보려고 한다. 이 교육공간이 얼마나 유기적이며, 미래지향적이어야 하는지를 얼마 전에 있었던 이슈를 통해 이야기 해보자. 2021년 10월 21일에 발사한 누리호의 부품을 우리나라의 기술로 다 만들었다는 것이 사람들에게 크게 회자되는 일이었다. 지난 2011년부터 시작된 누리호의 부품 개발은 지난 10여 년의 시간 동안 1조 9천억 원이 투입되었고 많은 시도와 실패의 과정을 통해 발사라는 과정까지 이를 수 있었다고 한다. 물론 마지막 발사체의 연소시간 부족으로 궤도진입에는 성공하지 못했지만 우리나라에서 자체 개발한 부품으로 만들어진 누리호가 발사되었다는 것만으로도 큰 의미가 있다고 사람들을 그 때의 감격을 나눈다. 그러면서 한국의 과학교육이 그리고 그 과학교육을 가능하게 했던 전체적인 교육의 틀이 많이 창의적이고 융합적으로 발전하고 있는 것이 아닌가 하는 이야기들도 있었다.

이렇게 창의적이고 융합적인 교육을 지향하는 미래교육을 담는 학교 공간은 어떤지 그리고 왜 바뀌어야 하는지 살펴보자. 지난 2010년 이후부터 경기도를 중심으로 학교 공간이 조금씩 바뀌기 시작했다. 본격적으로 2018년 이후 시작된 학교 공간에 대한 변화의 움직임은 학교 공간을 감시와 처벌의 공간이 아닌 삶의 공간으로 인식하면서 다양한 시도들과 시도 교육청마다 다른 정책들과 프로젝트들이 여기저기 학교에서 교육과정을 운영하는 과정에서 필요에 의해서 요구되고 생겨나게 되었다. 이것의 시발점은 학교에서 학습자 중심의 교육과정을 운영하기 위해서는 일방적인 강의식 수업과 암기위주의 수업이 아니라 삶과 연계한 교육과정을 운영하기 위한 경험중심의 교육과정을 운영하고 그에 따른 공간 구성에 대한 고민이었다.

가까운 일본의 경우만 해도 2000년 초반부터 학교를 만들자는 운동들이 마을과 지역의 시민단체 및 교육위원회를 중심으로 시작되었고 그 결과물로 기존의 일자형 학교가 아닌 다양한 형태의 학교들이 만들어지기 시작했다. 우리나라에도 학교건축의 고전처럼 구도가즈미의 『학교를 만들자』나 『우리가 만드는 미래학교』라는 일본 후쿠이시 시민중학교의 이야기들이 번역되어 소개되고 있다. 이 책들은 건축을 포함한 우리의 학교문화를 개선하는데 도움이 되기를 바라는 마음으로 2009년에 한국의 류호섭 교수의 번역으로 국내에 소개되었다. 두 책 모두 새로운 학교의 공간 구성은 물론, 그 기획과정, 사용자의 참여, 교수법 개선과 공간에의 대응,

학교(학교건축)을 중심으로 한 지역사회 만들기 등의 관점에서 일본에서도 좋은 평가를 받고 있는 책이다.

이 책들을 번역한 류호섭 교수는 동경의 한 헌책방에서 이 책을 발견해 읽고, 직접 확인하고 싶은 마음에 2011년 이 학교를 방문했다고 한다. 이 학교의 시도는 여전히 진행형이지만 지역교육청, 교장 및 교사, 지역주민들, 건축가가 모두 합심해 지역 공립 중학교의 새로운 미래형 모델을 만들고자 노력하는 사례를 매우 부러워했다. 그러면서 비록 다른 나라의 사례지만 학교현장에서의 개선 노력과 실천이 바로 진정한 교육개혁이라고 덧붙였다.

이러한 류호섭 교수님의 바람은 미래지향적인 시대적 흐름에 따라 한국에서도 2000년 이후에 열린학교 정책이 들어오고 1997년 학교의 표준 설계도가 폐지되면서 다양한 학교의 모습들이 열린학교 건축이라는 이름으로 시작되었다. 필자가 발령받은 2002년에도 새로 지어진 많은 학교들이 교실과 복도가 열린 형태로 지어지고 공유공간들이 생겨나기 시작했다. 하지만 아무리 좋은 정책이라도 학교의 필요에 의해 요구되고 만들어진 게 아니어서 그랬는지 하나둘씩 교실과 복도가 닫히기 시작하더니 결국 실패로 막을 내렸다. 우리는 그냥 아련한 추억으로 열린 학교 공간을 경험하면서 정말 엉터리였다고 추억담을 나눌 뿐이다. 그러나 20여 년이 지난 지금 그 때는 알지 못하고 닫혔던 학교의 배움공간들이 사회적으로 학교 공간에 대한 관심과 미래지향적인 열린 공간에 대한 경험들이 학교에까지 전해지면서 학교 공간에 대한 관심도 증가하였다. 학교 공간이 바뀌면 교육이 바뀐다는 이야기까지 여기저기 생기면서 학교 공간을 바꾸자는 움직임이 시작되었다. 해외에서는 혁신적 교육과정, 평가, 첨단기술 지원 및 학교 공간 개선을 중심으로 국가 단위 프로그램 및 미래형 학교 사례가 증가하고 국내에도 이러한 시대적인 요구와 흐름들이 감지되었다. 2011년에 발표된 미래사회를 대응하기 위한 스마트교실과 2015년 이후부터 서울에서 시작된 꿈담교실, 광주의 엉뚱 프로젝트, 아지트 프로젝트 등이 시작되었고 2018년에 교육부에서 정책으로 추진되면서 본격적인 학교공간혁신이 시작되었다.

그렇다면 학교라는 공간이 단순히 건축물로써만 일방적으로 주어진 것이 아니라 인간의 다양한 인체구조들과 유기적인 관계들을 맺는 것처럼 학교를 구성하는 주체들의 중요한 역할을 바라보면서 우리의 교육도 시대적으로 어떤 변화의 기로에 서 있는지를 살펴볼 필요가 있을 것 같다. 이러한 관계들을 따져보기 이전에 불름의 수정된 교육목표를 살펴보면서 미래교육이 어떻게 변화해야할 것이며, 교육을 담는 공간인 학교의 변화를 바라보면서 시작된 미래학교의 중요한 가치에 대해 짚어볼 필요가 있음을 알 수 있다. 블룸은 1956년에 발표할 당시에도 지식에서 중요한 것은 단순한 지식이 아니라 종합적 사고라고 주장했다. 이러한 지식을 적용하고 분석하는 종합적 사고를 위해서 기존의 일방적인 암기위주의 수업은 더 이상 교육의 목표가 될 수 없었다. 2001년부터 기억하고 이해하는 일차원적인 교육목표가 아닌 기존지식을 활용해서 창조해내는 새로운 교육목표를 제시하면서 그에 따른 교육을 지원하기 위한 창의적인 학습 방법들에 대해 이야기하고 있다.

또한, OECD는 미래학교 교육시나리오[5]에서 개별화학습 지원, 다양하고 실험적 교육 방법, 지역사회의 참여와 연결, 학습상시화 등 예측하며 혁신적 교육과 물리적 학교 공간에 대한 관심을 증가시키고 있다. 이러한 예측 시나리오는 맞춤형 교육과정, 개인·지역·국제문제 해결을 위한 프로젝트 수업, 테마별 학습공간, 첨단기술지원등을 미래교육의 공통 특징으로 제시하고 체험형 교육과 지역사회 개방을 강조하고 있으며, OECD 2030 학습나침반에서 학습자의 웰빙을 위해서 학습자의 자기주체성에 대한 강조한다.

| OECD 학습나침반 2030 미래학교 시나리오 | (OECD 제공)

5 * OECD (2020), Back to the Future of Education: Four OECD Scenarios for Schooling

[비전] 모두 함께 성장하는 행복한 미래학교

[목표] 창의성과 주도성을 키우며 쉼, 놀이가 공존하는 학교

핵심요소 2.0	공간혁신 (재구조화)	스마트교실	그린학교	학교 복합화	+	안전
	크기와 쓰임이 유연한 공간	디지털 기반 맞춤형 개별학습 공간	탄소중립 및 유해물질 없는 친환경 공간	지역과 학교시설 공유		공사 중·후 안전한 환경
	선택학습 및 창의·융합수업 활성화	블렌디드 수업 학생 활동 중심 수업 확대	체험 중심의 환경생태교육 확대	지역사회의 거점 역할 강화		안전하고 건강한 학습 환경 제공
	Green Smart School(GSS) Key elements 1.0					2.0

출처 : 2022 그린스마트 미래학교 추진계획

우리나라도 모두가 함께 성장하는 행복한 미래학교를 꿈꾸면서 시작된 그린스마트 미래학교 정책을 추진하면서 이러한 시대적 요구들을 받아들였다. 특히 다양성, 창의융합, 시민교육 구현이라는 목표 아래 교육대전환을 꿈꾸는 핵심요소로 교육과정과 연계하는 유연하고 다양한 공간을 꿈꾸는 공간혁신(공간재구조화), 교수학습 혁신을 위한 스마트 교실(교육환경), 탄소중립 실현과 환경생태교육의 체험장으로써 그린학교, 학교와 지역사회를 연결하는 교류의 거점으로 학교를 바라보는 학교 복합화 및 시설 공유를 제시한다.

2. 미래학교의 중요한 가치 찾기

미래학교의 중요한 가치를 말하기에 앞서 교육부가 지난 2018년부터

추진해온 공간혁신(학교 공간 재구조화)에 대해 이야기하지 않을 수 없다. 학교의 주인인 사용자가 기존의 공급자 중심으로 제공되었던 학교 공간을 바꾸고자 하는 시도들이 작은학교를 중심으로 시작되었다. 그 결과로 인해 서울시교육청(꿈담교실)을 비롯한 전국의 교육청들이 삼삼오오 공간혁신 사업을 진행하게 되었다. 사실 미래학교에 대한 연구는 10여 년 전인 2011년, KERIS가 미래학교 체제 도입을 위한 Future School 2030 모델 연구를 발표하였고, 이 연구를 시작으로 미래교육에 대한 관심이 많아졌다. 이어서 2011년 스마트교육 종합추진계획이 나오면서 새로운 대안적 학교 공간에 대한 이야기가 해외사례를 중심을 국내에 소개되고, 특히 2018년 이후에는 해외사례를 통한 시사점을 도출하고 적용하려는 다양한 연구가 진행되었다. 그중에 최근에 발표한 미래 교육환경에 대응하는 교육시설 연구(II)에서는 미래 지향적인 교수 학습법을 2015 교육과정의 지향점 실현으로 범위를 한정하고 이의 효과적인 구현을 지원하는 미래형 학습공간 모형을 사용자 주도 프로젝트를 통하여 실제 교육현장 목소리를 물리적인 형태에 반영하고자 하였다.

첫째, 미래 교육환경 변화를 야기하는 사회적 변화 속에서 미래 인재들에게 요구되는 역량과 이들을 길러내기 위한 교육의 방향성 그리고 이를 위해 필요한 학교 공간의 역할들을 도출하였다. 둘째, 이를 바탕으로 2015 교육과정에서 제시하는 미래 교수학습 활동을 소요 단위공간에 따라 총 58가지로 유형화하고 셋째, 세 단계로 세분화된 사용자 주도 미래형 학습공간 프로젝트를 통하여 교사들이 학생 역량 함양을 중심으로 하는 미래 교수학습과정을 설계 후 온전한 구현을 위한 학습공간들을 제안·검토하였다. 넷째, 수렴된 의견들을 바탕으로 연구진과 전문가들이 모여 미래형 학습공간 모형을 도안과 적용된 사례 현황 사진을 통하여 제시하였다. 마지막으로 미래형 학습공간 모형이 학교현장에 효과적으로 도입·정착되기 위한 정책적 방안을 제안하였다.

이러한 학습자중심의 교육환경 조성을 바라보면서 한국교육개발원이 제시한 시설적 측면의 연구의 결과들이 미래학교로의 전환을 꿈꾸면서 역동하게 하는데 중요한 가치를 그린스마트 미래학교 종합추진(2021.3)에서 발표한 것을 바탕으로 세 가지를 제시할 수 있다.

첫 번째는 미래학교로의 전환이다. 미래형교육과정 운영 및 혁신적 교수학습을 지원하고, 학생의 쾌적하고 안전한 생활공간인 미래학교로 단계적 전환을 이루는 것이다. 여기서 기본적으로 추구하는 세 가지 개념이 다양성, 창의융합, 시민성이다. 이것은 그린스마트 미래학교를 추진하면서 정책적으로 추진한 것이기도 하지만 미래지향성을 이야기할 때 제일 많이 이야기 되는 중요한 가치이다. 이 가치를 바탕으로 궁극적으로 도달해야할 곳을 미래교육을 경함할 수 있는 미래학교로의 전환이다.

미래학교 목표지향을 위한 실질적 학교변화, 교수학습변화 추진하는

- AI, 에듀테크 등을 활용한 맞춤형 개별학습 활성화
- 자유학기(학년) 진로탐색, 진로설계 활동 지원
- 학생 수요 기반 교육과정 편성 운영(고교학점제 등)

창의 융합

- 교과 간 연계수업, 주제 중심 융합 수업 실시
- 실생활 문제 해결 중심의 프로젝트형 수업 활성화
- 메이커실 활용, 발명 · 창의 활동 등 아이디어 구현

시민성

- 민주시민교육, 환경생태교육을 통한 공동체 가치 함양
- 학교 밖 자원을 활용한 창의적 체험활동 실시
- 학생이 기획하고 실천하는 학생 자치 확산

| 미래학교로의 전환 |

출처 : 교육부

것으로 1차적인 학교가 구축되어 미래학교로 전환이 시작되는 2024년에 맞춰 학생 맞춤형 교육체제, 삶과 연계한 역량기반의 2022 개정교육과정을 적용하도록 계획이 되어 있다. 우리가 지금 처해있는 한국의 교육적 상황들을 살펴보았을 때 2024년 교육과정이 개정되어 시행되는 시기에 공간도 함께 제공된다면 더할 나위 없이 미래학교 전환이 실현되고 학생들은 배움을 위해 주도적으로 자신의 배움의 행복을 찾아 나설 것이다. 그 과정에서 학생들이 경험하는 도전정신과 자존감은 학생의 성장에 귀한 밑거름이 될 것이다. 특히 이러한 과정을 이야기하면서 초등은 휴식·놀이·학습의 연계환경에서 건강한 성장과 기초능력 향상하고, 중등은 디지털 기반의 교수학습, 공간의 유연성과 다목적성 실현을 통한 학생 선택학습 지원 및 자기주도적 학습역량을 함양하는 것을 목표로 한다. 40년 이상 경과한 노후학교 개선에 우선 적용하지만 신설을 포함한 앞으로 지어지는 모든 학교를 대상으로 단계적 사업 추진되도록 했다.

두 번째는 사용자 참여(주도)이다. 지금까지의 학교건축의 방법이 일방적이고 공급자 중심의 구조였다는 것은 앞에서도 몇 번이나 지적했다. 그

	2021년	2022년	2023년	2024년	2025년
그린스마트 미래학교	✓ 대상학교 선정 ✓ 사용자 참여설계	✓ 공사 ✓ 사용자 시공점검		✓ 1차 미래학교 전환 (761개동)	✓ 2차 미래학교 전환 (518개동)
2022 교육과정	✓ 개정사항 발표	✓ 2022 개정 교육과정 고시(총론 · 각론)		✓ 초 1 · 2 적용	✓ 초 3 · 4 적용 ✓ 중 1 · 고 1 적용
고교학점제	✓ 마이스터고 적용 (1 · 2학년)	✓ 특성화고 도입 · 일반고 일부 도입			✓ 전체 고교 본격 시행
주요 인프라	✓ 모든 일반 · 특별교실에 무선망 구축 (~'22)		✓ K-에듀 통합 플랫폼 구축		

| 관련사업 5개년 로드맵 |

출처 : 교육부

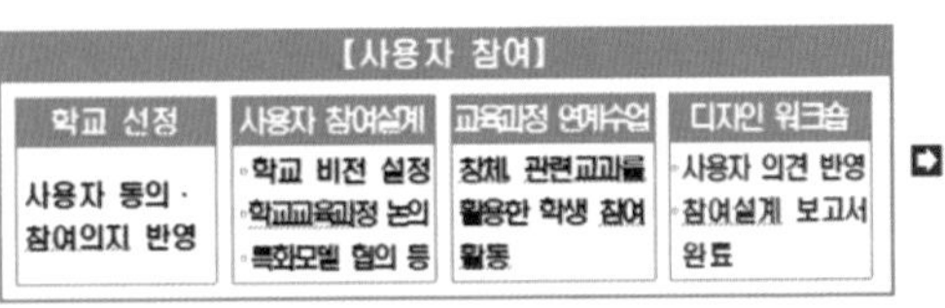

| 사용자 참여 설계 |

출처 : 교육부

렇다면 기존의 방식을 학생, 교직원, 학부모, 지역주민이 원하는 학교모습을 함께 만들어가는 사용자 참여 원칙으로 미래학교를 조성하도록 변화를 시도하고 이것은 2022년 6월 29일부터 시행되는 학교시설법[6]에도 담아서 의무화하도록 되어 있다. 다양한 방식으로 요구사항을 수렴하고 대상학교 선정, 사전기획 및 참여 설계 등 사업전반에 참여할 수 있는 기회 제공을 원칙으로 하고 있다. 이는 단순한 참여를 넘어 학교 및 사용자들이 주도자가 되어 적극적으로 함께 한다는 의미를 말할 수 있다. 이 때 사용되는 방법은 미래학교 사업 설명회, 학교토론회, 교육과정연계 수업 및 지역사회 연계 프로그램, 학교구성의 디자인 워크숍, 교과목이나 교육과정별 교사들의 전문적 학습공동체 및 교사협의회 등이 진행될 수 있다.

학교구성원이 민주적 의사결정을 통해 공간과 시설을 스스로 제안하고 만들어 가는 과정에서 미래사회가 요구하는 역량인 협업, 의사소통역량, 공동체의식 함양 등을 기를 수 있으므로 이보다 더 좋은 경험의 기회는 없다고 생각한다. 다시 말해 미래학교를 만드는 일은 장기간 과정중심의 협력 프로젝트를 진행하는 것과 같다고 할 수 있다.

---

6 교육과정과 연계한 사용자 참여설계의 내용을 담는 학교시설법 개정추진

교육부의 종합추진계획에 의하면, 교육청별로 사업 수요조사 등을 통해 사업추진 의사 확인 및 대상추천 후 교육부 사전검토를 거쳐 대상학교 선정하는 방식을 가지고 있으며 이 때 다양한 의견 수렴과 지원을 위해 아래와 같은 협력조직들이 만들어지고 실행되고 있다.

중앙지원협의체는 교육부 주도로 중앙 단위의 사업 지원과 실행 동력 확보를 위하여 유관부처(청)과 연계한 중앙지원협의체 운영하면서 부처(청) 사업과의 연계 방안, 교육활동·시설·기자재 지원 및 공동 활용방안, 제도 정비, 정책 홍보 협조 등으로 제도를 개선하거나 협력하는 좋은 사례들을 만들려고 노력하고 있다.

지역협의체는 교육청 주도로 지역사회의 참여와 지원을 유도하기 위하여 지자체, 교육기관, 시민단체 등과 연계한 지역협의체 운영하면서 지역사회 인프라 지원, 공동체 참여를 통한 발전적 운영모델 마련하는 것으로 세종교육청의 해밀초등학교는 이와 관련한 좋은 사례라고 볼 수 있겠다. 학교라는 공간을 넘어 지역과 함께 사용하고 소통할 수 있는 공간들을 마

| 해밀초등학교 돌봄교실 |

련하고 프로그램을 제공하는 당진 대곡초등학교 생활 SOC 사례도 좋은 사례라고 할 수 있다. 이 외에도 지방자치와 연계해서 시도하는 좋은 사례들이 많이 늘어나고 있다.

교육부는 17개 시·도교육청 공동으로 공모를 통해 전문지원기관으로 '미래학교 지원센터' 를 선정하여 사업추진을 지원하는 조직을 위탁운영하고 있다. 이 지원기관에서는 사업에 따른 안내서 및 표준모델연구개발·제작, 역량개발연수(교원, 시도교육청 업무담당자, 교육기획가, 건축기획가), 공동행사, 홍보등을 지역교육청과 협력하며 진행하면서 공교육내에서 추진할 수 없는 전문적인 영역의 지원들을 학교와 교육청에 제공하고 있고 특히 실무자들을 위한 역량강화연수들을 추진하고 컨설팅을 제공하기도 한다.

이밖에도 교육청별로 다양한 지원시스템을 도입하고 제시하면서 유기적인 연계를 통한 지원방안들을 모색하고 협력방안을 만들어 내고 있다.

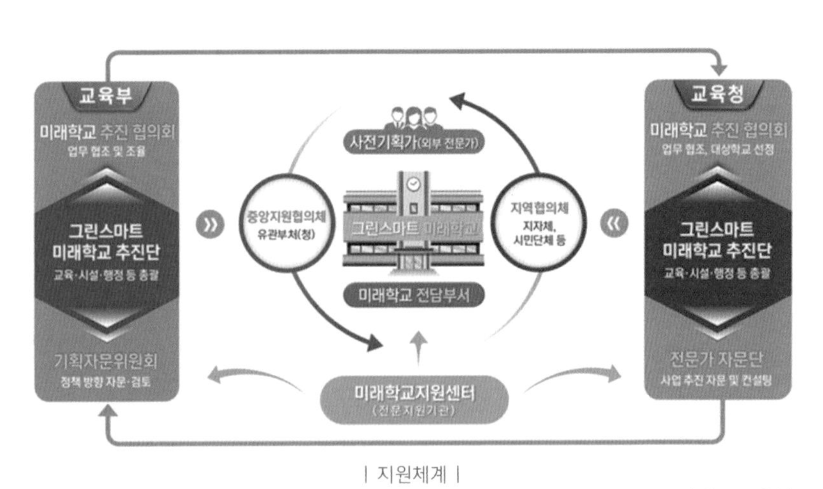

| 지원체계 |

출처 : 교육부

세 번째는 특화모델 운영이다. 미래학교의 주요요소를 고루 갖추되, 지역·학교·공동체의 요구에 따라 비중을 달리하여 특정요소를 강조한 모델을 찾고 운영하는 것이다.

농산어촌 등 교육·문화 기반 시설이 부족한 지역의 학교는 복합화 모델, 기후환경에 관심이 많은 지역의 학교는 그린학교 등을 강조하여 학교의 상황과 지역적 여건을 고려하여 학교별로 추진하는 과정이다.

학교별·학급별 및 학교특성을 반영하여 효율적 공간혁신모델을 운영하고 미래학교를 만드는 것이다. 유치원과 초등학교는 편안한 놀이·휴식 공간, 중학교는 자유학기(학년)제 연계공간, 고등학교는 교과특성에 맞는 수업운영을 위한 교과중심 교실형태의 운영방식 등을 고려한 고교학점제에 유연하게 대처할 수 있는 수업공간을 마련하는 것을 강조하고 있다.

특수학교, 특성화 중·고등학교는 학생의 특성과 학교 설립목적에 부합하는 학습공간 및 실습장 등 마련하는데 중점을 두고 진행한다. 이처럼 미래교육에서 개별학습자를 고려한 학습자 중심의 학습환경처럼 학교별로 다양한 학교들이 구축되도록 지원하고 진행하는 것을 핵심가치로 한다.

3. 주체별 협력을 위한 지원 방안

협력은 힘을 합하여 돕는 것으로, 한자로 쓰면, 맞을 협(協)에 힘 력(力)를 쓴다. 한자를 풀어보면 열십자 옆에 힘을 쓰는 '력(力)' 자가 3개 있고, 그 옆에 또 하나의 큰 힘 력(力)자가 있다. 이를 합하면 힘 력자가 14개다. 힘을 쓰려면 적어도 열네 명이 힘을 합쳐야 큰일(大業)을 이룰 수 있다는 의미처럼 느껴진다. 남의 일을 도와주는 정도의 협력이 아닌 적극적으로 구성원이 협력체들과 함께 애를 쓰는 것이 협력이다. 그런 의미에서 교육부에서는 지난 학교공간혁신의 결과물들을 중심으로 다양한 지원시스템 도입하는 첫 단추로 중앙교육연수원에서 각 시도교육청이 협업해서 '공동체가 함께 만들어가는 학교공간'이라는 주제로 연수과정을 개설했고, 이후에 그린스마트 미래학교에 대한 사전기획을 중심으로 연수를 개설하려고 준비하고 있다.

출처 : 교육부

이 외에도 지역교육청은 이번 미래학교 프로젝트가 학교를 바꾸고 아이들을 지원할 수 있는 절호의 기회라고 여기면서 다양한 지원들을 추진하고 있다. 예를 들면 전남교육청의 경우는 직접 학교에 찾아가는 사업설명회도 진행하고, 실질적 지원을 위한 실천지원단을 만들어서 그린스마트 미래학교의 분야별로 교원역량 지원, 사전기획가 풀 구성 및 지원하는 등의 시스템들을 갖추고 있다.

출처 : 전남교육청

경기도는 교육부가 제시한 종합추진계획을 바탕으로 기존에 추진하고 있던 학교혁신의 철학과 미래학교 개선을 접목하여 경기도형 그린스마트 미래학교 추진계획을 수립하고 그에 따라 환경조성을 위한 사업안내서와 디자인 가이드북을 제시하였다.

울산교육청의 경우도 교사나 사전기획에 참여하는 학교를 지원하기 위한 다양한 지원시스템과 거버넌스를 구축하고 있다. 특히 기존 학교공간혁신 사업 때부터 있었던 총괄기획가제도를 운영하면서 총괄기획팀을 정비하고 그 팀에서 미래학교구축을 전반적인 기획을 민간전문가들과 함께 진행하면서 학교에 대한 관심을 교육청단위뿐 아니라 지역이 함께 하

출처 : 경기도교육청

도록 관심을 유도하고 있다. 미래학교 사업에 대한 관심은 궁극적으로 그린스마트 미래학교 대상교만의 문제가 아니라 모든 학교들의 교육공간에 대한 본질적 접근이라고 생각한다.

| 미래학교 상상 워크숍 (울산교육청) |

학교건축을 바라보는 새로운 시각에서 우리는 새롭고 창의적인 방법도 고민해야 한다. 이미 많은 연구에서 교사의 역량, 특히 담당자의 역량과 역동성이 이번 미래학교를 추진하는 동력이 될 것이라는 것을 이야기하고 있고, 교육부도 이러한 접근을 위해 2020년부터 한 해 동안 교원지원단을 꾸리고 선생님을 역량을 끌어올리기 위한 다양한 시도들을 추진하였다. 물론 코로나로 인해 대면모임의 제약이 있었지만 2021년 하반기에는 미래학교추진 학교를 대상으로 온라인 강좌 "금요일엔 그레잇 스쿨"을 비롯해 현장을 지원하기 위한 다양한 시도들을 지속적으로 추진하며 노력하고 있다. 다만 이러한 지원을 위한 시스템이 구축되었다 하더라도 제대로 운영되지 않는 사례들을 찾고, 그 안에서 이미 2020년에 잘 추진되고 운영되었던 학교의 사례들을 통해 보완·수정하여 다시 역동하도록 만들고 특히나 학교의 퍼실리테이션을 통한 민주적 합의구조가 자리 잡을 수 있도록 노력할 필요가 있다고 본다. 학교건축을 전문으로 하는 건축 퍼실리테이터들이 활동하고 있지만 미래학교전환을 위해 교육과정을 기획하고 미래학교를 꿈꾸고 비전을 설계해주는 현장 중심의 교육기획 퍼실리테이터의 활동은 아직 미비한 실정이다. 그리고 이를 뒷받침해 줄 교육과정이나 프로그램 혹은 프로세스에 대한 다양한 시도들도 필요하다. 이런 의미에서 기존에 작은 학교나 혁신학교, 마을공동체에서 함께 진행했던 학교의 비전세우기 과정들이 외부의 교육전문 퍼실리테이터들의 지원으로 함께 구축되어야 함을 제안하고 싶다.

이러한 필요성을 직시하고 교육부도 2022년 초부터 다양한 교육기획 프로그램들을 기획하고 시·도교육청과 협력하려고 노력하고 있다. 중요한 것은 목 마른 말을 물가로 가이드 할 수는 있지만 물을 먹게 할 수 없는 것처럼 목마른 갈증을 느끼는 시·도교육청이 먼저 우물을 파고 물을 어떻게 기를 것인가를 고민할 필요도 있다. 그러면서 좋은 사례들은 서로 공유하고 함께 밀어주고 땅기는 진정한 협력관계를 구축해야한다. 이 과정을 위해서는 학생, 학부모, 교직원, 건축 촉진자, 사전기획가, 관계 전문가 등이 함께 논의하는 자리가 정기적으로 열리고 일을 도모하는 것도 좋을 듯하다.

미래교육에서 가장 중요시하는 행위주도성은 역동하는 힘이다. 각자가 스스로의 필요에 의해 만들어지고 그것에 따라 정책이나 제도가 따라왔던 기존과 다르게 먼저 미래교육의 방향을 제시하고 21년부터 그린스마트 미래학교를 추진하고 있는 입장에서 우리는 이제 함께 머리를 맞대고 지혜를 모아서 주체적으로 나아갈 수 있도록 명확한 목표제시와 과정에 대한 안내가 필요한 시점이다. 우리에겐 미래교육에 맞지 않는 노후환경이라는 명확한 명제가 있다. 이러한 노후환경을 바꾸면서 우리는 기존과는 다른 방식과 접근으로 새로운 길을 떠나려고 준비하고 있다.

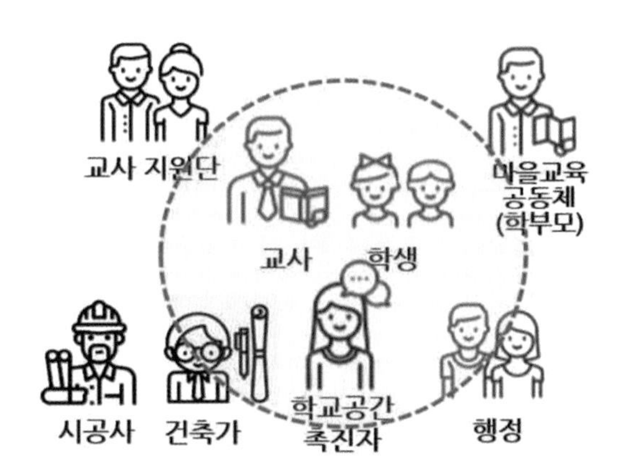

| 학교 공간을 만들어가는 주체 | (P_P.Y 홍경숙)

여행을 떠날 때 우리는 아무리 좋은 여행지라도, 여행에 대한 순수한 기대감도 있지만 누구랑 함께 가느냐에 따라 여행을 대하는 마음이 달라진다. 가장 중요한 것은 함께 걸어가는 한 걸음이다. 우리나라에서는 누구도 이 길을 걷지 못했지만, 이미 영국과 독일 유럽의 많은 나라들이 이 과정들을 겪으면서 시행착오를 거쳤으니, 그 발자국을 따라가며, 우리에게 맞는 길을 찾고, 다음에 올 누군가를 위해 길을 내는 것은 우리의 몫인 것 같다.

마지막으로, 부디 많은 실수가 아닌 적은 실수를 통해 배워나갈 수 있도록 협력적인 아이디어를 각 시도교육청과 민관이 함께 공유하고 실천해 가기를 바란다.

VI

미래학교를 준비하고 있다면?

1. 미래학교에 가기위해 우리는 무엇을 꿈꾸어야 하는가?

미국의 철학자이자 심리학자, 교육학자인 존 듀이가 "오늘의 학생들에게 어제처럼 가르친다면 학생들의 미래를 빼앗는 것"이라고 한 말을 잘 들여다보면 우리의 학교가 어떻게 바뀌어야 하고 우리가 미래학교를 어떻게 준비하고 그것에 따라 학생들의 행복을 위해 공간을 제공해야하는지를 잘 알 수 있다.

가장 우선시 되어야 할 것은 교육의 본질, 학생들에게 어떤 교육을 할 것인가를 먼저 생각하고 교사인 우리가 먼저 상상할 수 있어야 한다는 것이다. 존 듀이는 교육이 삶(미래)을 위한 준비가 아니라 삶 그 자체라고 이야기했다. 이것 또한 미래학교를 준비하면서 가장 유념하고 생각해 보아야야 할 점이다. 교육의 본질이 삶을 위한 것이라면 사실 공간의 변화가 논의되는 것도 앞에서 말한 것처럼 기존의 학교 공간에 대한 다양한 접근의 문제제기와 함께 학교교육에 대한 근본적인 질문들을 던졌기 때문에 변화의 과정을 경험하면서 학교 공간 재구조화하는 개념이 들어섰고, 이것이 미래학교 공간 재구조화를 넘어서 새로운 학교 만들기로 추진된다고 할 수 있다.

미래학교를 이야기하면서 우리가 늘 생각하는 것은 학교의 건축적인 요소, 공간적인 요소다. 하지만 우리가 공간을 생각하기 이전에 고민해야 할 것은 교육의 본질이다. 학교 공간이 왜, 무엇을, 어떻게 바꾸고자 하는지에 대한 정리를 하고 배움공간이 삶의 공간으로써 왜 바뀌어야하고, 무엇을 바꾸는 것이고, 어떻게 바뀔 것을 기대하는 욕구의 표출이라는 단어로 말 할 수 있다. 이 근본적인 물음에서 학생은 학교를 살아가는 한 존재

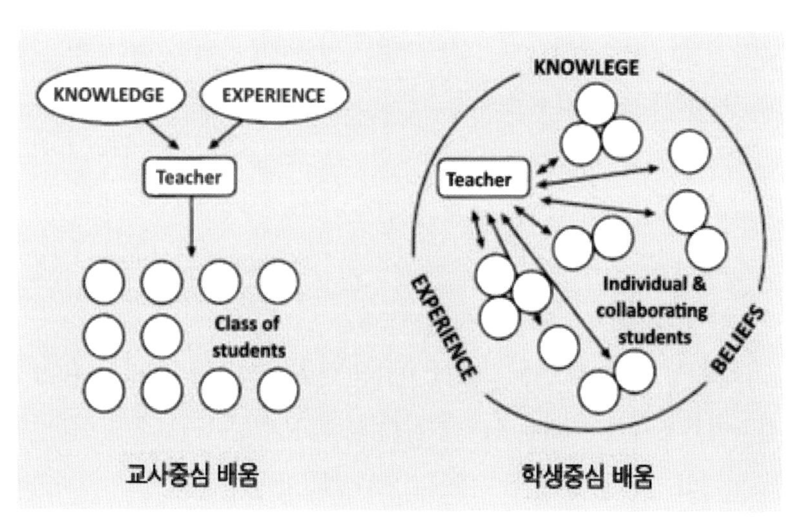

| 교사의 역할 변화 |

로써 교사중심의 배움이 아닌 학습자중심뿐 아니라 모두가 배울 수 있는 구조에서 학습자의 행복을 위해 배움을 다시 디자인하기 위해 공간이 부수적인 입장에서 바뀌게 되는 상황으로 보인다.

2. '왜 학교 공간이 바뀌어야 하는가'에 대해 알기

왜라는 질문은 변화하는 사회를 바라보는 측면과 주체의 변화측면에서 살펴볼 수 있다. 먼저 우리 사회의 급속한 변화속도를 떠올려 볼 수 있다. 특히 불확실하다고 정의내리는 사회에서 우리는 언제 어디서나 적응하고 변화할 수 있는 능력을 가지고 배움을 디자인해야 하는 것을 절실히 느끼고 있다. 이는 최근 중점적으로 논의되고 있는 미래의 핵심역량에서도 그 연계성을 찾을 수 있다. 게다가 4C로 불리던 미래역량은 최근 6C로 그 역량이 확대하여 논의되기 시작했다. 델라웨어대학교의 로베르타 골린코프 교수와 캐시 허시-파섹 브루킹스 연구소 선임연구원이 저술한 『최고의 교육*Becoming Brilliant*』에 따르면 미래 인재는 '협력(Collaboration)', '의사소통(Communication)', '콘텐츠(Content)', '비판적 사고(Critical Thinking)', '창조적 혁신(Creative Innovation)', '자신감(Confidence)' 즉 '6C 역량'을 갖춰야 한다고 주장한다.

4차 산업혁명으로 인한 급격한 사회의 변화는 코로나-19라는 팬데믹 상황까지 맞물려 미래에 대한 불확실성을 더 크게 증폭시켰으며, 이는 다시 현재의 지식 중심 교육에 대한 불안과 의문을 더 크게 만들고 있다. 그럼에도 불구하고 이 책의 저자들은 인공지능과 로봇이 주도하는 세상이라도 "아이들이 6C 역량만 가지고 있다면 얼마든지 적응하고 충분한 경쟁력을 가질 수 있다"고 단언하면서 6C 역량을 강조한다. 『최고의 교육』은 상호적으로 긴밀하게 연결된 6C를 각각 4단계의 과정으로 나누어, 아이들을 첫 단계에서 마지막 단계까지 이끌어줄 수 있는 구체적인 방법들을 제시한다. 뿐만 아니라 우리의 교육 시스템은 어떤 방식으로 개혁해야 하는지, 학교는 아이의 어떤 능력을 계발시켜야 하는지, 가정은 어떻게 이를 도와야 하는지 과학적 증거를 기반으로 설명하고 있다.

이러한 핵심역량들을 키우기 위해서 우리는 학교의 교육과정이 지식 위주가 아닌 역량 증진 중심으로 바뀌어야 하고, 그와 연계하여 학교의 공간이 재구조화되며 바뀔 것이라고 예측하고 있다. 이 예측은 이미 선진국을 중심으로 나타나 이미 바뀌어 가고 있다. 해외의 학교를 보면서 기존의

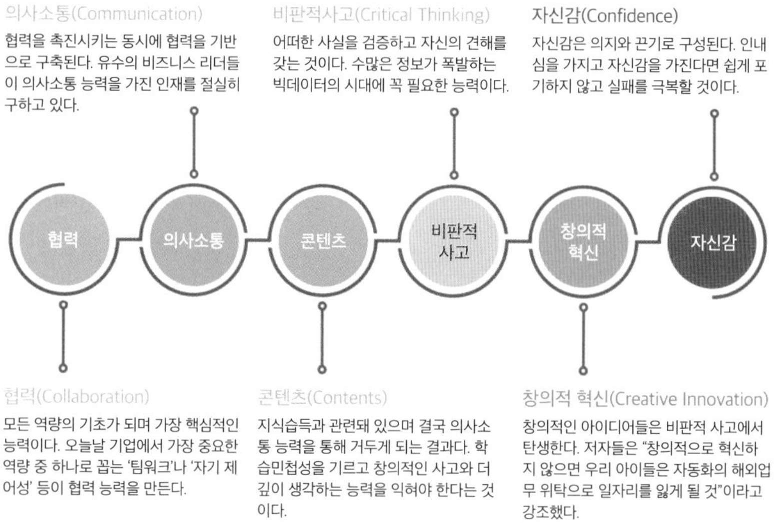

의사소통(Communication)
협력을 촉진시키는 동시에 협력을 기반으로 구축된다. 유수의 비즈니스 리더들이 의사소통 능력을 가진 인재를 절실히 구하고 있다.

비판적사고(Critical Thinking)
어떠한 사실을 검증하고 자신의 견해를 갖는 것이다. 수많은 정보가 폭발하는 빅데이터의 시대에 꼭 필요한 능력이다.

자신감(Confidence)
자신감은 의지와 끈기로 구성된다. 인내심을 가지고 자신감을 가진다면 쉽게 포기하지 않고 실패를 극복할 것이다.

협력 / 의사소통 / 콘텐츠 / 비판적 사고 / 창의적 혁신 / 자신감

협력(Collaboration)
모든 역량의 기초가 되며 가장 핵심적인 능력이다. 오늘날 기업에서 가장 중요한 역량 중 하나로 꼽는 '팀워크'나 '자기 제어성' 등이 협력 능력을 만든다.

콘텐츠(Contents)
지식습득과 관련돼 있으며 결국 의사소통 능력을 통해 거두게 되는 결과다. 학습민첩성을 기르고 창의적인 사고와 더 깊이 생각하는 능력을 익혀야 한다는 것이다.

창의적 혁신(Creative Innovation)
창의적인 아이디어들은 비판적 사고에서 탄생한다. 저자들은 "창의적으로 혁신하지 않으면 우리 아이들은 자동화의 해외업무 위탁으로 일자리를 잃게 될 것"이라고 강조했다.

| 6C 역량 |

공간과 너무 다른 철학적 베이스들이 생겨나서인지 이게 학교인가 하는 생각을 한두 번 한 게 아니다. 심지어 멕시코의 한 학교는 학생들은 학교처럼 보이는 학교를 좋아하지 않는다며 기존의 전형적인 일반 학교의 모습을 거부했다.

이처럼 학생들의 요구를 반영한 공간 구성의 예시를 들자면 충북대 부설고등학교를 살펴볼 수 있다. 기술·가정·예술과목의 교사들이 분절적인 학교 공간의 칸막이를 트면서 융합하는 공간으로 만들면서 다양하게 교육과정이 구성될 수 있도록 교육과정을 먼저 고민하고 학습자의 배움환경의 풍경과 교실에서의 수업의 풍경들을 고민하면서 아래와 같은 다양한 공간 구성이 가능했고 그러면서 기술가정의 실습을 위한 공간과 중간에 멀티 학습과 자유로운 탐색이 가능한 공간, 그리고 쉼과 휴식을 함께 할 수 있는 테이블들을 만들고 학생들은 자유롭게 책상을 배치하면서 자기주도적으로 학습공간을 재구조화하는 역할 또한 감당할 수 있게 만들었다.

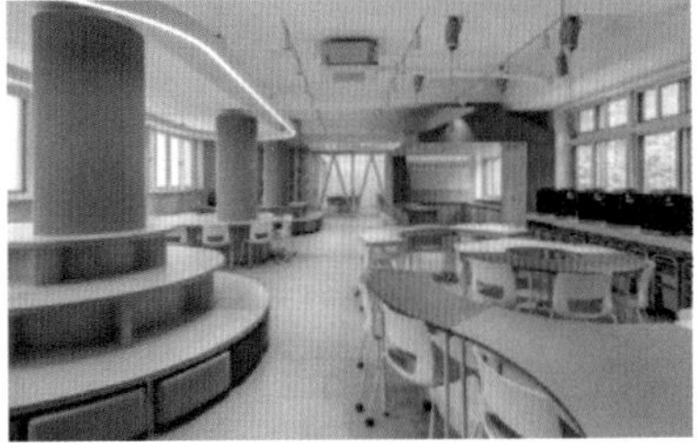

| 충남대학교 부설고등학교 | (오즈앤엔즈 건축사무소)

학교 공간이 바뀌는 전체적인 트렌드를 본다면, 전통적인 학교 공간이 재구조화되는 학교 공간으로 바뀌면서 미래 학습자의 특성에 맞게 물리적인 경계마저도 뛰어넘는 재구조화를 바라보고 있다.

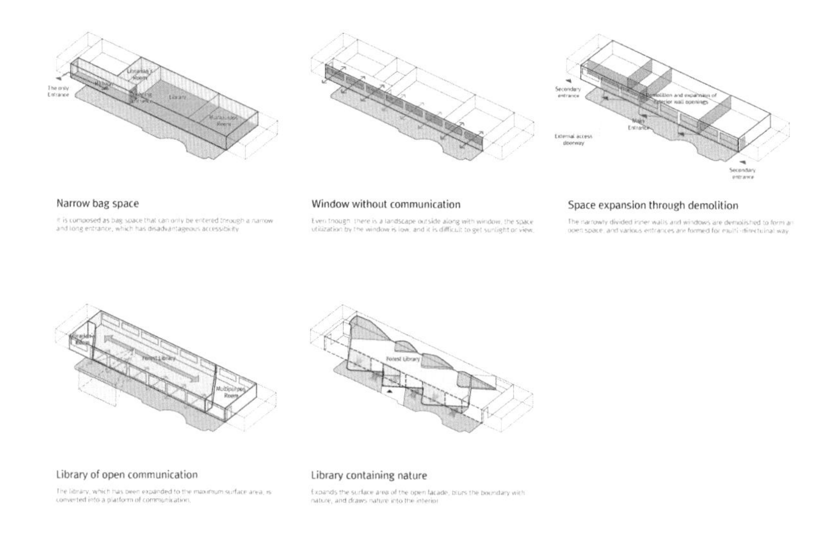

| 학교 공간 콘셉트 사례 | (OA-Lab 건축연구소(남정일))

3. 과정을 즐길 줄 아는 여유 찾기

우리나라에서 학생들의 행복을 위해 학교 공간을 바꾸자는 시도가 최근의 학교공간혁신이나 그린스마트 미래학교 같은 정부주도의 사업으로 시행됐던 적이 또 있었다. 아직도 명확하게 기억하는 것이 열린학교 정책이고 열린교육이다. 개인적으로 신규를 발령받고 많이 이야기 되었던 시점이라서 아주 명확히 기억한다. 앞에서 제시한 적이 있는데 이러한 과거의 실패를 우리는 밑거름 삼아 더 나는 학교 공간을 학생들에게 제공해주고 그 안에 잘 활용하고 즐길 줄 아는 여유가 필요하다고 생각한다. 아래의 연구는 학교가 개교 당시에는 열린공간으로 구축이 되었는데 7년이 지난 2008년에는 모든 공간의 복도가 닫히게 되는 것을 다룬 연구과제이다. 이 과정을 보면서 우리는 그 과정에서 과연 우리는 어떤 오류를 범했는지 유추해 볼 수 있다.

첫 번째는 아마도 설계 단계에서 사용자 참여과정이 없지 않았을까, 하는 것이다. 사용자 참여의 과정이 있었다면 아마도 선생님들은 이 공간이 생기게 되면 발생할 여러 가지 주의사항에 대해 안내했을 것이고 그것을 참고로 공간을 좀 더 유연하게 구성할 수 있는 아이디어를 건축가들이 분명히 제시했을 것이다. 필자가 돌아본 일본의 학교에서 이와 비슷한 상황에서 건축가의 아이디어로 어떻게 공간이 구성되었는지 볼 수 있는 사례가 있어 소개하려고 한다. 그 학교는 교실과 복도를 그냥 개방한 것이 아니라 중간에 미닫이 문 형태의 대형문을 설치했다. 이 미닫이 문은 전체를

구분	개교 당시	현재 (2008년 12월)
블록 플랜	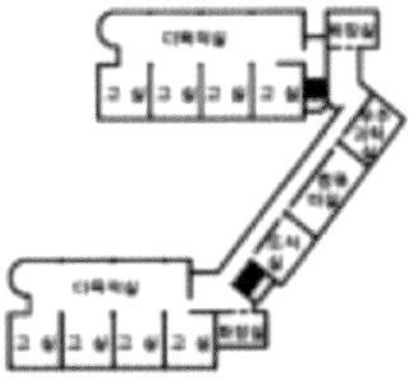	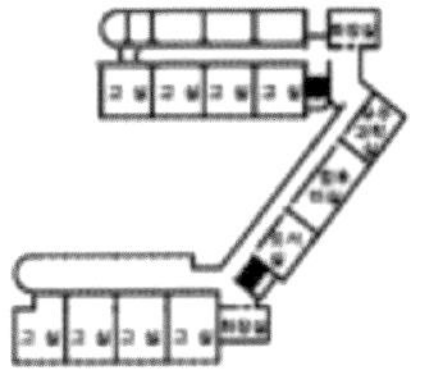
단위 공간		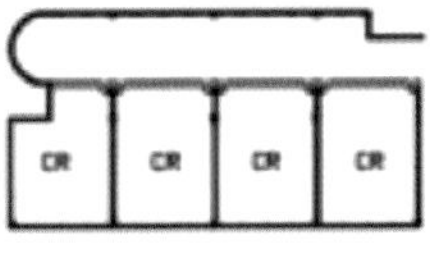

다 막을 수도, 다 개방할 수 있도록 구성되어 있었다. 건축가들의 수고와 사용자의 요구가 협업을 통해 구현되는 모습이 바로 이것이다, 싶었다. 지금은 많은 학교에서 폴딩 도어를 통해 교실과 교실사이, 혹은 교실과 외부 공간과의 연계를 많이 상상하고 다양하게 사용하고 있는 사례들이 있다. 그렇지만 여기에서 그칠 게 아니라 우리는 또 다른 생각을 염두에 두어야 한다. 폴딩 도어가 정답은 아니기 때문이다. 이 폴딩 도어가 유용하고 활용도가 높은지 그리고 그에 따라 다양한 사례를 눈으로만이 아닌 체험적으로 경험하면서 개선하고 우리학교에 적용한다면 기존의 다른 공간보다 더 효율성이 높은 공간으로 탄생할 수 있을 것이다.

두 번째는 사용자 참여를 설계단계에서 뿐 아니라 교육기획을 하는 단계에서 선행되지 않았다는 것이다. 다시 말하면 선생님과 학생들이 배움을 위해 어떤 공간이 필요한지 먼저 이야기하는 것이 아니라, 학교를 짓는 초기단계에서 요즘 이야기되고 있는 사전기획이라는 과정을 거치지 않았다.

사전기획은 크게 두 가지로 구분할 수 있다. 먼저 선행되어야할 것이 교육기획의 과정이고, 그 이후에 그 사용자의 미래교육 방향설정에 따라 공간을 디자인하고 초기 콘셉트를 잡는 건축기획 과정이 있다. 이때 충분히 이야기되어야 할 교육기획과정이 없었다는 것은 미래학교의 가치와 방향설정, 그에 따른 중점교육과정(학교수준교육과정)이 합의가 되고, 그에 따라 학생들의 학습환경을 위한 디자인 요구가 이야기되고 충분히 그 과정에 따라 공간이 구성된 것이 아니라는 이야기다. 앞의 그림에서도 보이지만 각자의 교실에서 수업이 진행되고 특히나 프로젝트학습이 아닌 강의식의 수업이 진행된다면 서로 교사의 목소리가 다른 방에서 방해가 되는 상황이 발생하고 복도에 구성되어 있는 휴게 및 리서치공간이 필요하지 않았을 것이다.

세 번째는 학교 공간을 만들고 사용하는 과정에서 협의의 과정이 없었다는 것이다. 교사뿐 아니라 학생 사용자가 의견을 내고 그에 따라 디자인이 나오면 이 과정을 전체가 공유하고 무엇이 필요한지 협의하고 이야기 나누었어야 하는데 그러한 과정이 생략되었기 때문에 이렇게 진행되고 닫힐 수밖에 없는 결과로 치닫게 되었을 것이다. 만약에 소음이나 다른 문제가 발생했다면 서로 논의하고 해결하려고 하는 디자인 씽킹적인 관점의 의사소통과정이 있었다면 아마 닫히지 않고 새롭게 교실 사용설명서 같은 다른 아이디어가 나오지 않았을까 하는 생각이 든다. 이처럼 학교 공간을 만드는 과정에서는 학생들 그리고 교사가 그 과정에 참여하고 함께 즐기고 다 만들어진 이후의 공간을 상상하는 전반적인 진행과정들이 필요한 것 같다.

4. 3년간의 장기간 프로젝트 학습과정

우리는 3년간의 과정을 통해 민주주의를 배울 것이다. 학교 공간을 만드는 작업을 하면서 가장 중요하게 생각하는 것이 합의와 공유의 과정이다. 최근 학교단위 공간혁신과 그린스마트 미래학교처럼 학교 전체의 공간을 재구조화하고 교육과정과 연계해 학교의 가치와 본질을 정립하고 교육과정을 재디자인하고 있는 몇 학교들의 일들을 살펴보면서 나는 이것이 가장 우선시 되어야 하는 핵심가치라는 생각을 다시 하게 되었다. 공간혁신을 추진할 때 우리는 학생들에게 삶의 공간으로써 학교에 대해 질문을 던지고 학교의 공간에서 우리가 어떤 삶을 살아가고 싶고 그것이 어떻게 구현되어야 하는지를 질문했다. 그런데 이 질문의 과정에서 우리는 어떻게 살아가고 싶냐고 물었지 어떤 공간을 원하느냐고 묻진 않았다. 이 말은 같은 말인 것 같지만 전혀 다른 말이다. 삶의 공간인 학교 공간에서 일방적으로 주어지는 배움에 대해 학생이나 교사인 우리가 아무런 고민 없이 그냥 순응하면서 따라 살아가는 것을 묻는 게 아니라 '어떻게' 살아가기 위해, 어떻게 배우기 위해 공간은 어떻게 바뀌어야 하는지에 대한 질문을 한 것이다.

이 말의 의미가 약간 혼란스러울 수 있어 다시 설명하자면, 내가 살고 있는 학교가 디자인적으로 우수할 것을 기대하며 어떤 공간을 원하느냐고 묻는 게 아니라 지금 우리가 살아가고 있는 공간(space)에 어떤 가치를 담고 싶은지를 물은 것이다. 이 질문은 공간이 변하지 않아도 우리는 어떻게 배우고 살아갈 수 있는지 답을 내릴 수 있다는 말이다. 그러면서 우리는 서로가 배우고 살아가고 싶은 삶을 지향하며 삶의 공간에 대한 가치적인 합의와 디자인적 합의의 과정을 거치고 이것을 모두가 공유하면서 디자인적으로는 우수하지 못해도 함께 만들어가는 것에 의미를 두는 민주적 합의과정을 중시했다는 것을 의미한다. 이는 또 공간주권이라는 개념과 연결되어 학교 공간이 공급자의 주도성이 아닌 수요자의 주도성을 가져가라는 것을 늘 염두에 두는 것이 필요하다.

이러한 초기의 합의 과정에 대한 개념 정의가 없이 여러 가지 일들이 추진되면서 일부에서는 누군가가 사유하고 그것을 본인의 성과로 들어내면서 전혀 학교 구성원과는 공유되지 않고 심지어는 합의된 과정에 대한 논의 없이 바뀌는 과정들을 보면서 선생님들과 학생들은 글자그대로 혼란에 빠져 허우적대고 있다. 그런 경험을 거치면서 '우리가 말한다고 뭐가 되겠어요?' 아니면 그냥 '알아서 하겠죠' 식의 반응들이 나타나는 것을 보면서 우리가 과연 이 과정을 통해 배워야하는 것은 무엇일까 하는 고민에 빠지게 되었다. 학교 공간이 바뀌어야 하는 것은 시대적인 흐름이고 배움의 형식이 바뀌니 당연히 따라오는 과정인데 우리는 이 과정에서 어떤 배움을 또 하게 되는 걸까?

무엇보다 문제해결을 위한 논의의 과정을 배우는 것이라고 생각한다. 공간(空間, space)은 어떤 물질 또는 물체가 존재할 수 있거나 어떤 일이 일어날 수 있는 장소이다. 늘 공간에 대해 이야기할 때 나는 비어있는 사이를 무엇으로 채울까라는 질문을 던졌다. 어원에서도 나와 있듯이 비어있는 사이는 날일(日), 햇빛, 따뜻함으로 채워야 한다. "이 세상에 손잡지 않고 살아남은 생명은 없다"는 최재천 교수님의 말씀처럼 나는 이 비어 있는 사이가 따뜻함이라는 매개체로 연결되기 위해서 우리는 서로 합의하고 논의하는 과정이 무조건 선행되어야 하고 그러기 위해서 우리가 애써야 할 것은 공유라는 생각에 머물게 되었다

설령 그 과정이 합의를 이루지 못하는 실패의 과정을 겪는다 하더라도 우리는 그 실패에서 성찰하고 되돌아보고 성숙하게 하는 과정을 거치게 되는 것이다. 그것이 진정으로 학교 공간을 민주주의를 경험하고 익히는 장소로 인식하게 만드는 것 같다. 물론 꼭 학교 공간을 만드는 과정이 이 과정이 수반되는 것은 아니지만 학교 공간을 묻고 함께 협의한다는 것은 사실 우리에게 처음 주어진 기회가 아닌가? 20여 년 전 열린학교가 만들어질 때도 좋은 정책이기에 많은 학교들에서 시도가 되었지만 당사자인 우리에게 묻지 않고 추진되어서 결국 실패한 정책으로 남아서 참 많은 사

람들에게 회자되고 있지 않는가?

미래학교는 만드는 과정에서부터 민주주의를 치열하게 경험할 수 있는 좋은 소재가 된다.

이러한 과정을 가장 소개한 것이 사전기획 과정인데 실제로 사전기획 과정은 법적으로 6개월 정도를 제시하지만 우리나라와 달리 사전기획과정(마스터플랜)을 2년 넘게 기획하면서 미래학교에 대한 전환기간을 짧게는 5년에서 10년까지로 길게 보면서 추진하는 경우도 있다. 그러한 학교의 대표적인 사례가 바로 일본의 시민중학교다. 이 학교는 그 과정을 세밀하게 기록해서 『우리가 꿈꾸는 미래학교』라는 책으로 발간하기도 했다. 이처럼 미래학교를 만드는 과정은 과정 그 자체가 또 하나의 배움의 과정이 될 수 있다. 그리고 우리는 공동체구성원으로서 평생 경험하지 못한 다양한 문제해결 상황을 경험하게 된다.

'집을 짓는 동안에 10년 늙는다' 는 이야기를 들었다. 하지만 그 과정을 즐기고 문제를 해결하는 관점에서 그 과정을 지켜본다면 학생과 교사가 자신의 학교를 짓는 경험을 평생가야 몇 번이나 할 수 있을까? 그리고 이러한 과정을 경험한 학생과 교사는 평생 기억되는 추억을 선물 받는 것 아닐까? 가끔 동료 선생님들에게 이런 이야기하면 우리에게 열정페이를 받아들이라는 건가요, 하는 식의 반박 질문을 받는 경우도 왕왕 있었다. 그럴 때마다 나는 "미래사회의 핵심가치가 그리고 역량이 도전정신과 창의성이라고 하는데 이것보다 도전정신을 기르고 다양한 아이디어를 낼 수 있는 경우가 있겠어요"라고 과감하게 대답했다. 그러면 질문했던 당사자들은 금방 공감하고 수긍한다. 그렇다고 내가 그분들에게 모든 것을 받아들이고 열정을 쏟으라고 한 이야기는 아니다. 지난 해 화제가 되었던 배우윤여정의 인터뷰를 기억한다. 아카데미에서 영화 〈미나리〉로 조연여우상을 받고 난 이후의 인터뷰 기사였던 것 같다.

"최고(最高)의 순간은 없을 것이다. 나는 최고, 그런 것 싫다. 경쟁 싫다. 1등을 찾을 게 아니라 최중(最中)이 되면 안 되나? 같이 살면 안 되나? 아카데미가 전부는 아니지 않나? … 최고가 되려고 하지 말고 최중만 하고 살자. 그럼 사회주의자가 되려나?"

나는 이 질문을 선생님들에게 다시 들려주고 싶었다. 물론 주어진 일이고 이왕 하는 바에 최선을 다해 최고로 좋은 결과물을 내면 더 없이 좋겠지만 그것보다 더 중요한 것은 그 과정을 즐기고 경험하면서, 중요한 것부터 우선순위를 정해서 예산과 상황에 맞게 추진하는 것이 어쩌면 가장 중요한 지점일 것이다. 그것이 창의성을 발휘할 수 있는 중요한 요소이다. 물론 예산과 상황이 여유롭지 않다는 것은 현실적으로 개선해야할 문제이다.

5. 미래학교를 기획한다는 것은?

미래학교를 기획한다는 것은 미래학교가 어떻게 바뀔 것이면서 그 안에서 학생들의 성장을 위해 우리가 어떠한 관점으로 학습환경을 디자인할 것인가에 대한 물음에 답과 같다. 그것의 첫 단추는 학교구성원뿐 아니라 학교를 중심으로 이루고 있는 교육공동체가 어떤 가지와 비전을 나누면서 함께 할지에 대한 시간을 확보하고 함께 걸어가는 것이다. 이것을 교육기획과 건축기획이라는 두 과정으로 제시하고 있고, 우리가 정말 깊게

| 학습 환경 디자인의 변화 방향(21st Century Schools) |

구분	기존학교 모델		미래학교 모델
공간	전용 교육 공간	➡	비전용 교육 공간 (다양한 용도로 공유하며 사용)
	전문 교수 공간		다목적 교수 공간
	중앙 집중식 시설		분산된 시설
	학교 내 공간		학교 밖으로 확장
	고정 인프라(장비 및 시설)		유연한 인프라(ICT)
문화	프로세스 중심(관리 및 측정)	➡	학생 중심(개개인의 성장)
	학생 중심		지역 사회 중심(평생 학습)
	정해진 교육 과정		유연한 과목 (학과 및 직업과 관련된 과목)
	내향적(제한된 범위)		외향적(학교 외부와 교류)
학습	사회적 인터페이스 (교육자-학생의 관계)	➡	기술 인터페이스 (ICT를 통해 학습에 접근)
	학생-교사 관계		학습자-멘토 관계(다른 성인, 전문가, 유연한 접근 가능)
	장소 중심(특별한 장소에서 학습)		학생 중심(장소에 상관없이 유연한 접근 가능)
	일반적인 교육과 학습		맞춤식의 교육과 학습
	교육자의 지식을 전달		양방향 학습
시간	영구	➡	임시
	고정된 출석 시간		유연한 출석 시간
	일반 시간표		모듈형 및 맞춤형 시간표 (개별 학습 프로그램)
	고정된 수업		유연한 수업

School's Over: Learning Spaces in Europe in 2020(유럽위원회 공동연구센터)

들여다 봐야할 요소는 교육기획이다.

교육기획이라는 용어가 좀 낯설 수 있는데 쉽게 생각하면 학교교육과정을 디자인으로 하는 것으로 생각하면 쉽게 접근할 수 있을 것이다. 국가수준의 교육과정을 기반으로 우리는 지역 교육청 단위의 교육과정과 운영계획을 전달 받는다. 그러면 우리는 학교수준에서 우리가 학생의 성장과 배움을 위해 어떤 가치를 세우고 교육과정을 디자인하고 그것을 학생의 수업에서 녹여낼지를 고민한다. 이때 가장 먼저 해야 할 것이 각자 개인이 생각하는 가치이다. 이 과정을 아주 구체적인 것은 아니지만 교육청 단위의 선생님들과 함께 할 때 선생님들은 교육과정뿐 아니라고 공간적 요소까지 세심하게 제시해 주셨다. 이러한 기본적인 학교의 요소를 기반으로 우리는 세부적인 교수학습 방법이나 학년별 교육과정을 만들고 함께 고민한다. 그런 과정을 분석하다 보면 우리는 어느 순간 학교 공간이 기존의 교육과정대로 운영되기에 최적화되어 있으며 앞에서 제시한 개인의 성장을 중심으로 한 미래학교 모델에는 맞지 않는 구조라는 사실을 깨닫게 된다.

필자는 가끔 이런 생각이 든다. 공간이 중요한 요소이긴 하나 공간이 없다고 못하는 건 아니지 않을까? 유럽위원회 공동연구센터가 제시한 21세기 학습환경 디자인의 변화방향을 보면 특히나 문화적인 요소에서 학생중심이고 지역사회중심(평생학습)과 유연한 과목, 외향적 외부와의 교류를 통한 학습이 지금의 공간에서는 안 되나? 하는 질문을 스스로에게 하게 된다. 네모난 교육공간에서도 학생들의 성장을 어떻게 바라보고 집중할지를 고민하면 교실환경을 재구조화하는 것만으로도 충분히 미래학교는 꿈꿀 수 있다. 나는 이러한 사례들을 정말 많이 보았다.

교육적인 연결 + 공간 = 시너지 극대화

건축공간의 본질을 결국 사회마당(관계성)이라는 것이다. 학교 공간은 특히나 이 관계가 더 중요하다고 본다. 그럼으로 어떤 부분에서 이 관계성이 영향을 미치게 되는지 살펴보자.

첫 번째로 공간의 변화가 아이들의 태도를 적극적으로 만들어준다. 지금까지는 자신의 의지로 오는 공간이 아닌 가야 하는 공간이었다면 학교 공간이 그 속에 살고 있는 사람들에 의해 바뀌니 아이들은 학교 공간을 바꾸는 주체가 되고 가고 싶은 공간으로 기억하고 그 공간에서의 이야기를 꿈꾸고 어떻게 하면 소비자가 아닌 생산자로써 그 공간에서 머물고 이야기를 만들고 그것을 변화하게 할까를 고민하게 되는 것 같다. 작은 공간이었지만 교실 한 칸을 변화시킨 경험에서 나는 공간이 변하니 모든 아이들이 이 공간을 궁금해 하고 주변을 배회하며 어떻게 이 공간에 올 수 있냐고 묻는 아이들의 모습을 자주 보게 되었다. 학생들은 우리교실에 오고 싶

| 노천초등학교 |

었고 빼꼼 열리는 교실 문을 통해 용기를 내고 여기는 어떻게 와요? 하고 질문을 했다. 교사인 나도 그리고 주변의 선생님도 심지어 이 공간을 경험한 학부모도 이 공간을 그리워하고 오고 싶어 했다. 그리고 그 공간에 머무는 아이들이 부럽다는 이야기도 했다. 그만큼 공간의 변화는 공간과 관계 맺고 행동하게 만들고 공간에 대한 적극적인 태도로 공간주권을 만들어냈다. 이 공간주권은 민주적인 시민을 만들어내는 기본적인 과정을 위해 꼭 필요한 개념인데 이것이 공간의 변화로 인해 생겨난다. 그리고 이 적극적 태도는 미래교육의 역량인 6C중 자신감(confidence)과 긴밀하게 연결되고 의지와 끈기를 키울 수 있다.

두 번째, 학교 공간이 즐거워진다. 공간의 즐거움을 찾아내는 개념에서 보면 "고정관념을 버리고 활용하면 학교의 모든 공간이 아이들이 머물고 생기가 돋아나는 곳이 될 것이라고 생각한다"고 말한 어룡초등학교 선생님들의 이야기가 생각난다. 공간과 아이들이 연결되고 공간과 대화함으로써(의사소통) 공간의 변화를 즐기고, 공간이 즐거워짐으로 아이들은 배움에 즐거움을 느끼게 된다. 무언가 협력하고 공간에 대해 알아가는 것 자체가 배움이기에 과정에서 실수할 수도 있지만, 너무 즐거운 기억이 아이들의 마음에 조금씩 자라나게 되는 것 같다. 이러한 즐거움은 아이들에게만 있을까? 그건 아니다. 그 공간에서 함께 이야기하고 있는 살아가는 교사들도 즐거움을 느끼고 기대하는 마음을 가지게 되는 것 같다.

세 번째, 공간 변화로 인해 학습의 효과가 좋아진다고 볼 수 있다. 학습이라는 것이 단수한 지식 암기의 학습을 말하는 것이 아니라 학생 중심의 협동학습과 창의적 융·복합 교육들이 미래 혁신교육에 필요한 다양하고 유연한 공간을 조성하게 만들어 줌으로써 아이들은 미래사회가 필요로 하는 역량 부분에서 학습의 효과가 좋아진다. 이것은 미래사회가 요구하는 협력적이고 포용적인 능력과 그것을 기반으로 하는 비판적 사고력이 점점 커지면서 새로운 지식에 대한 수용하면서도 비판적으로 판단하여 융합할 수 있는 학습능력이 자라난다고 볼 수 있다.

6. 학생의 성장을 짓는 미래학교

전주 오산남초
상주 백원초
광주 선명학교

2019년 학교단위 공간혁신 대상교이자 실제 당시 업무담당자로 사업 초기 지원을 나갔던 학교이다. 이때 들었던 가장 좋은 칭찬은 교육부가 진짜 도움을 주고 있다는 느낌을 받았다는 것이다. 세 명의 파견연구사가 스물일곱 개의 학교를 직접 찾아가서 컨설팅을 했다. 그때 내가 맡아서 추진했던 학교 중 이 세 학교는 개인적으로 친분이 있는 선생님들이 계셨고 두 학교는 혁신학교이면서 무려 8년이나 넘게 발도르프교육을 함께 공부하는 동지가 있는 학교였다. 그래서 더욱 마음이 쓰였고 이 후에도 실제적으로 학교가 주도성을 갖고 이야기를 풀어나가는데 도움을 줄 수 있었다. 이렇게 함께 기획하고 논의하고 다시 어려움을 푸는 과정이 있었기에 아이들의 행복을 위해 우리가 미래학교를 꿈꾸는 일이 더 가치 있게 다가오는 것이 아닐까?

교육과정재구성에 대한 이야기를 정말 오랜만에 다시 들었다. 이미 혁신학교에 근무할 때 익숙했던 내용이고 발도르프교육을 하면서 학년별 테마를 중심으로 아이들과 함께 만들어가고 특별히 감각을 깨우는 중심으로 교육예술을 했었다. 이제 점 점 더 이런 방향으로 교육과정이 본질에 충실하게 바꾸고 있는 사례들이 늘어날 것이고 이에 따라 새로운 공간을 꿈꾸는 사례들이 많이 생겨날 것이다. 최근 10년 동안 지어진 세종의 많은 학교들은 이러한 시도들을 직접 경험했고 최근에 지어진 보람중이나 세종예술고, 해밀초·중·고교는 학교의 시설뿐 아니라 교육과정 운영의 측면에서, 학교의 자치측면에서, 마을과 함께 만들어가는 협치의 측면에서도 남다른 이야기를 만들어가고 있다. 이러한 모든 것에 공간이 마중물 같은 역할을 했다고 감히 말할 수 있을 것 같다. 이것은 주체가 되어 주도성을 가지고 직접 경험을 했던 사례들이 하나둘씩 생겨나고 경험하면서 우리는 더 미래지향적인 교육과정과 공간을 꿈꾸게 되는 것 같다.

우리는 모두 이미 알고 있다. 배움은 호기심에서 시작하고 내적동기에 의해 학습의 결과물에까지 영향을 미친다는 것을! 그런데 우리가 지금까지 알고 이야기했던 학습은 배울 학(學) 익힐 습(習), 왜 배우고 익혀야하는지 모르면서 주어진 지식을 배우는 곳으로 용어를 사용했고 학교도 그런 곳으로 여겨졌다. 하지만 이런 학습에 대한 정의들을 다시 바꾸어야함에 대해 미래학교를 상상하면서 다시 한번 느끼는 시간을 가질 수 있었다. 그러면서 학습에 대한 정의를 찾아보고 다시 내리고 싶은 마음이 생겼다. 아래는 학습에 대한 다양한 정의들이다.

- (핀란드) 학생의 경험과 활동, 즐거움, 협력, 타인과의 대화를 통한 배움의 중요성과 학습 환경 변화를 반영한 학습 개념 강조
- (OECD 학습 틀 2030) 미래 학습의 틀을 학습 나침반(learning compass)으로 형상화하고, 개인과 사회의 '웰빙'을 교육의 목표로 삼고 '학생의 주체성(student agency)'를 강조
- (에스토니아) 학습은 학생에게 사전에 형성되어 있는 지식의 구조를 바탕으로 또래, 교사, 부모 및 생활이라는 주변의 환경 속에서 인식 가능한 정보를 이해하고 의미를 만드는 것을 목표로 하는 능동적이고 목표지향적인 활동으로 정의(Estonia MoE&R, 2014)

앞에서 제시한 학습의 개념을 바탕으로 학습자 중심 교육에서 강조하는 역량은 학습을 통해 학습자의 삶과 통합되어 일어나는 총체적인 변화로 역량 개념에 대한 재설계가 필요함을 이야기한다. 역량을 강조하는 교육은 '학생이 무엇을 아는가?' 보다는 알고 있는 것을 기초로 '무엇을 실제로 할 수 있는가?' 에 초점에 두는 것이다. 미래교육을 꿈꾸고 학교 공간을 통해 미래교육을 경험하게 되는 학생들은 이러한 학습의 과정을 통해 무엇을 실제로 할 수 있을지를 하나 둘씩 찾아가게 되지 않을까? 그것이 진정으로 미래학교가 학생들의 성장과 행복을 짓게 만드는 원동력이 될 것이다.

결국 우리는 행복을 위해 배움을 하고 자아실현을 하고픈 본능이 있지 않나? 선생님과 학생 모두가 행복을 꿈꾸는 자아실현을 학교건축이라는 과정을 통해 꿈꾸길 기도하며 이 글을 마친다.

제3장

학습자를 위한 공간 재구조화

Green Smart School of the Future

○ **박성철**

건축시공 기술사이며, 서울시립대학교 대학원에서 건축공학 박사학위를 받았다. SCI급 국제학술지에 다수의 논문을 수록하였고, 〈Taylor&Francis〉 등 국제학술지의 International Reviewer로 활동, 2017년에 세계 3대 인명사전 중 하나인 《Marquis's Who's Who》에 등재되었다. 2009년부터 한국교육개발원에서 〈학교공간〉과 〈학교안전〉에 대해 전문적으로 연구를 해왔다. 저서로 『학교공간의 가치』가 있으며, 원주치악고등학교 등 다수 학교의 사용자 참여디자인 기반의 기본 설계를 수행하였다.

I

학교 공간이 지녀야 할 본질

지극히 당연한 나머지 우리나라의 학교 공간 디자인에서 가장 많이 놓치고 있는 것이 "학생은 인간이다"라는 철학일 것이다. 이 철학은 단순히 "학생도 인간이다"라는 감정을 자극하려는 이야기가 아니다. 학생을 인간으로 보고 있는지에 대한 근본적인 질문이다.

이 질문이 쉽게 느껴질 수 있으니 본격적으로 논하기 앞서 예행연습을 해보자. 최근 학교 공간 우수사례에 대해 소개하고 있는 유튜브 동영상을 보았을 때, "실질적인 교육적 변화"를 시도한 사례가 얼마나 있는지 찾아보라. 교육적인 관점으로 보는 이유는 교육적으로 접근하지 못한 사례는 인간적으로 당연히 만족스럽지 못하기 때문이다. 학교 공간의 내용인 수업을 바라보는 것은 건축만을 논하는 것과는 전혀 다른 차원의 것이므로, 교육의 최종 주체인 학생을 학교 공간이라는 안경을 통하여 인간으로 바라보는 것은 전혀 다른 성질의 것이다.

| 다양한 활동을 지원하는 러닝센터(원주치악고등학교) |

필자도 2019년 원주치악고등학교 고교학점제 학교 공간에 "학생은 인간이다"라는 이 단순한 철학을 설득하고 구현하기 위해 수많은 워크숍을 통한 설득의 과정이 필요했고, 하나의 공간마다 최소 100번 이상의 상상 속 가상 시뮬레이션을 통하여 디자인했으며, 설계 및 시공단계에서 전문가들을 이해시켜야 했다. 그리고 이러한 과정은 2022년 현재까지도 끊임없이 이어지고 있는 고통스러우면서도 매우 가치 있는 작업이다.

수많은 자리에서 학교 공간에 대한 강의를 해왔다. 많은 사람들(특히, 교사들)이 나의 학교 공간 디자인 철학을 이해하려고 노력했다. 나는 단언하건대 특별한 아이디어나 재능을 가지고 있지 않다. 나는 앞에서 이야기한 것과 같이 "학교 공간이라는 안경을 통하여 학생이라는 사람을 바라보려" 노력을 할 뿐이다.

1. 인간은 잠재적 공간이 필요하다

공간이 없이 인간은 존재할 수 없다. 태어날 때부터 공간 속에 존재하며 공간과 상호 작용한다. 우리가 공간을 창출한다는 것은 정확하게는 공간을 채워나가는 것을 의미한다. 채워진 공간이 사람에게 영향을 미치는 것은 분명하지만 우리가 인정을 하던 하지 않던 우리는 제한된 공간 속에 존재하며 상호 작용한다.

여기서 우리가 학교 공간을 다룸에 있어 놓치지 말아야 할 것이 있다. 그것은 바로 '잠재적 공간(Potential Space)'[1]이다. 우리가 살고 있는 집을 생

| 빈 공간을 적절하게 부여한 학교 공간(Nothern Beaches Christian School, AU) |

1 잠재적 공간은 일반적으로 비어 있거나 소량의 물질을 포함하지만 다른 공정의 결과로 훨씬 더 큰 크기로 확장 될 수 있는 공간을 의미하는 의학 용어이다.

각해 보자. 넓은 면적을 확보하려는 이유는 많은 물건을 보관하기 이전에 공간을 마련하기 위해서이다. 특히, 영·유아를 키우는 가정은 아이들의 활동을 수용할 수 있도록 빈 공간을 마련하는 것이 정서 발달과 밀접한 상관관계가 있다는 것을 인지할 수 있다. 집에 잠재적 공간이 없이 물건으로 가득하다고 상상해 보면, 그 느낌을 알 수 있을 것이다.

그렇다면 우리의 학교 공간은 어떠한가? 2015년 한 중학교에 컨설팅을 위해 방문한 적이 있다. 지역 건축사가 제시한 다양한 아이디어들 중 한 가지가 눈에 들어 왔다. 다름이 아닌 야외 빈 공간에 아이들이 쉴 수 있는 벤치를 설치하자는 아이디어였다. 그런데 해당 공간을 쉬는 시간에 잠시 둘러보니 넓은 공간에서 아이들이 앉아 있기도 하고 뛰기도 하는 매우 유용한 공간이었다. 이러한 공간에 벤치, 나무 등을 배치하게 되면 아이들의 행동이 제한되는 역효과가 발생하므로 무엇인가로 채우기보다는 오히려 비워나가는 것이 바람직한 것이다.

원주치악고등학교를 디자인하면서 '잠재적 공간'을 구성하였다. 다른 공간들과 달리 해당 공간은 활동 내용을 정의하지 않았고, 책상이나 의자도 계획하지 않았다. 사용자 참여디자인 워크숍을 진행하는 과정에서 많은 교사들이 해당 공간이 버려질 것이라고 하였다. 그러나 나는 해당 공간의 용도는 아이들이 정의할 것이라는 믿음이 있었다. 몇 개월이 지나고 나서 해당 공간을 다시 방문했을 때 영화 동아리 등에서 이미 해당 공간을 잘 사용하고 있는 모습을 볼 수 있었다. 그리고 담당 교사로부터 다음과 같은 이야기를 들을 수 있었다.

"새로운 공간이 새로운 문화를 만드는 것 같습니다."

| 영화 동아리 활동을 진행하고 있는 학생들(원주치악고등학교) |

2. 인간을 신뢰할 수 있는 공간이 필요하다

과거의 우리 학교 공간은 건축이 지배하는 공간이었다. 도무지 빈 공간을 인정하지 않았다. 조금만 공간이 있으면 칸을 막고 이름표를 달아서 무엇인가로 정의해 버린다. 심지어는 이미 있는 공간에 다시 여러 개의 칸을 나누어 공간 내에서도 빈 공간이 존재하지 않도록 한다. 지금까지 수많은 학교 공간을 컨설팅하면서 아이들에게 뭔가로 채워져 있는 장소를 비워 아이들에게 공간을 제공하겠다는 사례는 한 번도 접해 보지 못했다. 사람이 살아가기 위해서는 공간이 필요한데 말이다.

그러나 더 큰 문제가 남아 있는데, 그것은 '불신적 공간'이다. 2017년에 어느 중학교를 방문했다. 아이들을 위해 5천만 원을 투자하여 교실 반 칸 규모의 학생 카페를 만든 학교였다. 그런데 학교에 가보니, 해당 공간에 "학생 출입 금지"라는 종이가 붙어 있었고, 아래에는 여러 개의 출입 허가 조건이 적혀 있었다. 사실 여러 개의 출입 허가 조건은 필요 없었다. 왜냐하면 해당 공간은 교무실 옆에 있었기 때문에 아이들이 기본적으로 사용하기 어려운 공간 배치였다. 처음에는 학생들에게 휴식을 제공하고 싶은 마음이 조금은 있었는지 모르겠지만 인간에 대한 배려가 부족한 사례라고 생각된다.

필자도 10년 이상 건설회사에서 근무한 경험이 있다. 근무 시간동안 항상 누군가 나의 모든 행동을 지켜볼 수 있는 개방된 공간에서 근무를 한다는 것은 쉬운 일이 아니다. 쉬는 시간이라도 자유롭고 싶은데 공간이 허락하지 않는다. 회사의 공간 배치는 기본적으로 근무자에 대한 불신으로부터 시작한다. 상급자가 하급자의 근무를 관리하는 형태이다.

학생 카페를 교무실 옆에 배치하고 그것도 모자라서 "학생 출입 금지"라고 붙여 놓는 것은 필자가 근무한 회사의 근무자보다도 학생들을 불신한 사례이다. 만약 교사 휴게실을 학부모가 항상 상주하는 학교운영위원회 공간 옆에 배치한다면 어떻겠는가? 그리고 교사 휴게실을 잠그고 특정인에게 사용 허락을 받아야만 한다면 어떻겠는가?

해외 우수 사례 학교들을 방문해 보면, 아이들을 위한 공간은 아이들이 잘 활용할 수 있게 배치한 것을 볼 수 있다. 해당 공간을 보면, 학생들을 인간적으로 대우하고 있다는 생각이 자연스럽게 떠오른다. 학교가 아니라 집이라는 생각이 자연스럽게 떠오른다. 학생을 신뢰하고 있다는 생각이 떠오른다. 학생이 공간을 누리고 있다는 생각이 떠오른다.

| 아이들이 자유롭게 활용할 수 있는 공간 구조(Mount Lawley Senior High School, AU) |

그러나 여기까지만 언급하면 '불신적 공간'이 단순히 누군가를 신뢰하지 못하여 사용을 어렵게 하거나 금지하는 정도의 공간적인 문제로 오해할 수 있다. 2020년에 어느 여자고등학교를 방문한 적이 있다. 해당 고등학교는 학교공간혁신사업을 통하여 우수한 학교 공간을 조성한 사례로 유튜브를 통하여 많이 알려진 학교였다. 그러나 필자는 유튜브를 보면서 무엇인가 이상한 점을 발견할 수 있었다. 그것은 다름이 아닌 가변적 공간으로 활용할 수 있는 "폴딩 도어"가 설치되어 있었다는 것이다. 해당학교를 방문하여 동영상에 나온 학생들을 대상으로 인터뷰를 하였다. 그리고 다음과 같은 말을 들을 수 있었다.

"뭔가 먹을 때도 사용하고 싶고 사회교과와 같은 수업 시간에도 사용하고 싶습니다."

인터뷰를 진행한 학생들은 사용자 참여디자인 워크숍에 열정적으로 참여하면서 다양한 아이디어를 제시하였고 공간으로 구현도 되었지만 해당 공간을 사용하고 있지 못했다. 이러한 결과는 해당 공간을 보자마자 예측할 수 있었다. 해당 공간의 폴딩 도어로 굳건하게 닫혀 있었기 때문이다. 제한된 시간에만 사용되고 있다 보니 당시 2학년이던 학생들은 해당 공간을 사용하고 있지 못했던 것이다.

최근 코로나로 인해 공공장소 출입이 제한된 경우가 많았다. 필자도 근처 공공도서관을 자주 이용했었는데 출입이 자주 통제되다보니 점점 불평이 늘어갔다. 차라리 공공도서관이 없었으면 불평이 적었겠지만 좋은 공간이 있는데도 사용하지 못하니 없는 것보다 더 많은 불평이 생겼다. 누구나 이해할 수 있는 코로나 사태로 인해 몇 번 사용을 못해도 불평이 늘어나는데, 좋은 공간을 사용하지도 못하는 우리 아이들은 과연 어떤 심정일까?

'불신적 공간(Unfaithful Space)'은 단순히 신뢰를 쌓지 못하는 공간을 의미하는 것이 아니라 신뢰를 깨는 공간을 의미한다. 사용자 참여디자인을 해보면, 아이들에게 가장 많이 들을 수 있는 이야기 중 하나는 자신들이 제시한 아이디어가 반영이 되는지에 대한 질문이다. 이러한 아이들에게 자신이 참여해서 만들어진 공간이 보이는데도 불구하고 사용하지 못하게 한다면 말은 못해도 얼마나 낙심하겠는가?

학교들을 방문해 보면, 학생들이 해당 공간을 사용하지 않으면 어떠한 영향이 없을 것으로 생각하는 경향이 있음을 많이 느낀다. 그러나 필요한 공간이 없을 때에도 학생들에게 영향을 미치게 된다는 합리적인 추론이 가능한 상황에서 만들어진 공간을 개방하지 않는 것이 어떻게 아이들에게 영향을 미치지 않을 수 있겠는가?

3. 인간의 창의성은 다양한 공간을 필요로 한다

우리에게 빛이 주어지지만 그 빛도 항상 변화한다. 달도 시간이 흐르면서 다른 모양을 우리에게 보여준다. 심지어 우리나라는 4계절이 있어서 더욱 변화무쌍한 자연 환경을 우리에게 제공해 주기 때문에 여행이나 산책을 통하여 일상으로부터 받는 스트레스를 어느 정도 상쇄시킬 수 있다. 너무나도 단순해 보이는 가로수만 보아도 한 가지가 아닌 다양한 식물들이 피고 또 지면서 우리의 눈을 즐겁게 만든다.

인간도 다양하다. 사람들의 얼굴뿐만 아니라 행동도 다양하며 각자 가지고 있는 능력도 다양하다. 개인적인 차원에서 보아도, 시간의 흐름에 따라 개인은 여러 가지 측면에서 변화하면서 다양함을 추구한다. 무엇보다 지속적으로 자신이 투영된 다양한 물건이나 행동을 만들어낸다.

다양함의 추구는 인간이 지니고 있는 본성이다. 인간이 지니고 있는 다양성이라고 하는 거대한 물줄기를 인내라고 하는 작은 돌로 막는 데는 한계가 있다. 이러한 욕구는 절제되어야 하는 것은 사실이지만 어느 정도 충족이 되어야 한다. 다시 말해서, 다양한 공간을 추구해야 하는 이유는 학생들이 각자 지니고 있는 창의성을 '향상' 시키기 위해서가 아니라 이미 학생들에게 내재된 창의성을 공간이 '수용' 해야 하기 때문이다.

우리나라의 학교 공간은 어떠한가? 많은 전문가들이 우리나라의 학교 공간이 교도소와 같다고 하는 이유를 들어보면 사각형의 공간을 예로 든다. 그러나 다음의 사각형으로 구성된 미국 고등학교의 평면을 보면서 교도소와 같다고 생각하는 사람이 있겠는가? 사각형 교실들을 각자 제 기능에 부합하도록 다양한 크기와 비율로 디자인되어 있기 때문에 우리는 아

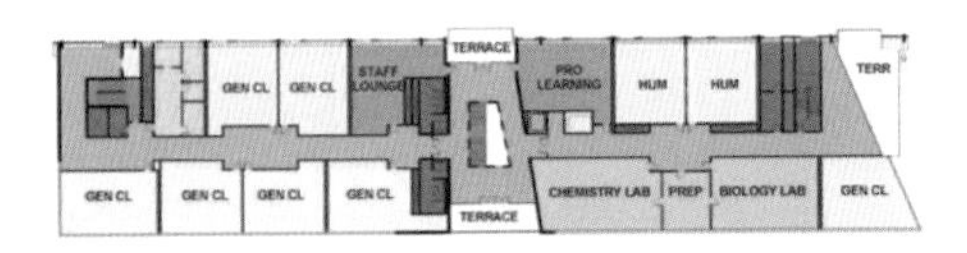

3RD FLOOR PLAN

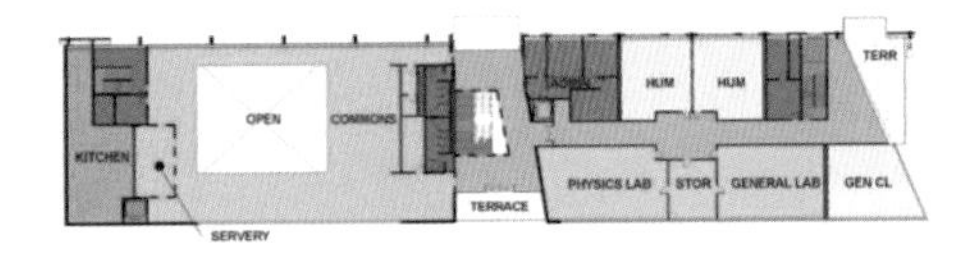

2ND FLOOR PLAN

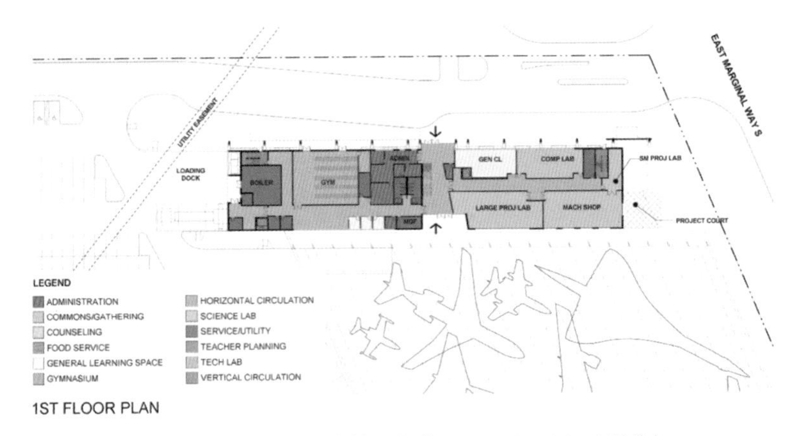

1ST FLOOR PLAN

| 사각형의 교실로 구성된 학교 공간(Aviation High School,USA) |

래의 학교를 교도소와 같은 공간으로 느끼지 않는 것이다. 즉, 우리나라의 학교 공간이 지니고 있는 가장 큰 문제점은 사각형의 모양이 아니라 모든 공간이 동일한 크기와 비율의 공간으로 구성되어 있다는 것이다. 교육적인 부분을 고려하지 않는다고 하더라고 인간으로 누려야 할 기본적인 환경을 갖추고 있지 못한 학교 공간이 너무나도 많다.

여기서 한 가지 짚고 넘어가야 할 것이 있는데, 그것은 높은 천정이 창의성을 향상시킨다는 이론이다. 물론 이 이론이 아주 잘못된 것은 아니지만 실제적으로 학교 공간에 적용하기 위해서는 좀 더 깊이 있는 이해가 필요하다. 만약 천정이 높을수록 창의성이 향상된다면 학교 공간에서 가장 유리한 공간은 체육관일 것이다. 그러나 상상해 보면 체육관에서 창의적인 활동을 한다는 것은 쉽지 않은 일이다. 그럼에도 불구하고 아래의 사진

| 다양한 높이로 디자인된 천정(Thomas Elementary School, USA) |

과 같은 천정으로 디자인된 공간을 보면 아이들의 창의력에 어느 정도 영향을 있을 것이라고 짐작된다.

그렇다면 천정 높이와 창의력의 상관관계는 어디서부터 발생한다고 볼 수 있을까? 그것은 다양성에 있다. 만약에 모든 공간의 천정이 일정 높이와 디자인으로 동일하다고 가정해 보자. 그렇다면 과연 창의력에 도움이 될까? 아마도 큰 영향을 미치지 못할 것이다. 즉 천정이 높은 공간이 창의력에 영향을 미치기 위해서는 상대적으로 천정이 낮은 공간도 필요하다. 즉, 단순히 높은 천정이 창의력에 긍정적인 영향 요인이 아니라 천정이 낮은 공간으로부터 천정이 높은 공간의 변화가 창의력을 이끌어내는 근본적인 에너지라고 볼 수 있다.

4. 인간은 친환경적인 공간이 필요하다

인간은 자연 속에서 태어났다. 본성적으로 자연과 가까이 지내는 것을 좋아한다. 우리나라가 자산 증식을 위해 공동주택을 선호하는 경향이 있으나 자연과 가까운 공동주택을 선호하는 것을 보면, 여전히 자연 속에 살고 싶어 하는 인간의 본성이 있음을 알 수 있다. 여행을 통하여 자연환경과 가까이 하면서 심리가 안정되고 그동안 생각하지 못했던 새로운 아이디어들도 자연스럽게 도출된다. 자연 속에서 산책을 하면, 서로 어색했던 관계도 개선되고 단절되었던 대화를 소통하는데도 상당한 도움이 된다.

성인에게도 이러한 자연 환경이 너무나 소중한 영향 요인이라면 아이들에게는 어떠할까? 연령이 낮을수록 자연과의 소통이 더욱 소중하다는 것은 우리나라의 교육과정이 이미 이야기해 주고 있고 무엇보다 일반적인 사람이라면 누구나 갖고 있는 생각이니 추가적인 설명은 필요 없을 듯하다. 그렇다면 우리 아이들이 70퍼센트 이상을 보내고 있는 학교 공간에 이러한 자연 환경이 제대로 조성되어 있는가? 만약 이 질문에 학교에 조성된 화단이나 인공 연못을 떠 올리고 있다면 다음을 생각해 보자. 설악산으로 가족 여행을 갔는데 산림을 보호하기 위하여 입산이 금지되어 산 아래에서 설악산을 바라만 봐야 한다면 어떻겠는가? 학교에서의 자연 공간은 특정인을 위한 관상용 화단이나 환경 미화의 하나에 머물지 말고 아이들이 누릴 수 있는 공간이 되어야 한다.

해외의 학교들을 방문해 보면, 우수 사례들은 최대한 자연 속에 학교를 배치하여 학생들이 자연스럽게 자연환경과 가까워지도록 조성하고 있었다. 특히, 학교 건물이 세워지기 전 존재했던 돌, 나무, 흙 등의 자연 환경을 최대한 보존하여 아이들이 자연과 공생하면서 자연스럽게 자연의 소

| 자연 속에 지어진 학교 공간(Estinkalion 초등학교, Finland) |

중함을 깨닫게 하는 환경교육을 유도한다. 아이들은 자연 환경을 그저 관람하는 것이 아니라 손으로 만지며 누린다. 쓰러진 나무로 모험을 즐기기도 하고 집을 짓기도 한다. 경사면의 흙바닥은 미끄럼틀이 된다. 나무와 나무 사이를 연결해 놓은 줄은 그네가 된다.

II

학교 공간 재구조화의 정의와 방향 설정

앞에서 제시한 ① 잠재적 공간, ② 신뢰할 수 있는 공간, ③다양한 공간, ④ 친환경적 공간은 교사 또는 학생이기 전에 인간인 학교 사용자의 기본적인 욕구를 충족하기 위해 필수적인 요소라 할 수 있다. 인간적인 기본 욕구가 충족되지 않은 상태에서 좋은 교육이란 있을 수 없으며, 그것은 마치 외모는 뛰어나지만 오장육부가 병든 사람과도 같을 것이다. 당장은 외부로 표출되지 않더라도 적어도 성인이 되면 부정적인 효과로 표현되게 되어 있다. 만약 이것을 부인한다면 그것은 공간에 대한 논의 전에 교육의 필요성에 대한 논의가 필요할 것이다.

1. 학교 공간 재구조화의 재정의

인간적인 기본 욕구를 충족하는 공간에 대한 필요성이 동의되었다면 교육적인 요구를 충족시킬 수 있는 공간에 대한 논의로 넘어가야 한다. 이 논의 과정에서 이해되어야 하는 것이 학교공간혁신사업, 그린스마트 미래학교 등 최근의 학교 공간사업의 핵심 개념인 '학교 공간 재구조화'이다.

"학교 공간 재구조화는 교육과정 변화, 교수·학습 방법의 선진화, 행정체계의 변화 등과 같은 학교 재구조화의 필요성 속에서 학습 성과를 질적으로 향상시킬 수 있도록 학교시설을 근본적으로 변화시키는 개념을 의미한다고 볼 수 있다. 따라서 교육활동 등과 직접적인 관계없이 단순히 시설 노후화에 대응하기 위하여 시행되는 도색, 창호교체 등과 같은 기존의 교육환경개선사업과는 구별되는 개념이라 할 수 있을 것이다. 또한, 교육시설 재구조화에서 노후도의 의미는 시설의 물리적 측면보다는 교육활동 지원 측면에서의 노후도를 강조한다고 볼 수 있기 때문에 물리적인 노후도에 도달하지 않아도 교육정책의 변화에 따라 시설개선의 가능성이 존재하여 시설중심의 기존 교육환경개선사업과는 차별점을 갖는다."[2]

위의 학교 공간 재구조화 개념에서 가장 중요한 것은 '공간 재구조화의 필요성' 속에서 시작된 것이 아니라 '학교 재구조화의 필요성'에 의해서 공간 재구조화가 필요하다는 것이다. 2018년부터 수많은 사용자 참여

2 박성철 외 7인(2018). p.4

디자인을 하면서 공통적으로 느낀 점은 교육의 전문가인 교사가 공간 디자인보다 수업 디자인에 더 많은 어려움을 느낀다는 것이다. 교사들 사이에서 수업 대해서 심도 있게 이야기하는 것이 오히려 어렵고 교과 간 융합 수업이 어려운 것은 어제 오늘의 이야기가 아니다. 이러한 문화가 이어지다보니 사용자 참여디자인 워크숍 과정에서 많은 시간을 소비하는 것이 기존의 교육환경개선사업과의 차별성을 설명하는 것이다. 심지어는 학교 공간 재구조화를 열심히 수행해 보자고 모인 연수 시간에도 이러한 안타까운 상황은 이어진다. 건축가들의 모임에서 건축가들이 공간 디자인에 대해서 논의하지 않는 것이 덕으로 여겨지고 오히려 아이들 교육에 대해서 이야기하는 것이 자연스럽다면 어떻겠는가? 그리고 그렇게 성장한 건축가가 학교 공간 디자이너로 활동하게 된다면 어떻겠는가? 학교 공간 재구조화에서 공간은 단순히 학교 재구조화를 촉진시키기 위한 도구에 불과하다.

필자는 그동안 수많은 학교 공간 재구조화 프로젝트에 참여하면서 2018년 정책 연구를 통하여 정립한 학교 공간 재구조화의 정의를 아래와 같이 변경하고자 한다.

"학교 공간 재구조화는 전통적인 교사 중심의 교육과정에서 벗어나 학습자 중심의 교육과정을 실현하기 위한 학교 재구조화의 필요성 속에서 학교 현장의 교육과정 혁신을 촉진하도록 유도할 수 있는 공간을 조성하는 개념으로 기존의 교육환경개선사업과는 구별되는 개념이다."

가장 먼저 언급하고 싶은 것은 앞으로의 교육과정은 과거의 전통적인 교사 중심의 교육과정은 아니라는 것이다. 이러한 논의는 이미 학교 현장에서 오래 전부터 진행되어 오고 있으며 이미 잘 받아들여지고 있다. 그럼에도 불구하고 막상 학교 현장에서 사용자 참여디자인 워크숍을 진행해 보면 여전히 교사 중심의 교육 과정을 고집하고 있는 것을 볼 수 있다. 그 대표적인 것이 '교과교실제'이다. 교과교실제는 이미 2019년부터 학생 선택을 중시하는 '고교학점제'로 변화되었음에도 불구하고 교수·학습방법에 큰 차이가 없는 교과들을 위한 공간을 요구하거나 교수·학습방법에 차이가 있더라도 학생이나 타 교과에 대한 배려 없이 지나치게 많은 공간을 요구하는 사례들을 적지 않게 만날 수 있었다.

이것은 무조건적으로 대부분의 교과가 공간을 요구하면 안 된다는 의미가 아니다. 역설적이게도 필자는 각 과목마다 차별화된 공간이 존재하길 기대하고 있다. 그러나 분명한 것은 다른 조건의 특화된 공간이 필요하다면 다른 교수·방법이 분명하게 제시되어야 한다는 것이다. 만약에 우리가 연수 프로그램에서 동일한 시설 환경을 가지고 있는 즉, 차별성을 갖고 있지 않은 학교를 계속 이동하면서 본다면 어떻겠는가? 아이들이나 교사들이 쉴 곳이 한 평도 없는 상황에서 특정 교과를 위한 공간은 넘쳐난다면 어떻겠는가? 아이들의 인간적인 시선에서 이 문제를 바라 볼 필요가 있다.

학교 공간 재구조화에서 가장 중요한 것은 교육과정이다. 따라서 교사의 의견을 충실하게 수렴해야 하는 것은 의심의 여지가 없다. 이러한 이유로 필자도 프로젝트에 부여된 시간의 상당 부분을 해당 학교의 교육과정을 이해하는데 할애한다. 그러나 이것은 해당 학교의 교육과정을 아무런 여과 없이 공간에 반영한다는 의미와는 다르다. 그 이유는 모든 학교에서 학습자 중심의 교육과정을 요구하지는 않기 때문이다. 그 대표적인 것이 이미 앞에서 언급한 교과교실제이다.

학교 현장의 교육과정을 파악하되 학습자 중심의 교육과정을 좀 더 심도 있게 실현할 수 있도록 유도하는 미래지향적인 공간 재구조화가 제시되어야 한다. 조성된 공간의 실내 디자인은 최소 10년 이상 활용되며, 그 기간 동안 수없이 많은 교사들이 해당 공간을 활용하게 된다. 해당 공간을 사용하게 될 미래의 교사들 중에는 반드시 혁신적인 또는 발전적인 교육과정을 수행할 교사가 존재한다. 그 교사를 위한 혁신적인 공간이 준비되어 있어야 한다. 또한 새롭게 조성된 공간을 통하여 기존 구성원도 새로운 교육과정에 도전하게 된다. 원주 치악고등학교의 교사로부터 다음과 같은 이야기를 들을 수 있었다.

"러닝센터의 맞은편에 있는 교실을 사용하는 교사들 중에는 수업 중간에 비어 있는 러닝센터를 창문으로 보고 수업 중간에 러닝센터로 자리를 옮겨 개별학습, 토의토론수업 등을 다양하게 진행하는 분들도 있습니다."

이러한 측면에서 볼 때, 학교 공간 재구조화는 단순히 기존에 이미 존재하는 공간을 변화시키는 개념을 넘어서 전통적인 교육과정을 반영한 학교 공간 문화를 학습자 중심의 미래학교 공간으로 탈바꿈하는 개념이므로, 기존 학교의 리모델링 공사뿐만 아니라 신설 학교까지도 확장되는 개념이라 할 수 있다.

| 학습자 중심의 교육과정을 유도하도록 일반교실과 인접하게 배치된 러닝센터(원주 치악고등학교) |

2. 학교 사용자는 학생만 있는 것이 아니다

교사 대상의 사용자 참여디자인을 수행해 보면, 앞에서 언급한 것과 같이 배려 없이 특정 공간을 과도하게 요구하는 경우도 있지만 반대로 모든 수업 공간을 내놓으려는 사례들도 상당히 많이 접하게 된다. 그러나 학교가 교사 없이 존재할 수 없듯이, 그리고 교사의 열정 없이 학교가 변화할 수 없듯이 기존의 수업 공간을 학생들을 위한 쉼터로 무조건적으로 전환하는 것이 학교 공간 재구조화라고 볼 수는 없다. 수많은 해외 우수 사례 학교들을 봐 왔지만 우리나라와 같은 이론 강의 중심의 일반교실이 없는 학교는 없었다. 물론, 초등학교는 고등학교와 비교하여 낮은 비율의 이론 강의 교실이 있기는 하지만 상당한 수가 존재했다. 고등학교로 학교 급이 올라가면 그 비율은 훨씬 증가한다.

각 나라는 각 나라의 사회, 문화, 역사 등 다양한 분야의 특성을 반영한 교육과정이 존재한다. 다시 말해서, 해외 우수 사례를 무조건적으로 우리나라에 적용할 수는 없다. 심도 있는 고민을 통하여 우리나라의 학교 공간으로 조심스럽게 가져와야 한다. 지금까지 많은 디자인 사례들을 통하여 이러한 정제 과정 없이 해외 초등학교 사례의 공간을 우리나라의 고등학교에서 적용하거나 같은 학교 급의 공간이더라도 해당 해외 국가에서도 받아들여지기 쉽지 않은 공간을 사진 몇 장만 보고 무분별하게 적용하는 것을 볼 수 있었다.

필자는 역설적이게도 학교 공간 재구조화를 수행하면서 아래와 같은 이론 강의 중심의 계단형 강의실을 대부분 포함시켰다. 이유는 우리나라는 북미 또는 북유럽의 교육과정과 달리 짧은 시간동안 많은 양의 지식을 전달해야 하기 때문이다. 물론 지금의 교육방식이 좋다는 의미는 아니다. 그러나 지금의 교육방식을 무시하면 안 된다. 오히려 지금의 교육방식을 이해하여 앞으로 나아갈 수 있도록 동기 부여하는 공간이 조성되어야 한다. 계단형 강의실은 교사 중심의 공간이다. 집중력을 높일 수 있는 구조로 디자인되었으므로 짧은 시간동안 일반교실보다 상대적으로 집중력 있

| 이론 강의에 최적화된 계단형 강의실(춘천 성수고등학교) |

게 지식을 전달할 수 있다. 그러나 교사의 수업을 지원하면 그 유익은 단순히 교사에게만 머문다고 볼 수 없다. 계단형 강의실에서 수업하는 모습을 보면, 교사보다는 아이들이 앞에 나와서 발표하는 모습을 더 많이 볼 수 있다. 부조건적으로 학생들을 위한 공간만 만들어서는 현재의 문제를 해결할 수 없다.

교육적 효과성 측면에서 볼 때, 교사를 배려하는 것은 매우 중요하다. 필자가 해외 우수사례 보면서 우리나라의 학교 공간과 많은 수준 차이를 보인 공간 중 하나가 '교사 라운지'이다. 아래 사례를 보면, 어두운 방에 소파 몇 개 가져다 놓고 교사휴게실이라는 이름표를 붙여놓은 우리나라의 교사라운지와는 매우 다른 환경인 것을 볼 수 있다. 일조와 통풍에 유리한 위치에 자리 잡고 있으며, 내부는 웬만한 카페와 비교해도 뒤지지 않는 실내 디자인으로 이루어져 있다. 내부에는 다양한 크기의 의자들이 배

| 수업 준비와 휴식에 최적화된 교사 라운지(Gamlebyen Skole, Norway) |

치되어 있으며, 작업, 휴식 등 다양한 활동을 수용할 수 있는 구조이다.

필자는 지금까지 수행한 대부분의 학교 공간 재구조화 프로젝트에서 교사라운지를 조성했다. 독자 중에는 '교사 휴게실'이라고 하면 되는데 굳이 '교사 라운지'라는 용어를 사용하는지에 대해 의문을 가질 수 있다. 그 이유는 이름이 곧 관념이기 때문이다. 그리고 사람은 기존에 가지고 있는 관념에 따라 사고한다. 즉, 교사 휴게실에 대한 기존 관념이 새로운 생각을 방해함으로 생겨나는 부정적인 효과를 최소화하기 위해서이다.

아래 사진은 교실 1칸 규모의 공간에 소규모 회의, 휴게, 수업준비 등을 다양한 활동을 수용하도록 디자인된 교사 라운지이다. 물론 각 공간은 해당 공간을 위해서만 사용되는 것은 아니다. 모임의 규모에 따라 다양한 크기의 가구를 활용하기도 하고 사용자의 유무에 따라 공간 범위의 제한 없이 활용되고 있다. 이러한 공간을 얻는 가장 큰 유익은 '교사에 대한 존중'이다. 사실 해당 공간을 디자인을 하면서 가장 마음 깊숙이 생각했던 단어도 '존중'이었다. 수업뿐만 아니라 행정업무로 많은 역할을 담당하고 있는 교사들을 생각해 보았다. 물론 교사 문화가 서로의 짐을 가능한 균등하게 부담하지 않는 문화가 있을지 모르지만 이러한 문화는 학교뿐만 아니라 사회 전반에 걸쳐 존재한다. 따라서 이러한 부정적인 모습이 모든 교사에게 적용시킬 수 없으며, 교사의 수고와 헌신을 깍을 수도 없다. 오히려 열정과 헌신으로 역할을 담당하고 있는 교사들을 바라보고 이러한 공간을 마련해 줘야 한다고 생각한다.

학습자 중심의 교육과정은 역설적이게도 교사 중심의 교육과정이기도 하다. 왜냐하면 학습자 중심으로 수행하는 주체가 교사이기 때문이다. 유치원에서의 개정 누리과정, 초등학교의 놀이 중심 교육과정, 중등학교의

| 카페형태로 디자인된 교사 라운지(원주고등학교) |

학점제, 이 모든 것은 교사 중심으로 이루어질 수밖에 없다. 그리고 이러한 교사에 대한 사회적 요구는 시간이 갈수록 강해질 것이다. 그렇다면 교사들을 위한 공간들도 충실하게 준비되어야 한다. 교사가 바뀌어야 하는 것은 사실이지만, 공간은 교사가 바뀔 수 있도록 전폭적인 지원을 해야 한다.

3. 학교 공간을 보면 아이들에 대한 생각이 보인다

그러나 교사 라운지 조성의 개념을 학교 공간 재구조화에서 최우선 공간으로 할 수는 없다. 다시 말해서, 가능한 교사 라운지를 조성하면 좋겠지만 공간적인 제약이 심한 상황에서 교사 라운지를 최우선으로 조성하는 것은 학교 공간 재구조화의 취지에 부합하기 어렵다.

디자인을 검토하다보면 위와 같은 사례를 여러 번 경험하게 된다. 학생 대상의 사용자 참여디자인으로부터 학생 휴게 공간에 대한 의견이 다수 도출되었음에도 불구하고 한 곳도 조성되지 못하는 반면, 교사 휴게실은 두 곳이나 만들어지는 사례도 있었다. 또 고등학교의 경우, 고교학점제 운영을 위해 소인수 강의, 공강, 개별학습 등을 위한 다양한 공간이 필요함에도 불구하고 위와 같은 기능을 포함한 학생 라운지는 한 곳도 조성되지 못하고 특정 교과를 위한 공간이 세 개 교실 규모로 조성되는 사례도 있었다. 심지어는 학생 라운지는 없어도 상담실은 한 개 교실 규모를 끝까지 요구하는 사례도 있었다. 이러한 사례 외에도 학교 공간 재구조화의 취지에 어긋난 사례 유형은 너무나도 많아 하나하나 언급하기 어려울 정도이다. 학교 공간 재구조화를 통하여 교사 라운지는 확보되었으나 학생은 휴게 공간 하나 없이 변화된 것이 없다면 아이들이 이야기할 기회는 없겠지만 교사에 대한 신뢰에 부정적인 영향을 미칠 수밖에 없을 것이다. 실제로 학교 현장에서 아이들과 이야기를 나누다보면, 겉으로는 표현을 하지 못해도 마음속으로 위와 같은 상황에 대해 불편한 감정을 가지고 있는 아이들을 자주 만나볼 수 있었다.

그러나 부정적인 사례만 있는 것은 아니다. 최근의 사례들을 보면, 전통적으로 1층에 배치되어 오던 관리행정공간을 2층이나 3층으로 배치하고 아이들에게 야외 공간과의 접근성이 좋은 1층을 양보하는 사례들도 있었으며, 특별교실을 이전 배치하여 학생 라운지로 조성하는 경우도 볼 수 있었다.

| 다양한 수업 활동을 수용하는 학생 라운지(강릉제일고등학교) |

그렇다면 어느 사례가 더 바람직하다고 볼 수 있겠는가? 두 가지의 극단적인 사례에 대해서는 아마도 이 질문에 두 번째 사례가 좋다고 생각할 수 있지만 학교 공간 재구조화는 단일 주체만의 유익을 강조하는 것이 아니다. 물론 공간이 너무 협소하여 단일 주체의 유익만을 고려해야 하는 경우(예를 들어, 교실 한 칸만 조성할 수 있는 사례와 같이)가 아니라면 교사와 학생의 유익을 균형 있게 고려해야 하는 것이 학교 공간 재구조화의 근본 취지이다.

이러한 문제점을 해결하기 위해서는 아이들을 위한 공간 구성의 비율과 나머지 공간의 구성 비율을 아래와 같이 분석해 보는 것을 추천한다.

학습지원공간은 위에서 언급한 학생 라운지와 같은 공간을 포함한 그룹이다. 학교 공간 재구조화를 통하여 거의 존재하지 않았던 학습지원공간을 확보함과 동시에 교사 라운지와 같은 교수지원공간도 어느 정도 확충한 것을 볼 수 있는 사례다. 학습지원공간의 확보를 위해서 가장 중요한 것은 단일 목적으로 일부 주체들에 의해서만 간헐적으로 사용되는 공간,

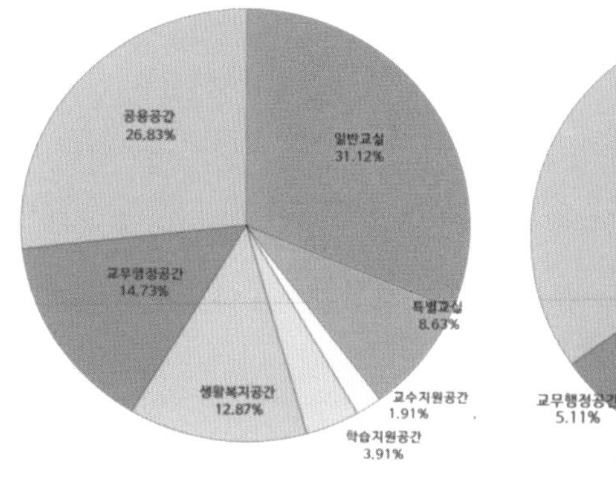

| 학교 공간 재구조화 이전 공간구성비율 |

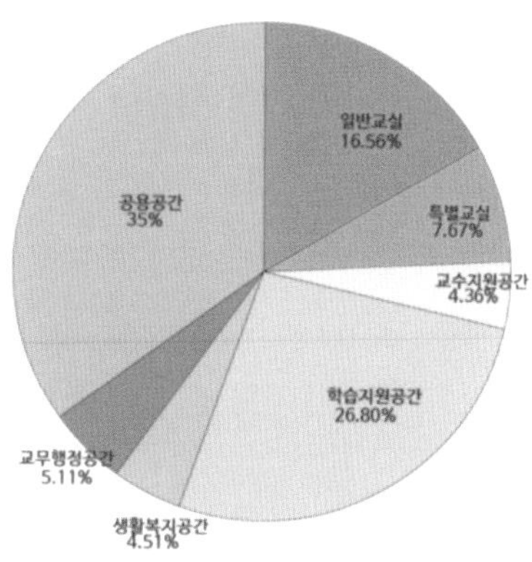

| 학교 공간 재구조화 이후 공간구성비율 |

즉 재실율이 낮은 공간을 우선적으로 찾아내는 것이 중요하다. 예를 들어, 학교운영위원회실이 간헐적으로 회의를 위한 용도로 사용되고 있다면, 교무실과 연계된 교사회의 공간을 겸용으로 활용하는 것으로 하였다. 또한 식사 시간에만 사용되었던 식당 공간 일부를 학습 공간으로 중복 사용하는 대안을 찾아 볼 수도 있다. 작은 공간으로 나뉘어져 있는 학생 동아리실을 통합하여 학생 라운지의 형태로 구성함으로써 여러 시간대에 가능한 많은 수의 학생들이 사용할 수 있도록 재구조화할 수도 있을 것이다.

4. 선택과 집중이 필요하다

2015년에 강원도의 어느 중학교를 방문한 적이 있다. 해당 학교는 상당한 예산으로 전체 교실을 리모델링한 학교였다. 그런데 아이들과 인터뷰를 해보니 아이들이 어떤 부분이 바뀐 것인지 잘 모르겠다는 의견을 들을 수가 있었다. 상당한 예산이 투입되었음에도 불구하고 아이들은 왜 시설 환경이 변화되었다고 느끼지 못하는 것일까? 그것은 예산과 비교하여 지나치게 많은 공간에 대한 리모델링을 실시함으로 인해 단위면적당 투입예산이 페인트를 다시 칠하는 형식의 교육환경개선사업이 이루어졌기 때문이었다. 아이들에게 변화된 공간을 주기 위해서는 단순히 재료마감을 바꾸는 수준이 아닌 공간의 구조 자체가 변화되어야 한다. 그리고 이러한 학교 공간 재구조화를 실현하기 위해서는 일정 수준 이상의 단위면적당 투입예산이 필요하다.

정해진 예산 내에서 단위면적당 투입예산을 늘리기 위해서는 당연히 대상 공간 규모를 축소해야 한다. 필자도 학교 공간 재구조화 프로젝트를 수행함에 있어 적정한 대상 공간 규모를 학교와 협의하여 조정한다. 예를 들어, 위의 사례의 경우 특정한 학년을 정하여 일반교실을 재구조화하거나 일반교실 외에 가능한 많은 학생들이 사용할 수 있는 공간을 선정하여 학생 라운지를 조성할 수 있다. 그러나 이러한 과정에서 가장 많은 듣게 되는 단어가 '형평성'이다. 예를 들어, 고등학교 3학년 학생들의 일반교실만 재구조화하면 1학년과 2학년의 학생들에게 평등하지 못하다는 것이다. 형평성 문제에 대해 전적으로 동의한다. 그러나 형평성이라는 단어를 적용하기 시작하면 우리나라에서 단 하나의 학교도 학교 공간 재구조화를 할 수 없다. 왜냐하면 우리나라의 모든 학교 공간 재구조화 사업은 예산이 부재하고, 이러한 예산의 한계로 인하여 학교 공간 재구조화를 실시하지 못하는 학교가 반드시 존재하기 때문이다. 해당 지역으로 좁혀도 이러한 문제는 해결되지 않으며, 심지어는 해당 학교만 고려해 보더라도 수혜를 입지 못하는 주체가 반드시 발생되므로 동일하게 적용된다. 따라서 개축이나 신설로 추진하지 않으면 항상 형평성 문제는 발생되므로 한번 학교가 건립되면 아무리 노후화가 심각해도 학교 공간 재구조화를 적용하기 어렵다. 그리고 형평성 있게 가능한 많은 공간에 대하여 학교 공간 재구조화를 추진한다면 지금까지 우리나라가 엄청난 예산을 투입했음에도 불구하고 '교도소'라는 오명에서 벗어나지 못하는 한계에서 벗어나기 어렵게 된다. 그렇다면 우리는 예산의 불충분한 모든 프로젝트를 수행함에 있어서 다음과 같은 질문을 해야 한다. 형평성에 맞추어 변화를 가져오지 않든지 아니면 변화에 맞추어 형평성을 추구하든지 결정해야 한다. 100마리의 닭이 홍수로 인해 죽게 되었는데 일부만 구할 수 있는 조건이라고 가정해 보자. 100마리 모두를 죽게 두는 것이 바람직한 것인가? 아니면 10마리라도 구해서 미래에 홍수에도 견딜 수 있는 환경에서 자랄 100마리를 기대할 것인가?

학교 공간 재구조화 프로젝트를 본격적으로 진행하기에 앞서 학교를 방문하여 재구조화하고 싶은 공간의 규모 또는 범위에 대한 의견을 들어보면, 예산보다 많은 공간을 재구조화할 수 있다고 생각하거나 심지어는 받은 예산이 너무 많아서 어떻게 활용해야 할지 판단하기를 어려워하는 경우가 대부분이다. 아래의 층별 평면도는 약 15억 원의 예산이 투입된 학교 공간 재구조화 프로젝트에서 해당 학교의 담당 교사들이 수개월의 논의를 거쳐 대상 공간을 결정한 결과물이다. 개략적으로 약 25개 정도의 교실 규모가 사업 대상으로 결정된 것을 볼 수 있다.

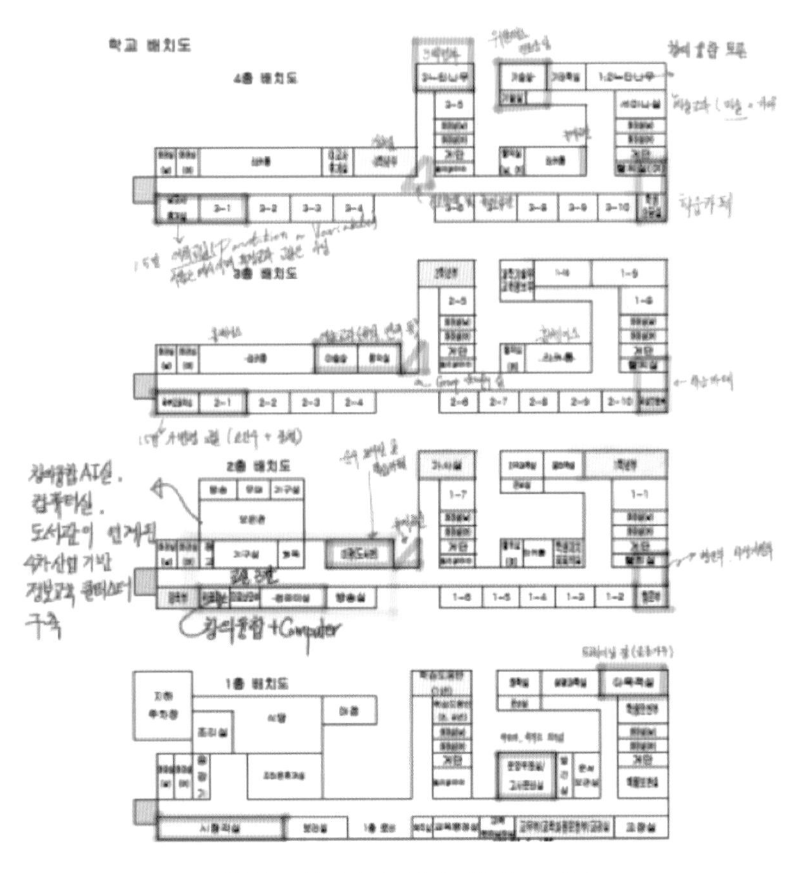

| 컨설팅 요청 전 해당 학교의 희망 대상 공간 |

일단, 앞에서 논의한 것과 같이 25개 규모의 교실을 재구조화하는 것이 예산의 한계로 인해 어렵다. 그러나 또 다른 문제는 대상 공간이 너무 많기 때문에 학교의 사업 추진 담당자(들)이 내실 있게 대응하기 어렵다는 것이다. 사용자 참여디자인 단계에서는 공간 규모에 맞는 학교 구성원이 참여해야 하는데, 현실적으로 한계가 있으므로 많고 다양한 아이디어가

발굴되기 어렵다. 설계와 시공단계에서는 학교의 전문성이 부족하기 때문에 적정한 검토가 어렵게 된다.

실제로 앞의 프로젝트에서는 대략 교실 열두 개 규모의 공간을 사업 대상 공간으로 선정하여 추진하여 미래지향적인 공간으로 재구조화함과 동시에 학교 구성원이 의견 제시 단계에서부터 시공단계에 이르기까지 적극적으로 참여할 수 있는 기반을 조성하였다. 즉 학교 공간 재구조화에서 의미 있는 성과를 얻기 위해서는 선택과 집중을 통하여 사업 대상 공간의 규모를 결정하는 것이 필요하다.

III

학교 공간 재구조화 디자인 가이드

학교 공간 재구조화에서 가장 심도 있게 다루어져야 하는 사항은 교육과정이다. 교육과정은 유치원, 초등학교, 중학교, 그리고 고등학교에 이르기까지 차이가 있다. 또한 학교 현장마다 지니고 있는 특성에도 차이가 있으므로 단일 디자인을 정답과 같이 제시하는 것은 어렵다. 그럼에도 불구하고 그동안 프로젝트를 진행하면서 공통적으로 다루어졌던 논의사항을 중심으로 핵심적인 사항들을 가이드로 제시하고자 한다.

1. 위치 선정이 공간 활용의 70퍼센트를 좌우한다

2018년에 서울의 어느 고등학교를 방문한 적이 있다. 해당 학교는 이동식 수업을 적극적으로 도입하고 있는 학교로 알려져 있었다. 학교를 방문하여 공간을 돌아보는 가운데 곳곳에 학생을 위한 쉼터가 조성되어 있는 것을 볼 수 있었다. 그러나 안타깝게도 해당 공간은 거의 활용되고 있지 못하고 있었다. 쉬는 시간에는 아이들이 이동하느라 시간이 부족하였고, 점심시간에는 해당 공간이 너무 먼 곳에 있어서 활용도가 매우 낮았다. 이러한 문제가 발생하는 것은 아이들이나 교사의 접근성을 고려하지 않고, 현재 비어 있는 공간을 대상으로 학교 공간 사업을 수행하고 있는 많은 학교들에서 발생하고 있다.

2009년에 학점제 운영으로 유명한 캐나다의 McMath중등학교를 방문하였다. 방문 당시 공강 등 학점제 운영을 위한 다양한 공간이 조성되어 있었다. 공용 홀을 통과하여 일반교실들이 구성되어 있는 공간에 들어서

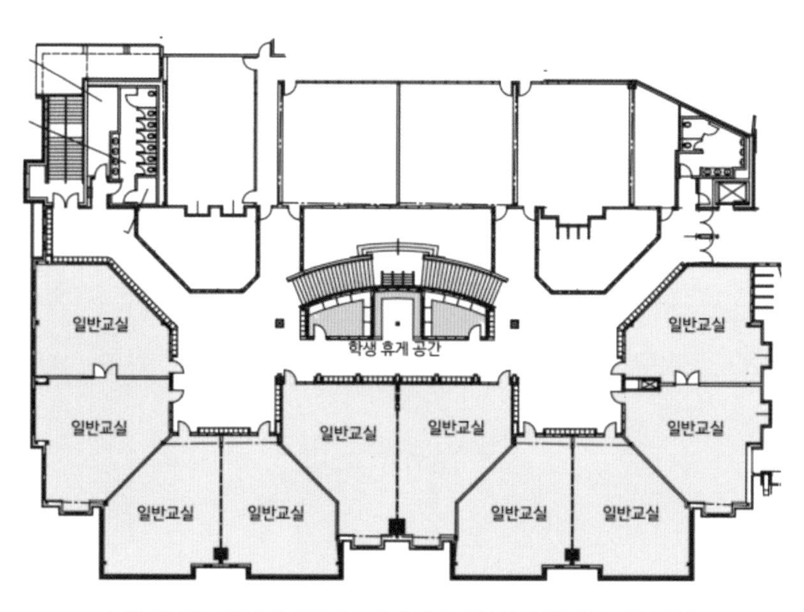

| 일반교실과 인접하여 배치된 학생 휴게 공간(McMath중등학교, 캐나다) |

니 그 당시 우리나라에서는 보기 어려운 학생 휴게 공간이 조성되어 있었다. 학생 휴게 공간은 개방형 구조로 되어 있었으며 내구성이 가장 마감재료로 조성하여 아이들의 활동 유형을 고려한 것을 알 수 있었다. 또한 스터디 테이블의 하단에는 콘센트를 설치하여 모바일 기기의 사용을 지원하는 구조로 디자인되어 있는 것을 볼 수 있었다.

2019년부터 학교 공간 재구조화 프로젝트에 직접적으로 참여하면서 그동안 해외 우수 사례 학교들에 적용된 디자인을 원용하여 적용하였다. 최대한 일반교실에 인접하게 학생 라운지를 조성하여 접근성을 극대화하려고 노력하였다. 일반교실의 공간은 대부분 이미 사용되고 있는 경우가 많으므로 이동 배치하는데 상당한 고민이 뒤따르게 된다. 그럼에도 불구하고 접근성 높은 공간을 대상 공간으로 재구조화한 공간은 아이들에게 설명할 필요도 없이 너무나도 효율적으로 사용되고 있는 모습을 볼 수 있

| 교실과 교실 사이에 배치된 학습 라운지(강릉여자고등학교) |

었다. 자신이 다니고 있는 학교에 어떠한 공간이 조성되었는지도 모르는 경우와는 너무나도 대조적인 모습을 볼 수 있다.

이러한 원리로 생각해 보면, 교사 라운지도 교무실과 인접하여 배치하는 것이 활용도가 높다. 2022년에 준공된 원주고등학교의 경우 교무실 공간 중 교실 한 칸 규모를 교사 라운지로 조성하여 활용도를 최적화하였다. 실제로 교사 라운지를 교무실로부터 20미터 거리에 조성한 학교의 교사들의 일부는 동일한 건물의 동일한 층에 조성되었음에도 불구하고 이동거리가 길어서 자주 이용하기 어렵다는 의견도 있었다.

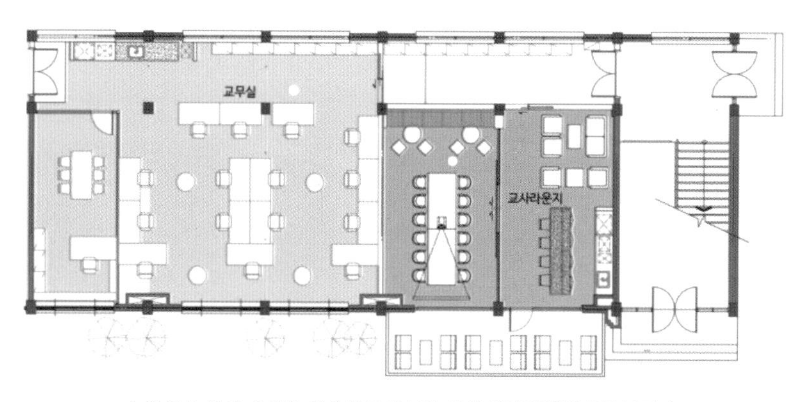

| 교무실 일부 공간을 활용하여 조성한 교사 라운지(원주고등학교) |

2. 벽을 허물어야 공간이 혁신된다

2018년에 학교 공간 재구조화에 대한 정책 연구를 수행하면서 교도소와 같다는 우리나라의 학교 공간과 해외 우수 사례 학교 공간의 차이점이 무엇인지를 분석해 보고자 하였다. 그 이유는 우리나라에도 분명히 많은 예산을 투입하여 공간을 재구조화하려 시도한 사례들이 있었기 때문이다. 사례 사진들을 비교해 보니 큰 차이를 보이게 하는 가장 큰 원인은 사각형의 교실이 아니라 사각형으로 공간을 구획하고 있는 '획일적인 벽'이라는 것을 알 수 있었다. 아래 사례의 학교는 대부분의 공간이 사각형으로 구성되어 있다. 그럼에도 불구하고 다양한 공간으로 조성될 수 있는 것은 공간을 구획하는 벽이 우리나라와 다르기 때문이다.

그렇다면 우리나라의 학교 공간은 왜 벽에 대한 변화를 주지 않았을까? 원인을 찾는데도 그다지 오랜 시간이 소요되지 않았다. 2019년도 학교 공

| 복도 공간과 반개방형 구조로 분리한 일반교실(Ringstabekk Skole, 노르웨이) |

간 재구조화 프로젝트에 참여하면서 학교 현장에 방문하면 공통적으로 들을 수 있는 이야기가 있었는데, 그것은 복도와 교실 사이 또는 교실과 교실 사이의 벽을 절대로 철거하면 안 된다는 것이었다. 그 이유는 건축물의 안전성에 문제가 된다는 것이었다. 심지어는 철골조 학교 건물의 경량 칸막이조차도 구조적 안전성을 문제 삼으며 변경의 여지를 주지 않았다. 그렇다면 교실과 복도 사이의 벽에 설치되어 있는 창문들이 건물의 하중을 받고 있다는 의미인데 상식적으로 이해가 되는가?

통계적으로 보면, 우리나라 학교 건물의 구조형식은 대부분 기둥, 보, 슬래브로 건축물의 하중을 지탱하는 라멘조 형식으로 되어 있다. 다시 말해서, 기둥과 기둥 사이를 막고 있는 벽체는 하중을 받지 않도록 설계된 비 내력벽으로 주로 벽돌이나 블록으로 시공되어 있다. 물론 통계적으로 라멘조의 비율이 높은 것이니 각 건물의 구조 형식을 확인하는 것은 매우 중요하다.

| 교실과 교실 사이의 비내력벽을 철거한 사례 |

라멘구조 여부를 확인할 수 있는 1차적인 방법은 행정실에 비치된 건축 도면을 확인하는 것이다. 아래의 평면도와 같이 기둥과 비내력벽이 명확하게 구분되어 표시되어 있는 경우는 라멘조일 가능성이 높다. 조금 더 확실하게 확인하기 위해서는 구조형식은 건축물대장을 발급받아 확인해 보는 것이 좋다. 건축물 대장에 해당 건물의 구조형식이 '철근콘크리트조'나 '철골조'라고 표기되어 있다면 라멘구조라고 볼 수 있다. 마지막 방법은 인근의 건축구조사무실의 자문을 통하여 확인하는 것이다.

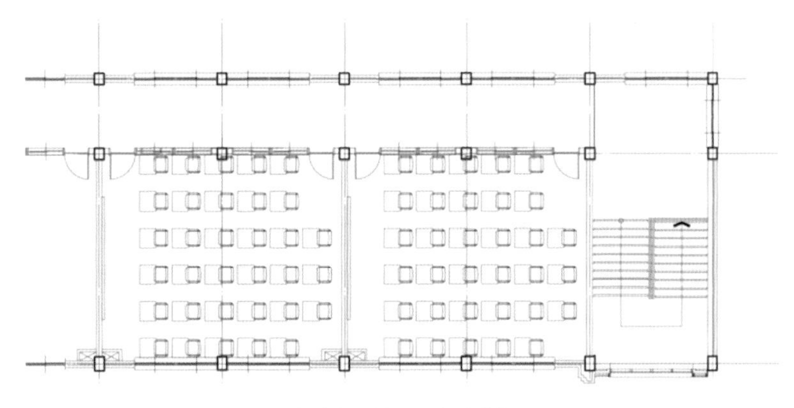

| 라멘조 형식 도면 사례 |

사업이 본격적으로 시작되기 전 해당 건물의 구조 형식을 확인하는 것은 아이디어 발상 및 적용의 한계를 결정하는 매우 중요한 작업이다. 벽구조를 변경하면 벽을 변경하지 못하는 제약조건이 있을 때와 비교하여 상당히 다양한 구조로의 공간 변화가 가능하다. 필자의 경우는 아래 사례와 같이, 실내뿐만 아니라 실내와 실외를 연결하는 테라스 공간을 구축하는 경우도 있는데, 이럴 경우 가장 최우선으로 확인해야 하는 사항이 구조

의 형식이다. 이러한 테라스 공간은 앞에서 인간의 기본 욕구 중 하나인 자연 환경과의 연계성을 충족할 수 있다.

| 외벽을 변경하여 테라스를 구성한 사례(원주 북원여고) |

3. 내구성이 높은 마감 재료를 사용해야 한다

얼마 전 리모델링 공사를 수행한지 2년 정도가 지난 학교를 방문하여 성과평가를 실시한 적이 있다. 그런데 아쉽게도 내부 마감의 손상도가 이미 상당히 진행된 상황이었다. 바닥은 나무 무늬의 표면이 이미 지워진 곳이 여러 곳이었고, 벽의 페인트 마감도 오염이 심각한 상황이었다. 리모델링 공사를 경험한 구성원이라면 누구나 위와 같은 경험을 해 보았을 것이다.

전통적으로 학교 공간에 적용된 마감은 공사가 쉽고 처음에 보기에는 산뜻하지만 오래 지속되지 못하는 재료이다. 예를 들어, 페인트의 경우,

기존 벽을 어느 정도 정리하고 그 위에 원하는 색을 선택하여 쉽게 작업할 수 있고 완성된 다음에도 신선한 느낌을 줄 수 있지만 시간이 조금만 지나면 쉽게 오염이 되고 손상도 심하게 진행되며 무엇보다 신선한 감정이 오래 지속되지 못한다. PVC에 나무, 타일 등의 다양한 문양을 인쇄한 PVC 타일의 제품도 동일하다. 사실 학교 현장에 방문하면 해당 제품의 표면을 보고 실제 타일이나 목재로 인식하는 학교 구성원들이 대부분이다.

그러나 내구성이 떨어지는 마감 재료를 사용했을 때의 발생하는 문제는 단순히 건축적인 측면만이 아니다. 실제로 여러 학교 현장을 방문하면서 들을 수 있었던 문제는 내구성이 약한 마감 재료를 사용한 공간은 아이들의 사용 빈도가 높을수록 훼손도 심각해지기 때문에 아이들의 사용을 점차적으로 제한하게 된다는 것이다. 일정 시간이 지나게 되면 문을 잠그고 관리자가 열어 주어야만 사용할 수 있는 운영 체계를 갖추게 되는데, 이는 학교 공간 재구조화의 측면에서 보면 최악의 결과라 할 수 있다.

| 테라코타 타일과 분체도장으로 마감된 벽 마감(원주고등학교) |

필자가 디자인한 학교들의 대부분은 아래 사진과 같이 타일, 벽돌 등과 같이 내구성이 높은 재료들을 사용한다. 최소한 10년 정도 사용할 수 있는 재료로 구성하고, 청소나 복구를 쉽게 할 수 있는 재료로 디자인한다. 만약 기존의 마감 재료가 일정 수준 이상의 내구성을 지니고 있다면 최대한 유지하도록 한다.

다음과 같은 질문을 할 수 있다. 내구성이 뛰어난 재료는 대부분 고가이기 때문에 적용이 어렵지 않은가? 이 질문에 대해 우선 답할 수 있는 것은 그럼에도 불구하고 다양한 재료를 검토해 보아야 한다는 것이다. 실제로 진행된 프로젝트 가운데에는 당초에 적용 예정이었던 마감 재료가 생각보다 고가여서 타일과 거의 비슷한 예산이 소요되는 경우도 있었다. 하지만 무엇보다 중요한 관점은 앞에서 언급한 것과 같이 '선택과 집중'이 필요하다는 것이다. 만약 페인트를 사용할 수밖에 없는 상황이라면 예산에 비하여 지나치게 많은 공간들을 사업 대상으로 책정하고 있을 가능성이 높다. 이와 같을 경우, 사업 대상 범위를 축소하거나 사용 빈도가 상대적으로 높은 공간들에 대해 우선적으로 내구성 높은 마감 재료를 적용할 것을 권장한다.

4. 범죄예방 환경설계를 적용하면 활용도가 높아진다

"구슬이 서 말이라도 꿰어야 보배"라는 속담이 있다. 이 속담은 학교 공간 재구조화를 논의함에 있어 매우 적절해 보인다. 적지 않은 예산을 투입해서 학생들을 위한 공간을 훌륭하게 조성해 놓고도 학교폭력예방의 관점에서 아이들에게 개방하지 못하는 경우를 종종 접할 수 있기 때문이다.

이러한 문제점을 해결하기 위해서는 범죄예방 환경설계(Crime Prevention Through Environmental Design, CPTED)를 적용하는 것이 필요하다. 미국 범죄예방연구소(National Crime Prevention Institute)에 따르면 범죄예방 환경설계의 정의는 다음과 같다.

"적절한 디자인과 주어진 환경의 효과적인 활용을 통해 범죄 발생 수준 및 범죄에 대한 두려움을 감소시키고 삶의 질을 향상 시키는 것"

위의 정의에서 주목할 것은 "범죄 발생 수준"과 동일하게 "범죄에 대한 두려움을 감소"시키는 것이 범죄예방 환경설계의 목적이라는 것이다. 학교 폭력이 발생할 수 있다는 두려움을 감소시켜 주지 못하면 조성된 공간을 학생들에게 자유롭게 개방해 주기 어려우므로 학생들의 삶의 질은 상대적으로 낮아지게 되고 교사들은 해당 공간을 관리하는 업무가 가중되므로 삶의 질이 상대적으로 낮아질 수밖에 없는 것이다.

필자는 2010년도에 우리나라 학교 현장에 범죄예방 환경설계를 적용하는 정책 연구[3]와 프로젝트를 수행하고 있다. 이 과정에서 다양한 해외 우수 사례를 볼 수 있었다. 아래 사진은 이론 강의 중심의 학습 공간도 복도나 교무실 등의 관리행정공간에서 내부의 상황을 쉽게 인지할 수 있도록 디자인된 사례이다.

| 가시성이 높도록 디자인된 학습 공간(Kilmer Middle School, 미국) |

3 박성철, 조동현, 이민식, 옥태범, 유석범, 설선국(2010). 학교 및 학교주변 셉테드(CPTED) 효과성 분석, 한국교육개발원 수탁연구 CR 2010-20, 한국교육개발원, p.256

| 범죄예방 환경설계를 적용한 학교 공간 재구조화 사례(원주북원여고) |

다음의 사례를 보면 모든 공간은 복도에서 쉽게 관찰할 수 있는 창호 디자인과 공간 구조에 범죄예방 환경설계가 적용되어 있다. 폐쇄된 공간 구조로 조성하여 교사와 학생들에게 범죄 발생에 대한 부담감을 주는 기존의 방식보다는 범죄예방 환경설계를 적용하여 학생들에게 개방해도 최대한 안심할 수 있는 공간으로 조성할 필요가 있다.

IV

사용자 참여디자인 운영 원칙

학교 공간 재구조화의 핵심 과정 중 하나가 사용자 참여디자인이다. 사용자 참여디자인은 1970년대 스칸디나비아에서 공장 시설을 개선함에 있어 숙련된 노동자들의 의견을 수렴하기 위해 개발된 의견 수렴 도구이다.[4] 별도의 학문으로 정착할 정도로 깊이 있는 분야다. 그럼에도 불구하고, 사용자 참여디자인에 관한 연수 또는 워크숍을 실행해 보면, 건축가와 학교 현장의 대부분이 사용자 참여디자인을 단순히 학생들의 의견을 수렴하는 수준의 개념으로 이해하고 있는 실정이다. 사용자 참여디자인에 대한 올바른 이해는 학교 공간 재구조화에 부합하는 합리적인 아이디어 제안에 밑거름이 된다.

---

4 박성철, 조진일(2012). "학교시설 업그레이드, 해외사례를 통해 배운다", 교육개발 39(3), 한국교육개발원, p.46

1. 단순히 의견을 들어주는 것은 사용자 참여디자인이 아니다

고등학교의 본관동을 개축하는 프로젝드에 참여한 경험이 있다. 교사와 학생 대상의 사용자 참여디자인 워크숍을 위해 약 20명의 학교 구성원이 모였다. 각 층별로 의견을 수렴하는 가운데 특정 과목의 교사가 자신의 과목을 위한 교실이 교사 라운지로 계획되어 있는 위치에 마련되어야 함을 강하게 요구했다. 해당 교사 라운지는 교무실과 인접해서 배치하여 활용성을 높이도록 계획되어 있어서 다른 위치를 2곳 제시했지만 그 교사는 다음과 같이 이의를 제기했다.

"사용자 참여디자인이라면서 왜 제 의견을 반영하지 않는 겁니까? 의견을 반영하지 않을 거면 이런 활동을 왜 하는 겁니까?"

그 어떤 프로젝트라도 모든 사용자의 모든 의견을 반영할 수 있는 예산과 면적을 허용할 수 있는 경우는 없다. 사용자 참여디자인은 제한된 조건하에서 해당 학교에 적합한 공간을 만들어가는 합의의 과정이다. 이런 것을 교육하는 장소가 바로 '학교' 아닌가? 아이들이 요구하는 것을 모두 반영할 수 있는 학교가 있는가? 아이들이 요구를 모두 반영해 주는 것이 교육인가?

위와 같은 상황에서 가장 중요한 역할을 하는 것이 사전기획가, 촉진자, 설계자 등 건축 디자인을 직접적으로 창출하는 건축 전문가이다. 최근 자주 경험하는 사례가 건축 전문가의 중요성을 설명하는데 도움이 될 듯하다. 건축가가 사용자 참여디자인을 통하여 작성한 컨셉 디자인을 검토할 기회를 많이 갖게 된다. 검토 과정에서 심의자들이 다양한 의견을 제시한다. 그 중에는 학교 공간 재구조화의 핵심인 학습자 중심의 교육과정과 관계된 내용이 상당히 많다. 이런 의견을 받은 건축 전문가 중에는 의견을 적극적으로 수렴해서 다시 논의해 보겠다는 답변이 있는 전문가도 있지만 그들 중에는 다음과 같은 답변을 내놓은 경우도 적지 않다.

"저는 사용자 참여디자인의 목적에 부합하여 학교에서 제시한 부분을 충실하게 반영했으며, 그 밖에 제시된 의견들은 해당 학교에서도 원치 않을 것입니다."

이러한 답변에 나는 다음과 같은 질문을 하고는 한다.

"그럼 의견이 없는 학교들도 많은데, 그런 학교는 아무것도 반영하지 않으시겠네요?"

둘째가 어렸을 적 양치질을 잘 못해서 치과에 가야 하는 경우가 많았다. 한 번가면 치료과정의 고통 때문에 아이가 너무 힘들어한다. 그리고 다음에 또 가야 한다고 하면 다시 가지 않으려고 거부한다. 그럼 부모는 아이의 의견을 받아들여 병원에 가지 않는 것이 적합한가? 아마도 제대로 된 부모라면 아이로부터 비난을 듣더라도 아이를 위해 기꺼이 병원에 데려갈 것이다.

학교라고 하는 건축분야는 낮은 설계비와 의견 수렴 과정의 복잡성 등으로 인해 일반적으로 건축 전문가들이 전문 분야로 삼지 않는다. 이러한 기피현상은 자연스럽게 학교에 대한 깊이 있는 이해를 갖고 있는 건축 전문가의 양성을 어렵게 한다. 그동안의 경험에 의하면, 학교에 대해 이해가 부족한 건축 전문가의 사용자 참여디자인에 대한 자세는 두 가지로 분류된다. 첫째는 앞의 사례와 같이 사용자의 의견을 무분별하게 받아들이는 것이고, 둘째는 거의 받아들이지 않는 것이다.

학교 공간 재구조화에 참여하는 건축 전문가는 거의 학교 구성원이 되어가는 과정이라 생각된다. 필자는 2020년에 원주치악고등학교에 대한 프로젝트를 완료했지만 주기적으로 해당 학교를 방문해서 교사들과 소통하려고 노력한다. 그리고 만남이 있을 때마다 새로운 정보들을 얻는다. 그 정보 중에는 나에 대한 칭찬도 있지만 비난도 함께 포함되어 있다. 그런데 실질적으로 도움이 되는 것은 비난이다. 왜냐하면 다음 프로젝트의 실수를 줄여주는 영양분이기 때문이다. 2년 정도 만남을 이어가다보니 프로젝

| 교사와 학생이 함께 하는 사용자 참여디자인 워크숍(원주치악고) |

트 당시 교감으로 계셨던 선생님이 다른 학교의 교장으로 부임했다가 다시 해당학교의 교장으로 부임하면서 재회하는 경우까지 발생하게 된다. 학교를 여러 번 방문하다보니 학교를 방문하는 것은 미리 전화만 하면 프리패스다.

2. 그냥 나오는 아이디어는 없다

앞에서 논의되었던 사용자 참여디자인의 역사적 배경을 다시 한 번 살펴보면, 사용자는 단순한 일반 노동자가 아닌 해당 공장에서 수십 년간 근무한 숙련된 노동자다. 그렇다면 학교 구성원은 학교 공간에 대해 숙련된

| A학교 학생 대상의 1차 사용자 참여디자인 워크숍 결과물 |

전문가인가?

두 학교에서 진행된 학생 대상의 사용자 참여디자인 워크숍에 대해 이야기해 보고자 한다. 다음의 사진의 학생 대상의 1차 사용자 참여디자인의 결과물이다. 학생들은 건축동아리 구성원으로 약 1시간 30분 동안 진행된 워크숍을 통하여 6개 팀으로 이루어진 학생들은 사진과 같은 수준의 결과물을 만들어 냈다.

다음의 사진은 A학교와 유사하게 건축동아리의 구성원으로 이루어진 학생 그룹의 1차 워크숍의 결과물이다. 차이점을 발견할 수 있겠는가? B학교의 경우는 사진이 1차 워크숍의 최종 결과물이다. 다시 말해서 유의미한 결과물을 얻지 못했다.

| B학교 학생 대상의 1차 사용자 참여디자인 워크숍 결과물 |

두 학교 모두 건축동아리의 학생들임에도 불구하고 왜 이러한 차이점이 발생했을까? B학교의 워크숍이 끝나고 A학교와 B학교의 담당 교사와의 면담을 통해서 그 이유를 알 수 있었다. A학교의 담당 교사는 워크숍을 시행하기 1년 전부터 건축동아리와 함께 유명한 건축물들을 온라인과 오프라인으로 탐방한 결과를 기반으로 해당 학교의 공간들을 대상으로 재구조화하는 작업들을 수행하였다. 그러나 B학교의 경우에는 건축 모형 제작을 통하여 건축적인 기본 지식을 습득하는데 목적을 두고 건축동아리를 운영하였다. 결과는 앞에서 설명한 것과 같다.

이러한 결과는 학생뿐만 아니라 교사 대상 워크숍에서도 동일하게 나타난다. 앞에서 언급한 것과 같이 사용자 참여디자인은 전문적인 분야이다. 전문적인 분야에 참여하기 위해서는 사용자도 어느 정도의 숙련도를 가지고 있어야 한다. 스칸디나비아 공장의 숙련공들처럼 말이다. 만약 이러한 준비가 되어 있지 않다면 방법은 두 가지이다. 충분한 시간의 사용자 참여디자인을 갖든지 건축 전문가가 부족한 부분을 채울 수 있어야 한다. 그러나 앞에서 언급한 것과 같이 아직까지 우리나라에서 학교에 대해 깊이 있게 이해하고 있는 건축 전문가는 드물다. 그렇다면 방법은 정해져 있는 것이다.

그러나 가장 이상적인 것은 학교 공간 재구조화를 본격적으로 시작하기에 앞서 학교 자체적으로 A학교와 같은 시간을 갖는 것이다. 이 시간의 활동 내용은 학교 마다 다양하게 정해질 수 있으나 필자는 다음의 몇 가지를 권장하고 싶다. 첫째는 건축 프로세스를 알아두는 것이다. 이것은 인근 설계사무실의 전문가를 섭외하면 간단하게 얻을 수 있다. 둘째는 축적과 같은 건축 평면도를 보는 방법을 익히고 간단하게 스케치하는 것이다. 첫 번째 단계와 함께 진행해도 좋다. 세 번째가 가장 중요한데, 그것은 앞의 두 단계를 통하여 익힌 기본 지식을 통하여 해당 학교에 필요한 공간들의 목록과 주요 공간의 내부 구조를 간단하게 스케치해 보는 것이다.

사용자의 의견이 많이 반영되기 위해서는 사용자의 의견이 합리적이고 유익해야 한다. 이러한 수준 높은 의견은 반드시 준비 과정을 통한 기본 역량을 필요로 한다.

3. 워크숍의 주체는 학생이 아니고 모두이다

앞에서 논의된 B학교에 대한 조금 더 이야기를 나누었으면 한다. 그렇다면 B학교는 학생들이 의견을 어떻게 반영했을까? 아래의 사진과 같이 2차 워크숍은 교사들이 함께 했다. 2차 워크숍의 디자인은 1차와 비슷하게 느리게 시작되었다. 그러나 30분 정도가 지나면서 워크숍은 토론의 장이 되었다. 참여 교사들은 학생들이 다양한 아이디어를 발상할 수 있도록 동기

| 교사와 함께 한 학생 대상 워크숍 |

를 부여해 주었을 뿐 아니라 아이들의 아이디어가 발전될 수 있도록 도와주었으며 학생들로부터 의견을 필자에게 명확하게 전달해 주었다. 사용자 참여디자인도 또 다른 교육 활동의 하나라고 볼 수 있다. 교육에서 교사의 역할이 절대적으로 필요하듯이 사용자 참여디자인에서 학생들의 의견을 충실하게 도출하기 위해서는 교사와의 협업이 매우 중요하다. 단순한 참여자가 아닌 파트너인 것이다.

그렇다면 2차 워크숍에서 세 개의 학생 그룹을 각각 담당했던 세 명의 교사들은 사업의 전체 과정에 걸쳐 어떠한 유대관계를 하게 되었을까? 여러 학교의 프로젝트에 참여하면서 공통적으로 보이는 것 중 하나는 실무 담당 교사는 대부분 단 한 명이라는 것이다. 학교 공간 재구조화와 관련한 건축 프로세스는 짧게는 1년, 길게는 3년 이상 소요되며, 교육과정, 공간, 자재, 교구 등의 다양한 분야의 수많은 의사결정이 이어지게 된다. 따라서 단순히 사용자 참여디자인과 같은 일시적인 단계에 참여하거나 의견만 조율하는 TF팀이 아닌 실무적으로 함께 사업을 추진해 나갈 실질적인 구성원이 필요하다. B학교의 경우에는 교육과정, 디자인, 정보의 각 분야를 담당해서 체계적으로 진행하면서 수많은 의사결정 사항들을 합리적으로 결정할 수 있었다.

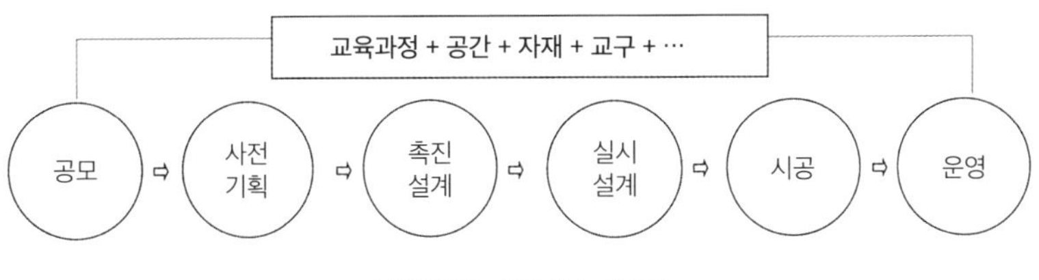

| 학교건축 프로세스 예시 |

특히, 실시설계 및 시공단계에 가면 각 건축 공종별로 수많은 의사결정 요구가 참여 업체들로부터 들어온다. 그리고 이 요구들 중에는 조사를 통하여 결정해야 하는 무게 있는 사항들도 포함된다. 합리적인 의사결정을 위해서는 여러 사람이 각 주제에 대해서 나누어 조사해야 하는 것이다. 이러한 업체의 요구에 적절한 대응을 하지 못하면 업체도 공사기간이 정해져 있기 때문에 더 이상 의사결정을 요구하기 어려워지는 상황으로 이어지게 되고 결국 각 단계의 후반부로 갈수록 업체의 의사결정을 일방적으로 적용하는 상황에 이르게 되는 것이다.

단독 담당 교사 체계로 추진하게 되면 운영단계까지도 영향을 미치게 된다. 학교 공간 재구조화에서 가장 핵심적인 내용이 교육과정이라면 가장 핵심적인 단계는 계획된 교육과정을 반영하는 운영단계일 것이다. 그럼에도 불구하고 단독으로 사업을 추진하던 담당 교사는 사업 추진 과정의 피로감으로 인하여 완공이 되는 즉시 전근을 가거나 휴직을 하는 경우가 적지 않기 때문이다. B학교와 같이 세 명이 실무 팀을 이룰 경우, 한두 명이 전근을 가는 경우에도 적어도 한 명의 교사가 그동안 논의되었던 내용들을 이해하고 있으므로 운영단계에서 적용이 용이한 장점이 있다.

4. 인사이트 투어는 관람 시간이 아니다

사용자 참여디자인의 과정에서 필수적으로 포함되는 것이 우수한 건축물이나 학교 공간을 탐방하는 인사이트 투어이다. 사용자 참여디자인 워크숍에 창의적인 아이디어를 제시하기 위해서는 가능한 창의적인 공간을 다양하게 그리고 많이 경험하는 것이 중요하다. 공간은 그 특성상 직접 해당 공간을 체험보지 않고는 공감하기 어려운 부분이 있으므로 온라인 사진으로는 많은 한계가 있으며, 온라인 사진을 이해하기 위해서라도 반드시 다양한 공간을 직접 방문할 것을 추천한다. 따라서 인사이트 투어는 앞에서 논의했던 것과 같이 사업 추진 이전 단계에서부터 간헐적으로 학생과 교사가 함께 시작해 보는 것이 도움이 된다.

그런데 학교 공간 재구조화와 관련된 많은 사례들을 보면, 학교 공간만 두세 곳씩 방문하는 경우가 많다. 이미 잘 알려져 있지만 미래 사회에 필요한 학교 공간은 창의적인 공간으로 과거의 전통적인 공간의 모습을 탈피한 공간이다. 그렇다면 학교 공간만을 방문하는 것이 적정한 것인지는 한번 생각해 볼 필요가 있다. 왜냐하면 학교 공간이 아무리 혁신적이어도 건축적으로 뛰어난 건축물만큼 혁신적이기는 어렵기 때문이다. 따라서 학교만이 아니라 박물관, 백화점, 교회 등 일반 건축물도 함께 방문해 보는 것이 중요하다.

그리고 학교와 일반 건축물 중 우선적으로 방문해야 하는 장소는 일반 건축물이다. 학교를 우선적으로 방문하게 되면 학교라고 하는 기존 관념에서 크게 벗어나기 어려운 단점이 있다. 유명한 일반 건축물이 부족한 지역이라면 주변의 카페라도 여러 곳을 방문해 볼 것을 추천한다. 일반 건축물을 우선 방문하여 기존 사고의 틀에서 벗어나는 과정이 이루어지는 것이 좋다. 이러한 측면에서 보면, 사업 추진 이전 단계에서 학교보다는 일반 건축물을 집중적으로 살펴보고 사업 추진 단계에서는 학교에 대해 집중적으로 인사이트 투어하는 것도 합리적인 방안이라 볼 수 있다.

마지막으로 인사이트 투어의 활동 내용에 대해 이야기해 보고자 한다.

일반적으로 인사이트 투어를 하면 해당 공간을 관람하듯이 돌아보고 오거나 해당 공간에 대한 설명을 듣는데 많은 시간을 할애하는 경우가 많다. 그러나 앞에서 이야기 했던 것과 같이 공간은 체험하는 것이 중요하다. 사진을 보고 공간을 직접 느낄 수 없듯이 단순히 눈으로 보거나 설명을 듣는 것만으로는 공간을 이해하기 어렵다. 사진을 볼 때 멋있어 보이는 공간도 실제로 방문해 보면 너무 좁거나 넓은 경우가 있는 것과 동일하게 실제 눈으로 볼 때는 편해 보여도 실제로 사용해보면 불편한 공간들도 많다. 아래 보이는 사진은 금천구에 위치한 모두의 학교를 방문한 인사이트 투어 활동 사진이다. 교사들은 설치된 다양한 의자와 책상들을 직접 체험하며 평가를 했고 실제로 해당 학교의 학교 공간 재구조화 사업에서 해당 책상을 설치했다.

| 체험 중심의 인사이트 투어 활동(모두의 학교) |

제4장

미래학교 사전기획, 무엇을 담을까

Green Smart School of the Future

○ **송경훈**

2012 교육부 스마트중앙선도교원을 시작으로 2015 경남교육청 수업명사, 2016~2017 경남교육청 상시수업공개교사로 활동했다. 수업전문성과 기초학력 유공으로 교육부 표창을 받는 등 현장에서 수업방법 개선과 학교 문화 혁신을 위해 노력하였다. 현재는 밀양여고 교사로 건국대, 경상국립대 교사자문단 및 경남교육청 그린스마트 미래학교 교육기획컨설턴트, 경남교육청 메타버스 지원단으로 활동 중이다. 또한, 자발적 교원 학습공동체 온아름의 대표이기도 하다.

미래학교를 함께 만들기 위한 교육기획과정에 대한 이해도를 높이기 위해 교육기획 워크숍의 준비, 실행 과정 순으로 사례를 담아 글을 적었다. 아래 모든 과정을 교육기획에 담으라는 내용은 아니다. 다만 교육기획의 과정을 보면서 왜 필요한지? 현장에서 어떤 과정을 진행하면 보다 효과적인 교육기획을 진행할 수 있는지 도움이 되기를 바란다. 또한, 앞 장에서 계속 이야기된 미래학교의 방향성에 맞춰 구성원이 철학을 공유하고 함께 만들어가는 미래학교의 과정이 될 수 있게 구성하기를 요청한다. 미래학교는 만들어지는 과정에서부터 출발하는 것이다. 그리고 미래학교를 준비해 가는 교육기획과정을 건축가와 공유하는 시간이 필요하므로 과정을 거의 모두 기록할 수 있는 체계를 구성한 뒤 교육기획과정을 진행해야 한다. 패들렛이나 팀즈와 같은 공간 등에 진행 과정별로 기록해 나가는 것을 추천한다.

교육기획 접근하기

미래학교를 위한 공간 재구조화를 할 때 행정실의 업무가 아니라 교육공동체 모두의 업무라고 말하는 이유를 교육기획과정에서 찾을 수 있다. 미래학교의 공간은 단순히 예쁜 공간, 깨끗한 공간이 아니라 교육과정을 지원하는 공간이 되어야 한다. 미래학교로 가기 위한 교육의 방향성을 구현하기 위한 공간 재구조화인 것이다.

현장 교육공동체는 이 말에 공감하고 있으나 내가 교육기획을 해야 하는 학교에 다니고 있거나 근무하고 있다면 마주치지 않고 싶어 하는 구성원도 있다. 현재 학교 교육공동체는 어떤 상태에 있는가? 교육기획의 필요성에 대해 공감하는가? 미래학교로 가기 위할 필요성을 느끼는가? 에 대해 정확한 상황 판단이 필요하다.

교육기획을 적용하기 전에 가장 쉽게 접근하는 방법의 하나는 온라인 설문지일 것이다. 방법은 쉽지만, 작성은 어려운 것이 온라인 설문지일 수

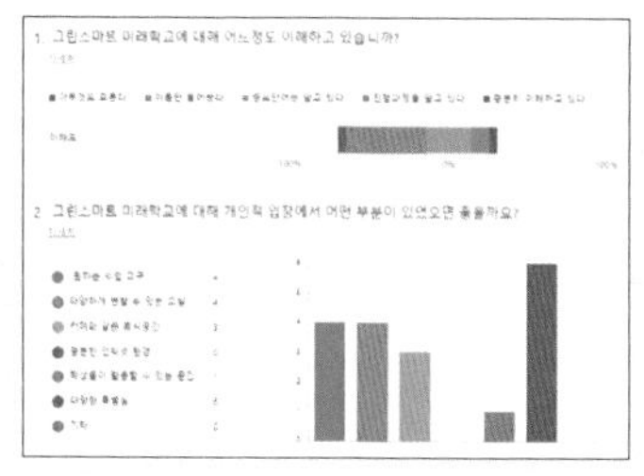

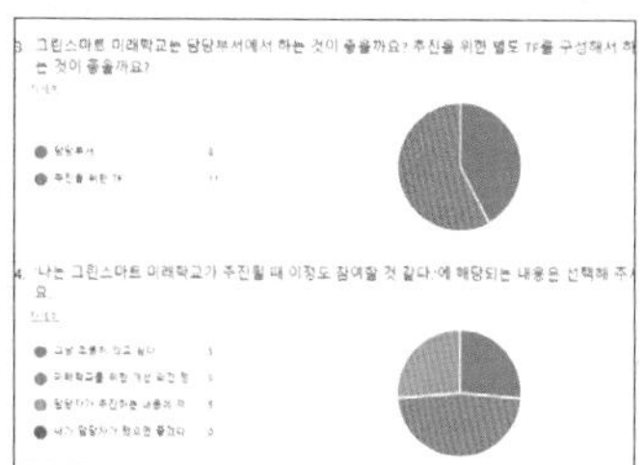

위 결과를 보면 현재 학교가 추진학교 있는 미래교육 관련 사업에 대한 인지도는 상당히 낮음을 알 수 있다. 미래학교를 추진하면서 특정 부서의 업무보다는 TF를 구성해서 운영하는 데 공감하지만, 자신에게 부담이 걸리는 경우는 싫어하는 구성원이 많다. 미래학교라는 것이 조금 더 다양한 공간에서 효과적으로 학생들을 가르칠 수 있는 곳이라는 좁은 범위로 구성원들이 생각하고 있다.

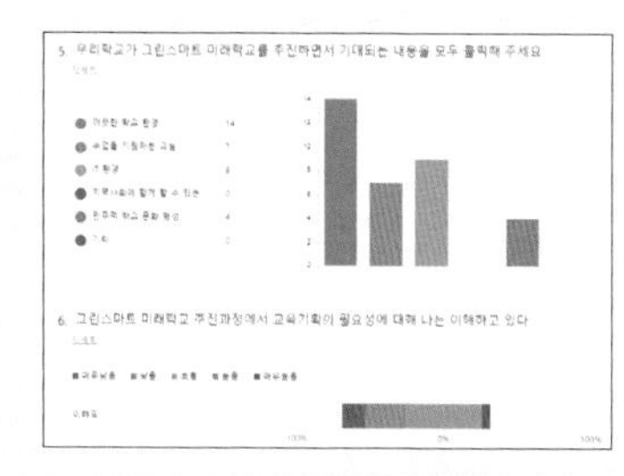

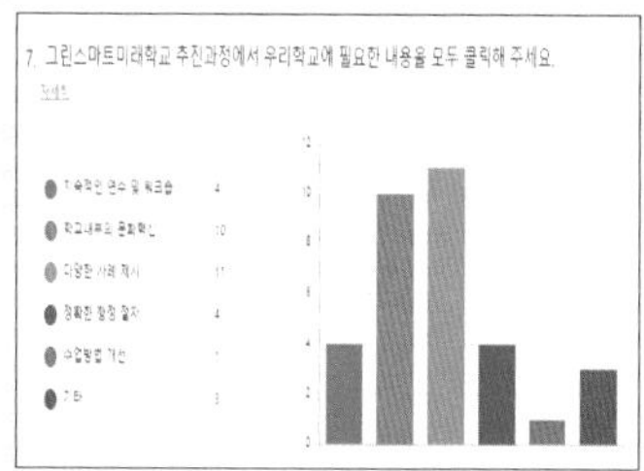

미래학교 사업을 통해 우리 학교 시설이 조금 더 깨끗해지고, 문화가 혁신되었으면 좋겠다고 생각한다. 다만 학교 공간이 미래형 교육과정을 구현하기 위해 재구조화되어야 하는 출발점인 교육기획에 대한 이해도는 낮다.

도 있다. 촉진자 또는 워크숍을 기획하는 팀에서 설문지를 작성한다는 것은 교육기획과정의 전반적인 흐름을 구성하고, 설문지를 통해서 어떤 것을 알고 싶다는 것을 결정하고 난 뒤에 진행되는 과정이다. '그냥 이런 것을 알고 싶어서 할까?' 라고 생각하고 설문을 하면, 설문지를 작성하는 사람도 힘들고, 설문을 취합한 뒤 사용할 수 있는 자료도 없다는 점을 기억해야 한다.

아래 예시는 ○○학교 교육기획 워크숍 진행 전 교육공동체의 현재 상황을 이해하고 워크숍에서 우리 학교의 현재 상황을 함께 보면서 이야기를 나누기 위해 진행된 결과이다. 설문 문항은 교육공동체가 부담을 느끼지 않는 질문으로 최소화하여 제작되었다. 아래 결과에서 설문의 각 문항을 확인할 수 있다.

이런 상황에서 담당자 또는 외부 촉진자가 현장과 공감하지 못하는 교육기획 워크숍을 진행하게 되면 구성원은 더욱 미래학교의 추진과정을 다른 사람의 일이라고 생각하게 될 것이다.

교육기획의 준비과정에서 현장 학교의 상황을 정확하게 파악하기 위한 과정은 상당히 중요하다. 선생님들과 연수 과정에서 이런 필요성을 안내하고 '내가 교육기획 촉진자로 학교에 들어가기 전 교육공동체의 상황을 알아보기 위한 설문지 만들기' 과정을 전남 ○○ 연수 과정에서 진행해 보았다.

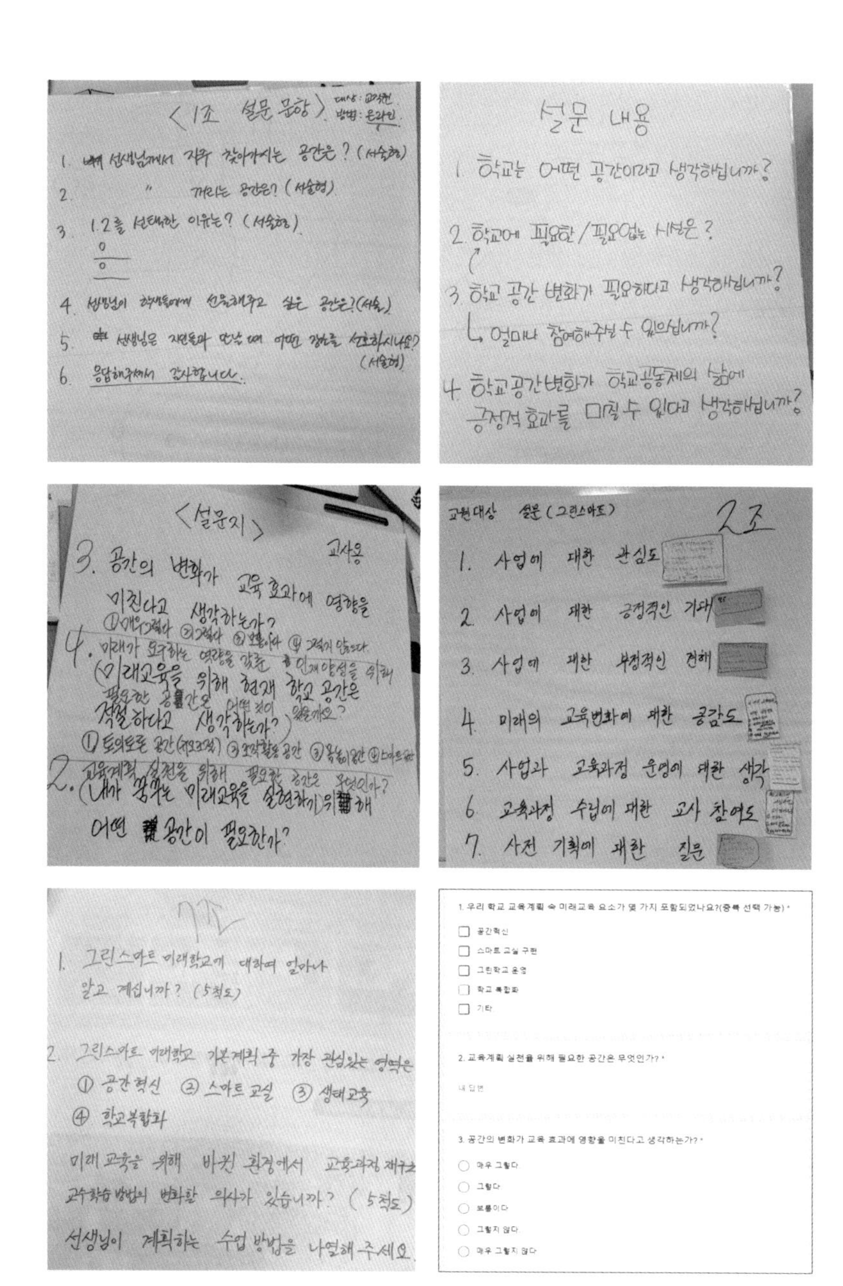

| 전남 OO 연수 과정 중 선생님들 작성 사례 |

1차 설문지를 어느 정도 작성한 뒤 아래와 같은 질문을 던지며 모둠별로 자체 검토과정을 가졌다.

ⅰ. **교육기획을 위한 설문지의 문항이 '교사'가 작성한 설문지인지, '건축가'가 작성한 설문지인지 어떤 느낌이 드나요?**

교육기획을 이끌어가는 사람은 주로 교육전문가이다. 학교를 건축의 관점으로 바라보는 것은 건축기획과정에서 진행하면 되므로 교육의 관점으로 학교를 먼저 바라보자. 이 과정은 계속 이야기될 단순히 =깨끗해진 학교가 아닌 교육과정이 반영된 학교 공간 구성을 중심이 놓을 수 있는 중요한 과정이다.

ⅱ. **교육의 변화에 대한 질문이 중심이 되어야 할까요? 공간 활용에 대한 질문이 중심이 되어야 할까요?**

공간 활용도 함께 진행해야 하는 부분이다. 그렇지만 우리 학교 공간이 미래형 교육과정을 지원할 수 있는 공간이 되어야 한다.

ⅲ. **응답해야 하는 대상이 정확하게 특정되었나요? 응답하는 사람이 응답을 위해서 다양한 지식이 필요한가요?**

학생을 대상으로 하는지, 학부모의 대상으로 하는지, 학생과 학부모를 동시에 대상으로 하는지 설문지를 작성하다 보면 애매한 문항이 몇 개 나올 수 있다. 꼭 응답해야 하는 대상이 정확하게 특정되었는지를 확인할 필요가 있다. 설문 문항은 교육공동체의 현재 상황을 파악하기 위한 것이지 미래학교를 교육하기 위한 것이 아니라는 점을 기억해야 한다.

모둠별 자체 검토과정이 끝난 뒤 갤러리워크(Gallery Walk) 활동을 통해 모둠 간 피드백 시간을 가져 참여자 간 성장을 촉진했다. 갤러리워크 활동을 할 때 각자의 의견을 아주 구체적으로 해당 모둠이 도움을 받으면 좋겠다는 생각으로 작성해야 함을 참여자들에게 꼭 숙지시켜야 한다. 갤러리워크의 질적 향상을 위해 아래와 같은 방법을 사용했다. 색이 다른 포스트잇을 세 종류를 준비했다. 각각의 색에는 '칭찬하기', '질문하기', '보충하기' 라는 용도를 부여하고 참여자들에게 주의사항을 전달했다. 이후 활동은 칭찬하기 15분, 질문하기 15분, 보충하기 15분이 진행됐다. 이 활동

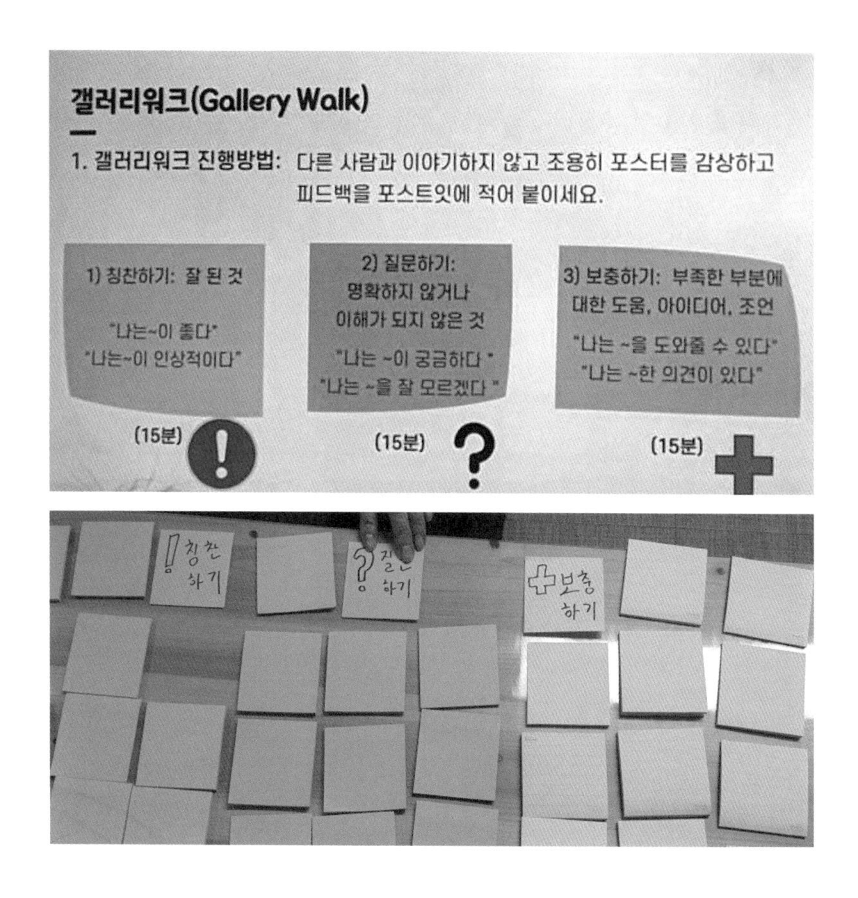

을 할 때 진행자의 요령이 좀 필요하다. 아무리 적극적으로 참여하는 사람도 같은 활동이 45분간 진행되면 참여자의 집중력이 떨어질 수밖에 없다. 첫 활동은 15분을 하더라도 두 번째 활동은 13분 30초, 세 번째 활동은 12분으로 진행하는 것도 좋은 방법이다. 물론 참여자에게는 말할 필요는 없다.

이런 과정을 거치는 동안 참여자들에게는 설문지 작성의 중요성도 함께 느끼게 된다. 학교에서 해당 과정을 진행한다면 학생을 대상으로 하는 설문지인지?, 학부모를 대상으로 하는 설문지인지? 명확하게 정한 뒤 교사를 대상으로 진행하면 된다. 물론 학생들이 선생님을 대상으로 하는 설문지를 제작할 수도 있다. 단순히 설문지를 제작하는 것이 아니라 설문지를 제작하면서 이 과정의 중요성과 절차에 대해 참여자들이 성장하게 되는 플러스가 되는 활동이 함께 진행되는 것이다.

미래학교에 대한 교육공동체의 이해도가 높으면 서로를 대상으로 설문지를 만들어 보는 과정을 한 뒤 교차해서 질문에 답변해 보는 과정도 좋다. 설문 문항을 보면서 해당 구성원은 어떤 부분을 중요하게 생각하는지? 서로를 대상으로 어떤 오해를 하는지도 이해할 수 있는 시간이 된다.

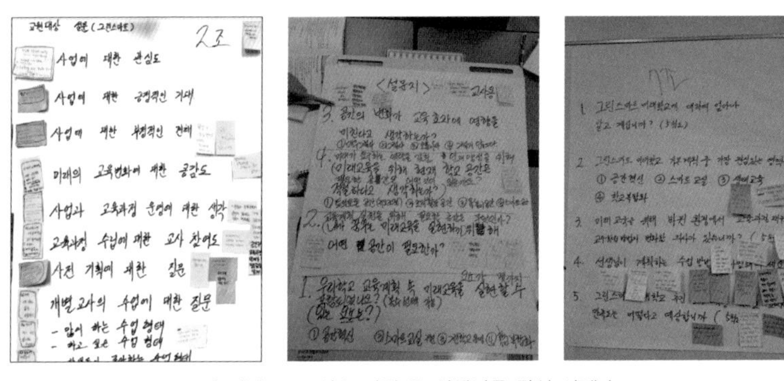

| 전남 OO 연수 과정 중 선생님들 작성 사례 |

II

'우리'라는 공간으로 초대하기

교육기획 워크숍에 참여한 구성원들이 '우리'라는 공동체이고, 미래학교를 준비하는 과정은 특정 업무를 맡은 사람만이 아니라 우리라는 공동체가 함께 한다는 소속감을 느끼게 하는 것이 꼭 필요하다. 국어사전에 우리라는 단어의 정의는 "말하는 이가 자기보다 높지 아니한 사람을 상대하여 어떤 대상이 자기와 친밀한 관계임을 나타낼 때 쓰는 말"이라고 되어 있다. 이 단어 속에 미래학교 교육공동체의 의미가 다 포함된 아름다운 말이다.

1. 교육공동체의 일상으로 함께 하기

우리나라 학교에서는 아직도 학생, 학부모, 교사는 서로를 조심스러워

1. 나의 하루를 아주 간단한 그림으로 포스트잇에 그리고 자신의 자리 앞에 붙인다. 동그라미, 네모, 세모 등, 직선과 곡선 등 아주 간단히 그릴 수 있어야 한다. 그림을 그리는 것이 부담으로 작용하거나 많은 시간이 소요되면 안 된다.
2. 직접 발표하는 것이 아니라 자신의 오른쪽에 앉아 있는 모둠원의 그림을 보고, 오른쪽에 앉아 있는 모둠원은 왜 그런 그림을 그렸을지 추측해서 발표한다. 학생인지, 학부모인지, 선생님인지는 구성원들이 옆 사람을 보면 알 수 있으므로 큰 힌트로 작용한다. 발표과정을 통해 간접적으로 공동체 구성원 간에 서로를 이해할 수 있는 시간이 될 수 있다.
3. 모둠별로 구성원의 발표가 끝나면 자신이 그림을 그린 의도와 비슷하게 왼쪽의 모둠원이 이야기해 줬는지를 나눈다.

※ 아래 그림은 실제 워크숍에서 선생님이 그린 그림이다. 이 선생님의 하루는 어떠했는지 상상해 보자.

하고, 마음을 편하게 열고 이야기를 나눌 수 있는 함께 학교를 만들어가는 교육공동체의 일원이라는 철학이 잘 뿌리 내리지 못하고 있다. 주제에 따라 구성원별로 워크숍을 진행할 수 있으나 만약 학생, 학부모, 교사의 두 그룹 이상이 함께하는 교육기획 워크숍이라면 각 구성원의 공감대를 먼저 형성하는 것이 중요하다.

2. 교육기획 워크숍 약속 정하기

다 아는 내용인데 약속까지 정할 필요가 있을까? 다 알고 있는 상식을 지키며 살아가는 것이 힘들다는 것을 알고 있을 것이다. 이런 당위성도 있지만, 함께 지켜야 하는 약속을 함께 읽어보면서 워크숍에 임하는 다짐을 스스로 생각해 볼 좋은 기회가 된다. 워크숍에 참여하는 약속을 함께 정하는 것도 괜찮지만 약속을 만들다가 많은 시간을 보내버리면 정작 중요한 본 활동에 사용할 수 있는 시간이 줄어들므로 촉진자가 직접 만들어가기를 권한다.

〈워크숍 약속 예〉

자유로운 상상	나눔을 통해 성장한다
적극적 참여	틀림은 없으며, 모두에게 지혜가 있다
따뜻한 공감	현명한 답은 모든 사람의 토의에서 나온다

III

공감대 형성하기

경청하고 생각을 나누는 과정에서 내용성을 높이기 위해서는 분위기 형성이 중요하다. 좋은 생각이 떠올라도 분위기가 어색하고 걱정하는 마음이 크면 말하기가 힘들다. 내가 이 공간에서 함께 생각하고, 서로가 서로의 생각을 존중한다는 분위기를 위해서는 공감대 형성이 필요한 것이다. 공감대 형성을 위해 흥미로운 활동과 소속감에 기초한 활동으로 구성해 보자. 이 활동이 주의할 점은 단순한 흥미가 높은 활동이 아니라 흥미가 높으면서 뒤에 이어지는 활동과 연계성을 가지고 있어야 한다.

공감대 형성하기에서 진행하면 좋은 활동은 이전에 바쁜 일상에 집중된 구성원들의 생각을 현재 워크숍으로 전환하는 과정을 구성한다. '마음 챙김' 활동이나 '명상'을 해 보는 것을 추천한다. 아래 내용은 마음 챙김 먹기를 통한 명상을 할 수 있는 자료이다.

마음챙김 먹기

https://youtu.be/-yOW36bl2OQ

1. 미래학교 구성원 캐릭터 설정과 변화된 모습 상상하기

워크숍에 참여하고 있는 구성원이 교직원이면 교직원 캐릭터, 학생과 학부모이면 학생 캐릭터 등 구성원들이 쉽게 공감할 수 있는 미래학교 구성원 캐릭터의 범위를 좁혀 진행하는 것이 더 효과적이다. 미래학교 구성원의 캐릭터라는 이미지를 활용해 미래학교에 바라는 점을 쉽게 생각하게 유도할 것이다. 또한, 몇 일간 진행되는 교육기획 워크숍일 경우는 이전에 한 내용을 떠올리게 하는 활동이 될 수 있다.

1) 미래학교 구성원 캐릭터를 모둠원들과 함께 그린다.

가) 캐릭터는 모둠원들이 돌아가면서 완성하게 한다. 동그라미, 네모 등으로 간단하게 표현한다. 종이에서 펜이 떨어지면 다음 선

생님에게 차례를 넘긴다.

나) 캐릭터의 이름을 정한 뒤 적는다. (예 : 동글이, 미래 등)

2) 미래학교 구성원들은 어떤 모습으로 변했으면 좋겠는지 상상해서 포스트잇에 적는다. 다 적은 뒤 자기소개와 함께 포스트잇에 적은 내용을 공유하신 뒤 캐릭터 옆에 붙인다.

| 전남 OO연수 과정 중 선생님들 작성 사례 |

2. 현재 '학교 공간'하면 떠오르는 이미지 그리기

현재 학교 공간 이미지 그리기 활동은 학교에서 가장 많이 생활하고 있는 공간에 대한 정보와 학교 공간에 대해 아쉬움이 투영된다. 이를 통해 가장 많은 경험이 있는 공간에 대한 개선점을 토의하기 위한 출발점의 자료로 활용할 수 있다.

1) 보편적인 학교 공간 하면 떠오르는 이미지를 포스트잇에 그린 뒤 모둠 이젤패드에 붙인다.
2) 모둠원들이 돌아가면서 발표하고, 공통점과 차이점에 대해 이야기를 나눈다.
3) 모둠 결과물을 패들렛에 저장해서 전체 구성원이 공유한다.

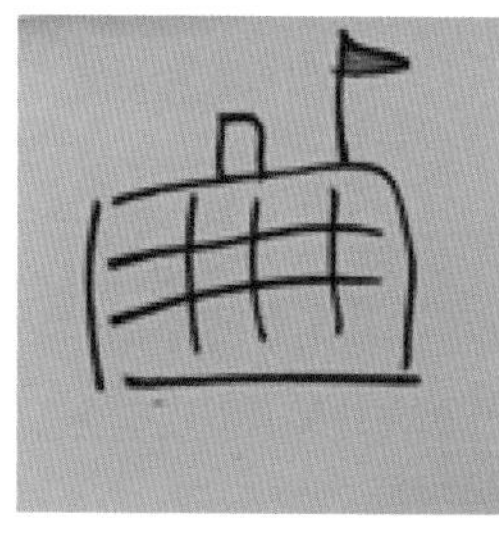

| 선생님 작성 사례 |

| 학생 작성 사례 |

위 사례를 살펴보면 선생님들의 사례는 네모난 모양, 네모난 창문, 학교 건물 가운데 깃발, 닫혀 있는 모습 등의 자주 나온다. 예전의 학교 경험을 가진 사람이라면 아마 비슷하게 그렸을 것으로 추측된다. 학생들의 사례도 선생님들의 사례와 비슷한 그림이 많이 나왔다. 그런데 사진으로 실어 놓은 사례처럼 주목해 봐야 하는 그림들이 있다. '하트', '즐겁게 달리는

모습' 변화되고 있는 학교 현장의 모습이 학생들의 그림으로 나오기 시작하고 있다. 학생들의 이런 변화는 어디서부터 시작되었는지, 기존의 세대는 학교가 변하고 있지만, 아직도 학교를 부정적으로 바라보는 편견에 빠져 있지 않은지 생각해 볼 필요가 있다.

3. 우리 학교에서 인상적인 공간과 이유 나누기

우리 학교도 자세히 보면 미래교육을 구현할 공간이 많이 있다. 평소에 교육공동체 구성원들이 여유가 없거나 미래교육에 대한 시선이 부족해서 해당 공간을 놓치고 있었을 수도 있다. 우리 학교에서 인상적인 공간은 어디였으며, 왜 해당 공간을 선택했는지 이유를 나눠보자.

만약 위 활동에 조금 더 구성원의 참여를 촉진하려면 모둠별로 폴라로이드 카메라를 구매해서 준 뒤 학교의 인상적인 공간을 배경으로 해당 공간을 선택한 구성원과 함께 사진을 찍은 뒤 모둠 활동을 이어서 한다면 공간과 소통하는 워크숍을 구성할 수 있다. 또는 핸드폰으로 찍은 사진을 포스트잇으로 바로 출력해주는 소형 프린터기를 활용해 그 자리에서 출력해서 사진으로 활동을 이어갈 수 있다.

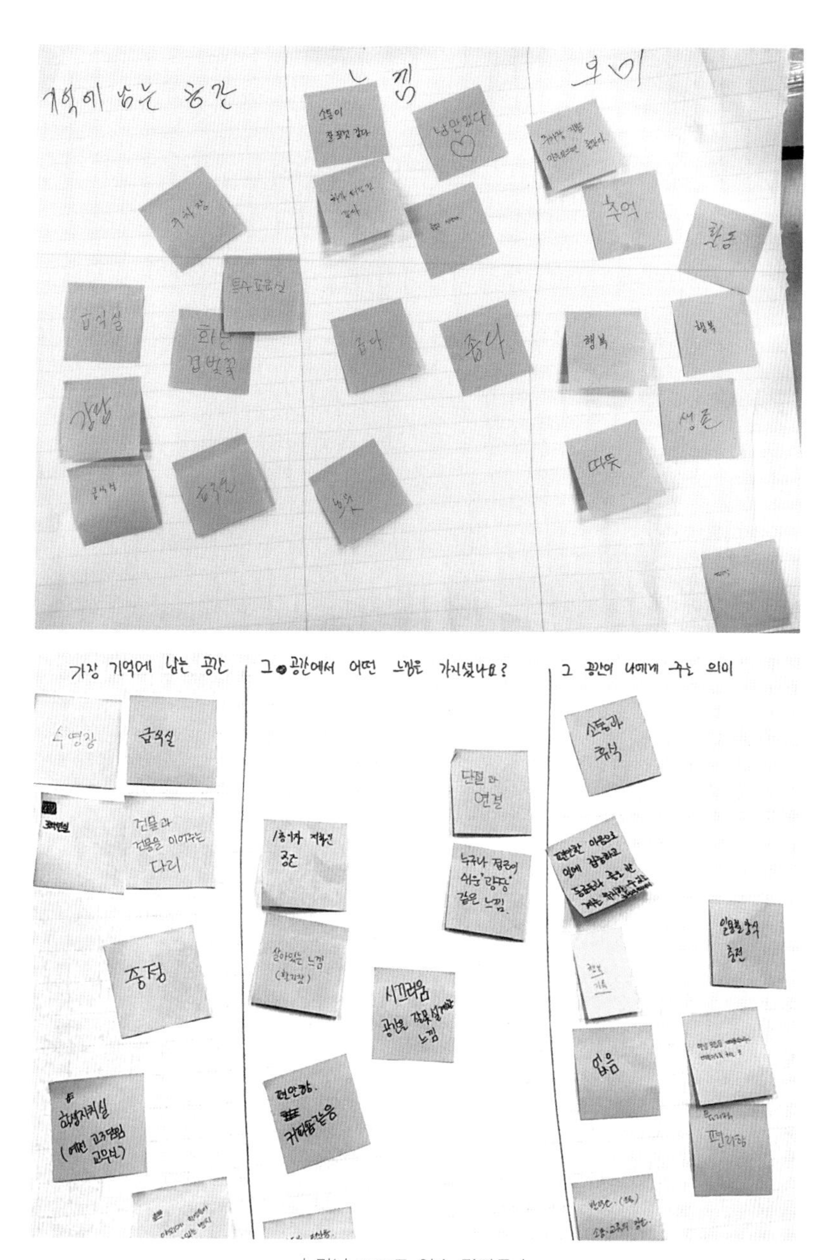

ㅣ 경남 OO고 연수 결과물 ㅣ

4. 모둠별 상황 상상하고 이어쓰기

모둠원 각자 아래 자료를 보고 있는 나를 상상한다. 상황과 시간을 상상해서 설정한 뒤 포스트잇에 적어본다. 모둠 구성원이 적은 포스트잇을 모둠원들이 모두 공유한 뒤 각 글의 앞·뒤 시간적 순서를 정한 뒤 순서대로 포스트잇을 붙인다. 모둠별로 완성한 하나의 스토리를 발표해서 공유한다. 이 활동은 한 사람의 결과물은 큰 의미가 없으나 여러 사람의 결과물을 합쳐보면 의미 있는 내용으로 완성될 수 있음을 보여준다. 즉, 협업의

PDC(학급 긍정훈육법) 교사의 10계명

1. 감정에 친절하고 행동에 단호 하라.
2. 보상과 처벌보다는 격려와 규칙으로 훈육하라.
3. 드러난 문제 행동보다는 아이의 숨겨진 의도를 해독하라.
4. 아이들의 싸움에 편을 들거나 재판관이 되지 마라.
5. 아이들에게 언제나 일관성 있는 태도를 유지하라.
6. 결과에 대한 칭찬보다는 태도와 노력 과정 독창성을 격려하라.
7. 지시와 설명보다는 질문과 선택을 활용하라.
8. 실수한 아이를 격려하고 배움의 기회로 삼아라.
9. 감사 격려하기를 일상화하여 아이들이 긍정적인 말에 익숙해지게 하라.
10. 지켜야 할 규칙과 원칙은 끝까지 관철시켜라.

기능을 직접 느낄 수 있는 활동이다.

위와 같이 주제와 관련된 글로 해도 좋고, 아이스 브레이킹으로 활용하려면 음악을 틀어준 뒤 어떤 상황과 시간에서 음악을 듣고 있는지 상상해서 포스트잇에 적은 뒤 모둠 안에서 앞·뒤 시간적 순서를 정한 뒤 순서대로 포스트잇을 붙여보는 것도 좋은 도입이 될 수 있다.

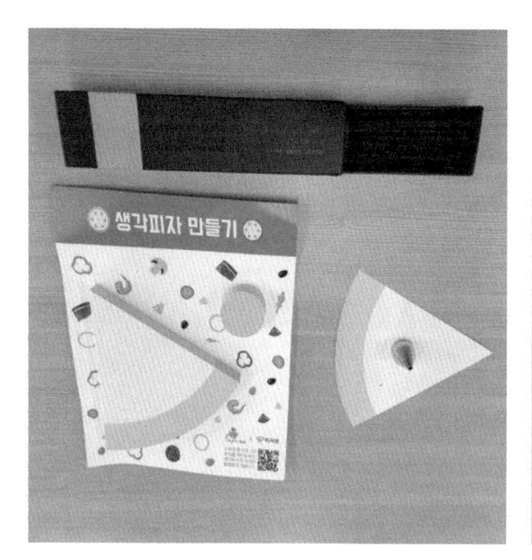

| 연수 준비물 및 테이블 구성 |

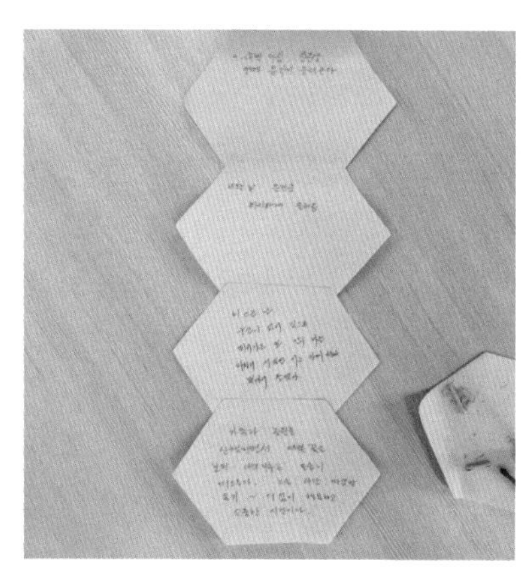

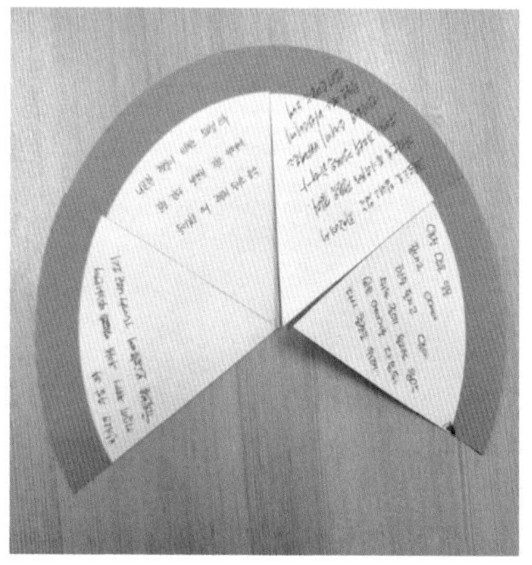

| 경남 OO고 학교 자체 연수 결과물 |

5. 관련 영상자료를 보고 모둠원과 나누기

교육기획의 구성에 따라 활용되는 영상이 다르겠지만 교육기획 도입부에서 활용하면 좋은 영상을 추천한다.

재잘재잘 스쿨버스 프로젝트(스케치북 윈도우)

출처 : https://www.youtube.com/watch?v=Tba_ZEreTDY

관련 영상을 참여자에게 틀어줄 때 진행자는 영상 내용을 알고 중요성에 대해 인식하고 있지만, 참여자는 진행자와 같은 마음인 경우가 거의 없다. 자칫 잘못하면 영상을 보는 시간을 쉬는 시간으로 생각할 수도 있다. 이렇게 되지 않고, 영상의 내용에 대해 모두의 집중을 끌어내기 위해서는 영상을 보기 전 아래와 같은 질문을 먼저 안내한 뒤 다 보고 난 뒤 모둠별로 질문표를 만들어 질문에 해당하는 칸에 모둠원의 의견을 적는다. 또는 질문별 포스트잇 색깔을 정해 준 뒤 각 문항에 해당하는 포스트잇에 자신의 의견을 적고, 모둠원들과 나눌 수 있다.

기억나는 내용에는 무엇이 있나요?	기대되거나 우려되는 부분은 무엇입니까?	우리학교 교육공동체에 적용했으면 하는 내용은 무엇입니까?

위에서 소개한 영상에 대한 선생님들의 다양한 결과물 사례를 소개한다.

기억나는 내용에는 무엇이 있나요?	기대되거나 우려되는 부분은 무엇입니까?	우리학교 교육공동체에 적용했으면 하는 내용은 무엇입니까?
기술이 사람을 지원하고 아이들은 어디서나 배울 수 있다.	오랜 시간 버스를 타는 아이들을 걱정하는 부모님의 마음이 편안해 짐. 기술의 혁신.	안전벨트 버스에서 내리기 싫어욧!

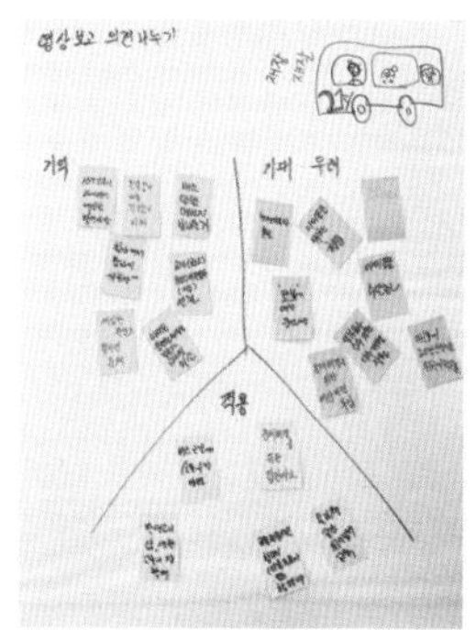

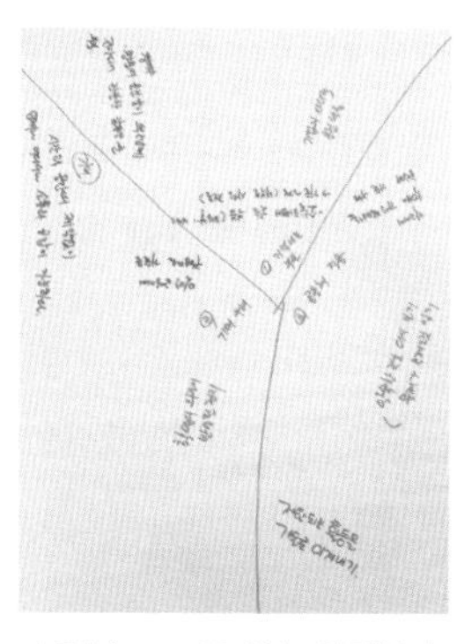

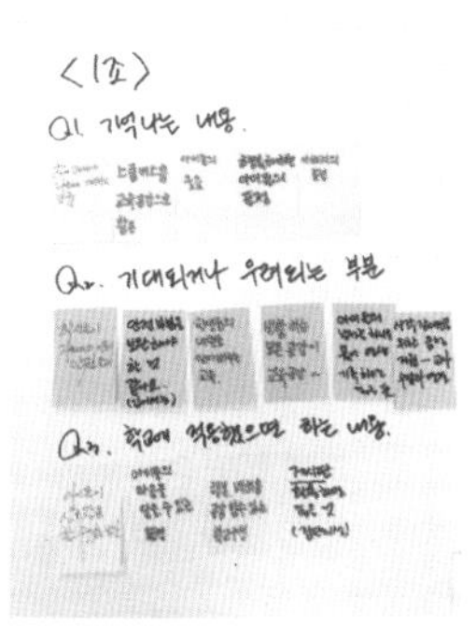

| 전남 OO고 연수 결과물 |

6. 미래학교에 대한 이해도 높이기

여기서는 미래학교에 대한 자유로운 상상보다는 현재 미래학교라고 불릴 수 있는 학교의 사례와 전문 자료 등을 통해서 미래학교에 대한 이해를 교육공동체가 높이는 시간이다.

함께 미래교육에 대한 이해도를 높일 수 있는 좋은 자료를 몇 가지만 소개한다. 모둠별로 관심 있는 주제에 대해 학습한 뒤 소개하는 시간을 가진다면 자료를 볼 때 집중력을 높일 수 있다. 아래 자료뿐만 아니라 이 책의 앞부분의 내용을 읽고 서평 쓰기 또는 요약 활동을 해 보는 것을 추천한다.

- 미래교육 플러스 – 함께 만들어가는 미래교육 – 2022 개정 교육과정 https://youtu.be/2o-v-N0O9Co
- 미래교육의 주체들이 갖춰야 할 '자기주도학습의 능력' (ft. 엘빈 토플러) 투모로우 클라스 1부 https://youtu.be/XLH9XVLq3_c
- 2045 미래학교는 어떻게 변화할까? https://youtu.be/xP2-npTeQiA
- 미래교육 플러스 – 삶과 배움이 하나로, 마을 교육 1부– 마을을 배우다, 마을 교과서 https://youtu.be/SxAZcvEION8
- 재난혁명과 지구인 미래학교 https://youtu.be/wo7VcWhC_Vg
- 서울대학교 부설학교진흥원 "다시 그리는 학교 공간" http://snuschools.snu.ac.kr/sha/4

앞의 내용을 교육공동체가 받아들이기에 다소 어려움이 있다면 포털사이트에 '미래학교'로 이미지 검색을 한 뒤 모둠별로 몇몇 사진을 출력한다. 출력된 사진을 보면서 왜 이 학교는 이런 공간 구성과 수업을 하고 있는지 사진만 보고 추측해서 나눈다. 이후 전체 발표의 시간을 가지는 것도 좋다.

7. 우리 학교가 속한 지역에 대한 SWOT 분석하기

우리 학교라고 할 때 좁게는 학교 내부를 말할 수도 있지만, 미래학교에서 '우리'는 지역사회와 함께 성장해 간다라는 의미를 포함하게 될 것이다. 학교 내부의 강점·약점·위기·기회는 어떤 것이 있는지 교육공동체가 의견을 나누었다면 우리 학교가 속한 지역사회 속에서 강점·약점·위기·기회는 어떤 것이 있는지 이야기를 나눠봐야 한다. 아래 사진 자료는 미래학교 사전기획과정 중 SWOT분석 과정에서 생각해 볼 만한 주제를 예로 제시한 것이다.

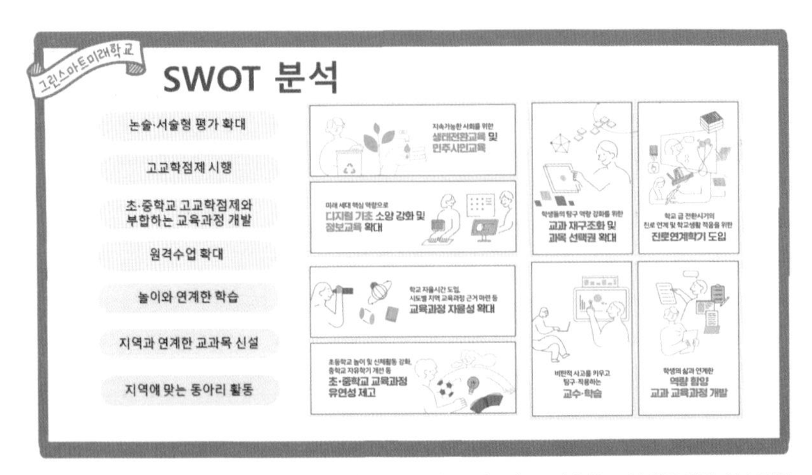

출처 : 전남 그린스마트 미래학교 실천교사단 연수자료

우리가 흔히 해 왔던 강점·약점·위기·기회를 적은 뒤 현황에 관해서 이야기를 나누는 방법도 있겠지만 아래와 같이 적었던 내용을 각 축에 적고, 교차점에 대해 구체적으로 분석해 보는 것도 좋다.

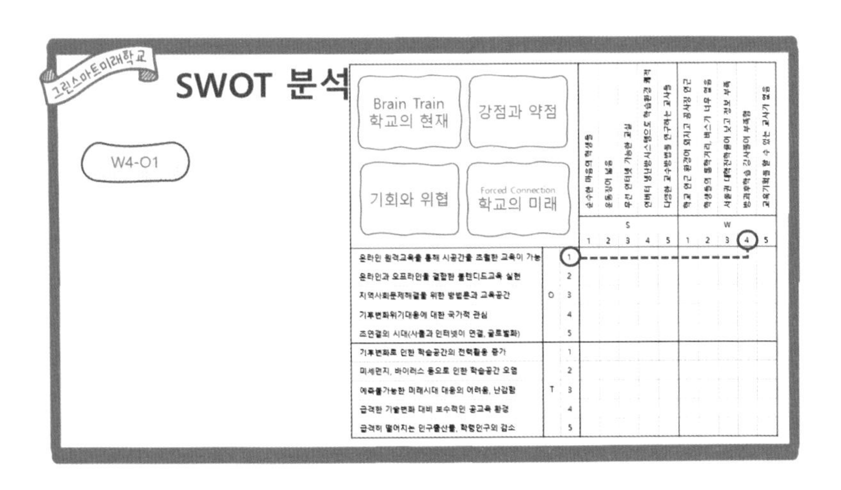

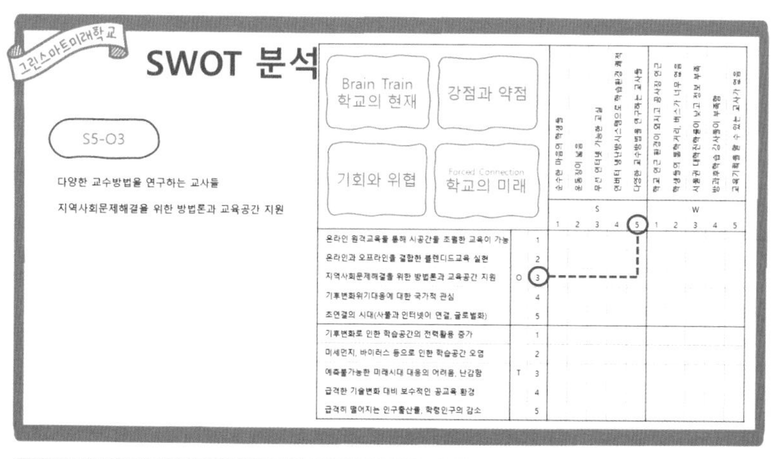

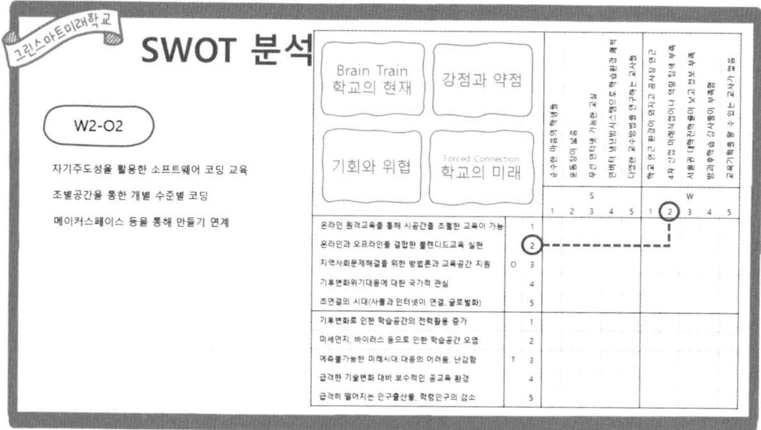

출처 : 전남 그린스마트 미래학교 실천교사단 연수자료

아래 예시는 전남 그린스마트 미래학교 실천교사단 연수에서는 SWOT를 바탕으로 학교의 교육목표까지 도출한 과정이다. 어떻게 내용을 연결해나갈 수 있는지 참고하면 좋을 자료이다.

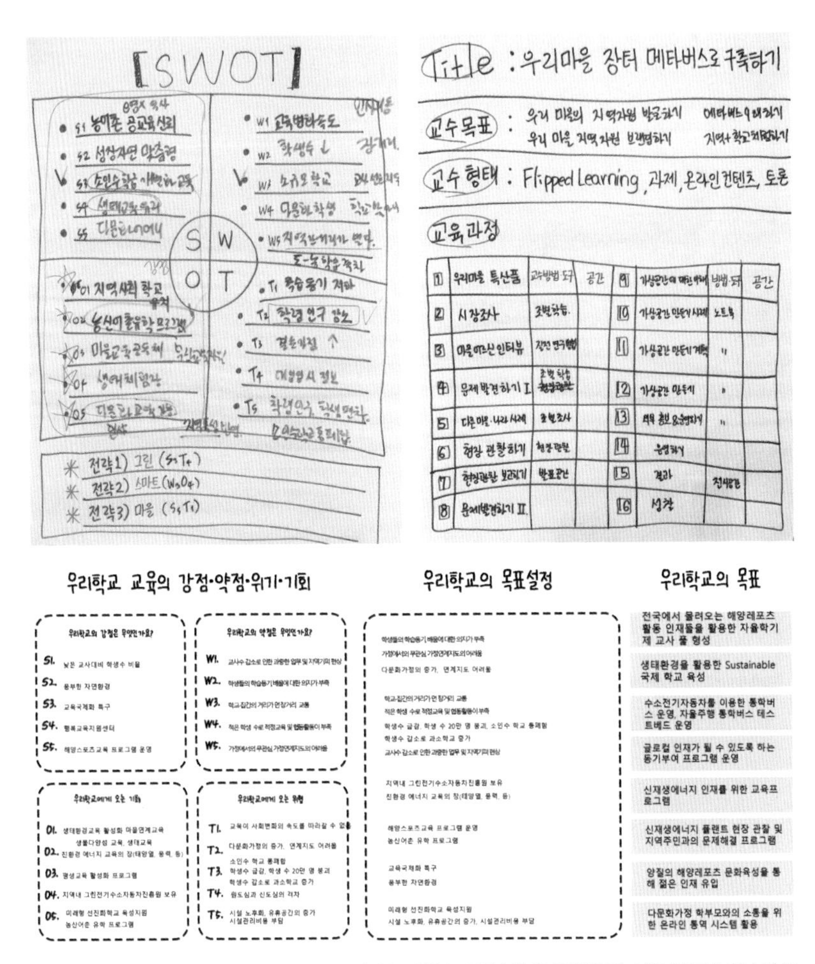

출처 : 전남 그린스마트 미래학교 실천교사단 연수자료

IV

미래교육을 위한 질문하기

1. 학생과 교사의 모습 바라보기

현재 학교에 있는 학생들과 교사의 모습을 있는 모습 그대로 글로 적어보자. 이 활동은 현재가 잘못되었다는 가정하에 비판하기 위한 활동이 아니다. 우리의 현재 모습을 객관적으로 바라보면서 미래교육을 위해 어떤 변화가 필요한지 함께 새로운 생각을 얻기 위한 활동이다.

아래와 같은 질문을 모둠에 던지면서 포스트잇에 각자의 생각을 적는다.

가. 선생님의 모습 바라보기

1) 수업 준비를 어떻게 하시나요?

아주 평범한 경우 수업 준비를 어떻게 하시는지 포스트잇에 적고, 모둠 이젤패드에 붙인다. 모둠원들이 적은 내용을 함께 공유한다.

2) 주로 어떻게 수업하시나요?

주로 어떻게 수업하시는지 포스트잇에 적고, 모둠 이젤패드에 붙인다. 모둠원들이 적은 내용을 함께 공유한다.

나. 학생의 모습 바라보기

1) 보통 수업 준비를 어떻게 하고 있나요?

학생들은 수업 전 어떻게 수업을 준비하는지 포스트잇에 적고, 모둠 이젤패드에 붙인다. 모둠원들이 적은 내용을 함께 공유한다.

2) 어떻게 학습하고 있나요?

학생들은 수업시간에 주로 어떻게 학습하고 있는지 포스트잇에 적고, 모둠 이젤패드에 붙인다. 모둠원들이 적은 내용을 함께 공유한다.

다. 학생과 선생님에 관련된 질문으로 유목화한다. 이후 특징적인 부분들을 전체 공유하는 시간을 가진다.

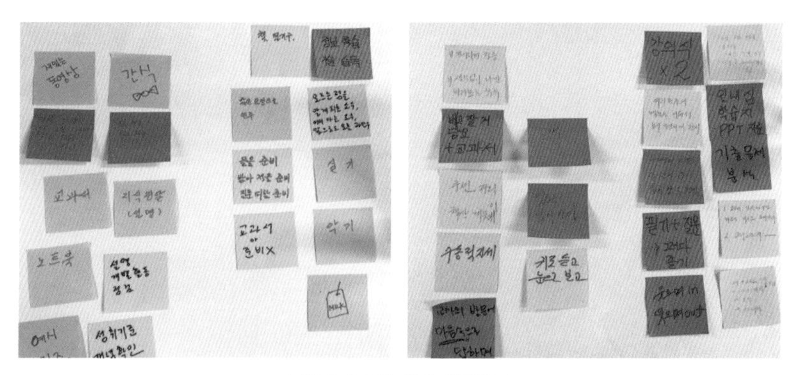

| 경남 OO고 연수 결과물 |

2. 2030의 사회, 학교, 교사 상상하기

오늘의 시간이 지난 뒤도 미래이고 내일부터도 미래이다. 각자 생각하는 미래의 시간적 설정이 다르다. 우선 교육기획 워크숍에 참여하고 있는 참여자들이 생각하는 미래의 시점은 워크숍을 하는 날로부터 10년 이내의 년도로 설정해서 통일하고, 미래에 대한 상상하기를 쉽게 유도한다. 설정한 연도의 사회, 학교, 교사를 모두 상상해서 적어도 좋고, 다양한 구성원이 참여하고 있다면 학생은 미래학교의 학생, 학부모는 미래학교의 학부모를 상상해서 적은 뒤 함께 공유하는 방법도 있다. 아래 자료는 미래학교를 상상하는 데 도움을 주려는 참고 자료이다.

〈Education Transformation Framework(Microsoft, 2021)〉

1) 2030 미래학교에서 교사, 학생, 학부모는 어떤 모습일까? 각자 작성한 뒤 모둠 안에서 생각을 나눈다.
2) 모둠원들의 생각을 유목화하거나 정리해서 모둠 결과물을 만든다.
3) 모둠별로 돌아가면서 결과물을 발표하고 서로의 생각을 나눈다.

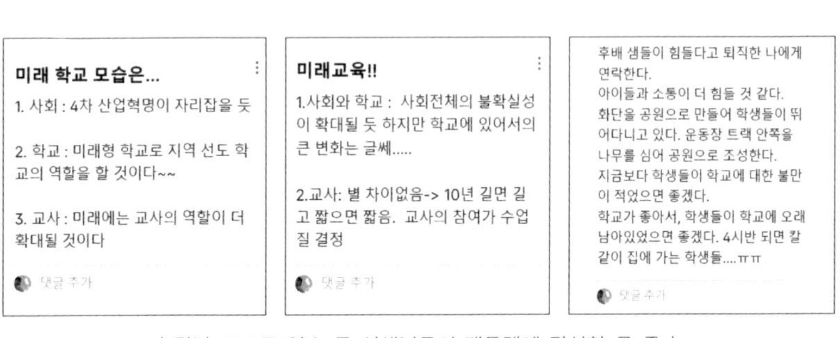

| 경남 OO고 연수 중 선생님들이 패들렛에 작성한 글 중 |

3. 개인이 느끼는 미래교육 공유하기

앞에서는 현재 학생과 교사의 모습을 바라본 뒤 2030이라는 특정 시기의 사회, 학교, 교사를 상상해 봤다. 여기서는 각자 교과의 특성을 가지고 미래교육 전환과 관련해 가장 시급하게 느끼는 것은 무엇인지 나눠본다. 미래교육 전환과 관련해 가장 우선적으로 변해야 되는 요소를 표현할 수 있는 이미지 카드를 선택한다. 1:1로 짝과 10분씩 해당 이미지 카드를 선택한 이유와 미래교육 전환에서 내가 시급하게 느낀 주제의 근거를 나눈다. 짝과 생각을 나눌 때 각자 한 문장씩 말한 뒤 30초간 가만히 있는 시간을 가진 뒤 다시 한 문장을 말한다. 이렇게 5분간 말하는 사람을 자신의 생각을 말하고, 듣는 사람은 아무 말 없이 경청한다. 이후 역할을 바꿔서 해당 활동을 수행한다. 이 활동은 하나의 주제에 대해 깊이를 더할 수 있는 생각을 유도하는 활동이다. 또한, 중간중간에 있는 30초의 아무것도 안 하는 시간은 어색하지 않고 상대방의 생각에 오롯이 집중할 수 있다는 경험을 가지게 될 것이다. 깊이 있는 본 주제에 대한 논의 전 시행해도 좋고, 날짜별로 나눠진 교육기획 워크숍에서는 해당 날의 워크숍을 마치는 과정으로 진행해도 좋다.

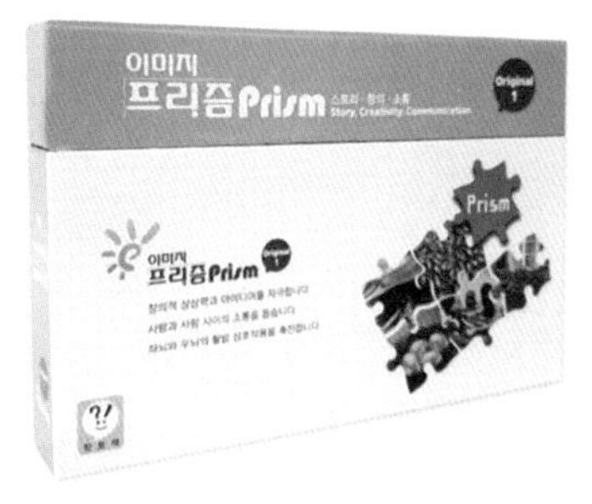

출처 : 아인몰

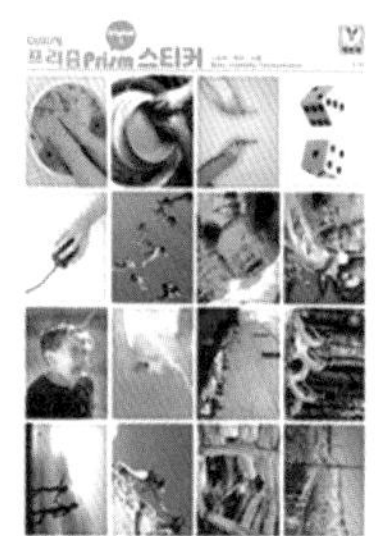

출처 : 티처몰

4. 미래교육에 관한 Y토론

미래교육에 관한 3가지 질문 '무엇을 학습할 것인가? 어떻게 학습할 것인가? 어디서 학습할 것인가?' 에 관해 3개의 영역으로 나누어 Y토론을 진행한다. 3개의 영역 무엇을, 어떻게, 어디서 영역에 자기 생각을 적을 때는 구체적으로 적어 상대방이 이해하기 쉽도록 작성해야 한다. 4~6인의 모둠으로 진행하는 것이 효과적이다.

1) 각 영역에 해당하는 자기 생각을 포스트잇에 적어 붙인다.

2) 모둠원들이 작성을 완료하면 영역별로 자기 생각을 발표한다.

3) 각자 생각을 나눈 뒤 영역 안에서 비슷한 내용끼리 유목화한다.

4) 일정한 공간에 모둠별 결과물을 붙인 뒤 다른 모둠의 결과물도 공유한다.

5) Y 토론 활동을 통해 무엇을 느꼈는지 모둠별로 나눈다.

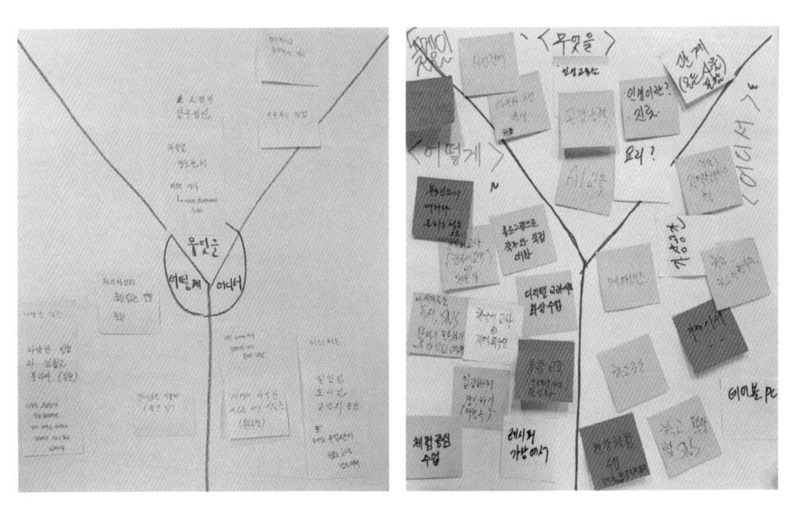

| 경남 OO고 연수 중 결과물 |

V

미래학교로 구체화하기

1. 우리 학교의 미래교육 비전 생각해보기

학교마다 교육의 방향성이 미래교육의 비전과 거의 같다. 현재 학교는 교육 비전과 교육 목표를 같은 의미로 사용하고 있다. 학교의 이해도를 높이기 위해 교육 비전을 교육목표로 기술한다. 학교의 교육 목표를 달성하기 위해 특색활동 및 교과별 학습활동이 진행되게 된다.

가. 여러 학교가 함께 우리 학교의 교육 목표 살펴보기

1) 교육계획서에 있는 현재 우리 학교의 교육 목표가 기억나는가? 혹시 기억나지 않으면 학교홈페이지에 가서 찾아본다.
2) 우리 학교의 교육 목표를 A4 지에 적는다.
3) 30년 뒤 우리 학교를 상상한다면 현재 우리 학교의 교육 목표에 어떤

단어가 추가되어야 할까? 어떤 단어가 바뀌어야 할까? 포스트잇에 적어서 우리 학교 교육 목표 밑에 붙여 본다.

4) 모둠 안에서 각자 작성한 내용을 발표해 본다.

5) 공통된 내용이 나왔다면 의견을 전교학생회, 교직원회의 등에 안건으로 상정해 교육 목표를 변경해 본다. 단, 무리하게 이번에 결론을 지어서 변경해야지라고 생각하지는 않는다.

나. 같은 학교 구성원끼리 '어항 토의 기법'으로 교육 목표 살펴보기

1) 교육계획서에 있는 현재 우리 학교의 교육 목표가 기억나는가? 혹시 기억나지 않으면 학교홈페이지에 가서 찾아본다.

2) 30년 뒤 우리 학교를 상상한다면 현재 우리 학교의 교육 목표에 어떤 단어가 추가되어야 할까? 어떤 단어가 바뀌어야 할까? 포스트잇에 적는다.

3) 열 명 내외로 모둠을 재편성한다.

4) 열 명이 원 모양으로 둘러앉는다. 둘러앉은 원안에 의자 네 개로 다시 원 모양을 만든다.

5) 열 명 중 사회자를 한 명 미리 선정해 놓는다. 30년 뒤 우리 학교의 교육 목표에 어떤 단어가 추가되어야 할지? 어떤 단어를 바꿨으면 좋겠는지? 등의 주제로 어항 토의를 한다.

6) 바깥 원(아래 그림에서 파란색 원)에 앉아 있는 사람을 말을 할 수 없고, 하고 싶은 말이 있으면 가운데 원(아래 그림에서 빨간색 원)에 앉아 이야기한다. 이때 가운데 원 네 자리 중 한자리는 비워둬야 한다.

7) 가운데 원에 세 명이 앉아 있는데 바깥 원에서 한 명이 들어오면 가

운데 원에 있던 세 명 중 한 명은 바깥 원으로 이동한다.

💡 **Tip** 처음 가운데 원에 들어갈 선생님들의 동기부여를 위해 간단한 선물을 의자 위에 놓아두는 것도 좋다. 중간 중간 의견이 끊어지거나 대화하는 사람의 교체가 잘 일어나지 않는 경우에는 사회자가 적절하게 개입한다.

8) 열 명의 모든 구성원이 가운데 원이 한 번씩은 들어갈 수 있도록 사회자가 적절하게 조절한다.

| 어항 토의 모습 |

처음부터 교육목표에 대한 접근이 힘든 경우는 교과 비전에 대해 이야기를 나눈 뒤 교육목표를 살펴보는 방법도 있다.

학교의 교육목표를 구현하는 대표적인 방법은 교과의 학습활동이다. 수업의 비전을 DVDM 질문법으로 살펴보면 교육목표를 어떻게 접근해야 하는지에 대해 쉽게 이해할 수 있다.

DVDM 질문법

Definition, Value, Difficulty, Method의 약어로 참여자 간의 생각을 미리 확인하고 후속 논의를 깊이 있게 이어갈 수 있는 질문법

- ○ Definition(정의) : 주제를 명확하게 하는 질문
- ○ Value(가치) : 주제가 추구하는 방향성과 가치를 확인하는 질문
- ○ Difficulty(어려움) : 주제를 실천할 때 무엇이 어려운지를 알아보는 질문
- ○ Method(해법) : 주제의 실천과 개선에 필요한 방법을 찾는 질문

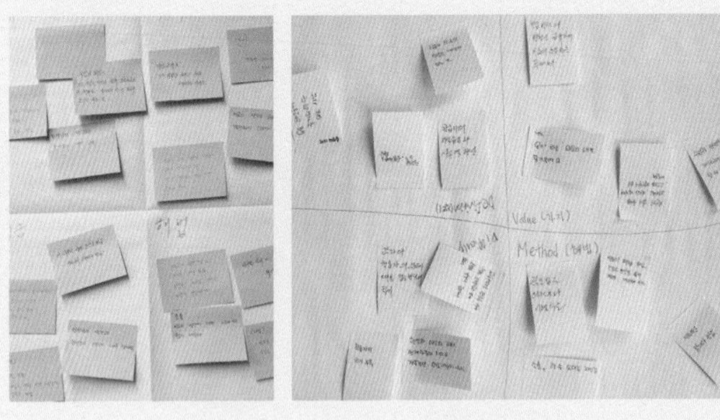

| 경남 OO고 수업비전 DVDM 결과물 |

다. 우리 학교의 현재 중점교육 활동

우리 학교의 비전을 검토해 봤다면 다음으로 현재 중점교육 활동이 미래 교육과정에 맞게 운영되고 있는지 살펴볼 필요가 있다. 교육목표에 따른 학교의 특색 교육 활동을 적고, 특색 교육 활동을 실천하기 위한 교육과정의 내용을 적자. 이후 학교 특색 교육 활동은 미래학교로 변화되면 교육과정에 어떤 변화가 요청되는지를 적는다. 한꺼번에 미래형 교육과정으로 다 바꾼다는 생각보다는 현재의 교육 활동에 어떤 요소들이 추가되어야 하는지를 생각해보면서 단계별로 가는 것도 좋다.

교육 목표	교육 활동	현재 교육과정 내용	미래 교육과정의 변화

위 표의 내용을 아래와 같이 유목화하면 훨씬 더 체계적으로 정리할 수 있다.

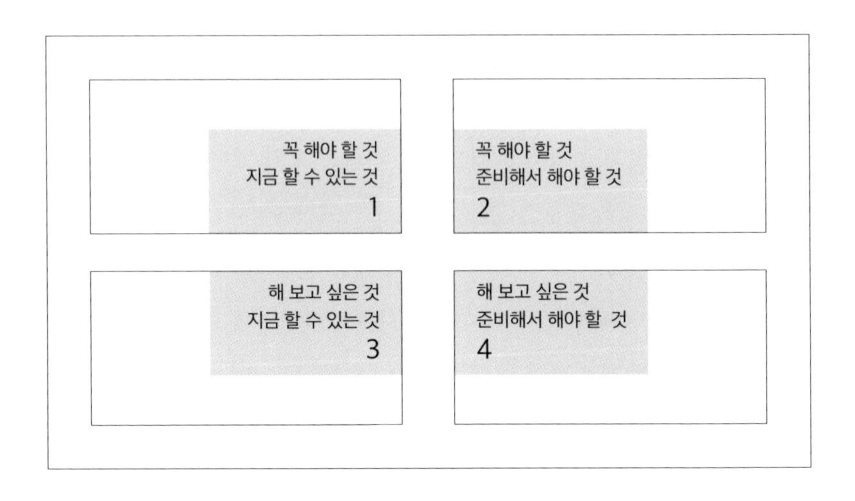

2. 미래 학습자 역량과 이를 지원하는 수업

미래 학습자들이 갖추어야 하는 역량에 관해 전문가들의 이야기를 소개한다. 이에 따라 활동을 진행하라는 것이 아니라 참고 자료로 제시한다.

– 이미 앞에서도 본 바와 같이 미래 학습자가 갖추어야 할 역량에 대하여 『최고의 교육』의 저자들은 4C인 협력(Collaboration), 의사소통(Communication), 비판적 사고(Critical thinking), 창의적 사고(Creative thinking)를 6C로 확장했다. 6C는 창의적 사고 대신 창의적 혁신(Creative innovation)으로 대체했으며, 여기에 콘텐츠(Content)와 자신감(Confidence)을 추가했다.

– OECD 학습 나침반 2030(OECD Learning Compass 2030)에서는 학생의 행위 주체성을 강조하고, 학습의 지향점을 웰빙(well–being)으로 제시하고 있다.

아래 사례는 미래 학습자가 갖추어야 할 역량을 간단히 소개한 뒤 선생님들의 자유로운 의견제시로부터 학습법까지 이어지는 브레인스토밍 기법이다. 이 과정은 학생들을 대상으로 진행할 수도 있다. 학생들을 대상으로 활동을 한다면 미래 학습자에게 필요한 역량을 주제로 브레인스토밍 한 뒤, 어떤 수업을 받고 싶은지를 적어보면 된다.

가. 미래 학습자에게 필요한 역량 중 가장 중요한 세 가지를 포스트잇에 적어 이젤 패드에 붙인다.

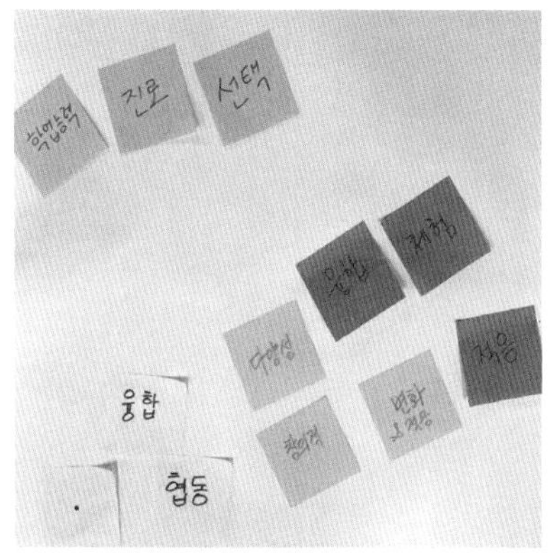

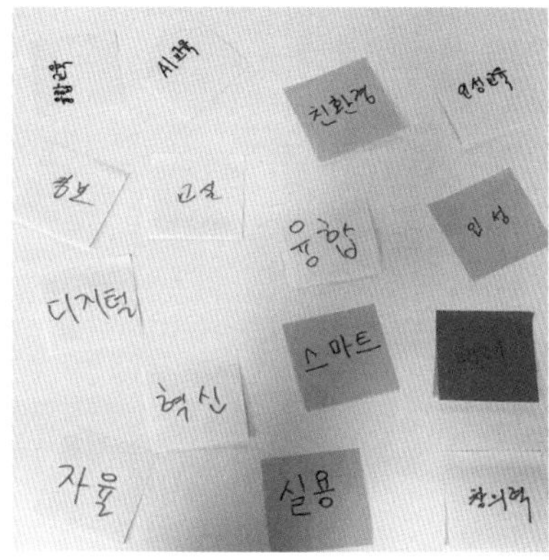

출처 : 경남 OO고 연수 결과물

나. 모둠원들의 결과물을 보고 함께 토의해서 모둠에서 미래 학습자에게 필요한 역량을 4~5개 추출해 가로로 붙인다.

다. 모둠의 미래 학습자에게 필요한 역량을 어떤 방식으로 수업할 수 있을지 각자 생각해 해당 수업을 통해 함양할 수 있는 역량 밑에 최대한 많이 작성해서 붙인다.

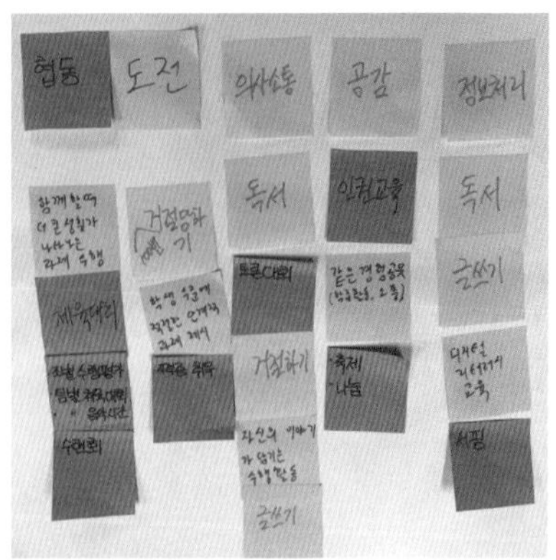

출처 : 경남 ㅇㅇ고 연수 결과물

라. 모둠별 결과물을 모두 둘러보면서 좋은 의견이라고 생각되는 포스트잇에 동그라미 표시를 해 보자.

마. 모둠별 투표 후 아래와 같이 선생님들이 실질적 실천 과제 적는다.

수업의 변화를 위해 필요한 것	내가 준비할 것	
	학교에서 준비할 것	

3. 미래학교로 가는 과정 정리

지금까지 교육 비전을 정하고, 특색 교육 활동을 살펴봤다. 또한, 미래 학습자 역량에는 어떤 요소들이 있고, 미래 학습자 역량을 함양하기 위해서는 어떤 학습활동이 필요한지에 대해 교육공동체의 의견을 모아 봤다.

이렇게 정리된 내용을 바탕으로 우리 학교 교육계획서를 다시 보자. 그리고 필요한 것이 있으면 수정하자. 현재의 작은 한걸음이 쌓여서 미래학교를 만들어간다. '연말에 하자', '내년 초에 새 학기 준비할 때 하자'가 아닌 지금 한걸음 내딛자.

가. 표로 교육기획 활동 정리하기

교육비전	
학생역량	
중점교육활동	

나. 이미지로 방향성 제시하기

4. 미래학교로 가는 과정의 이해관계자

미래학교로 가기 위한 교육기획 워크숍의 과정을 교육공동체 안에서 살펴봤다. 그런데 학교라는 공간은 외부 사회와 끊임없는 교류가 일어나는 공간이다. 학교의 교육과정은 자율성을 가지지만 일정한 규칙을 지켜야 하고, 수능 등 상급학교 진학을 위한 평가를 학습자가 받기도 한다. 즉, 미래학교로 가는 과정에서 사회 및 이해관계자와 교류를 생각해야 한다. 이 과정을 통해 미래학교로 가는 과정에서 이해관계자는 구체적으로 누구이며, 어떤 준비를 해야 하는지 생각해 볼 수 있다.

이해관계자 맵을 작성한 뒤 핵심 이해관계자들은 어떤 관계를 맺고 있는지? 연계된 이해관계자와 어떤 연계점을 찾아야 하는지 토의한다. 토의한 결과를 이해관계자 맵의 제일 외각에 적는다. 이 과정은 미래학교로 혁신하기 위해 어떤 주체들이 협업해야 하는지를 효과적으로 정리할 수 있다.

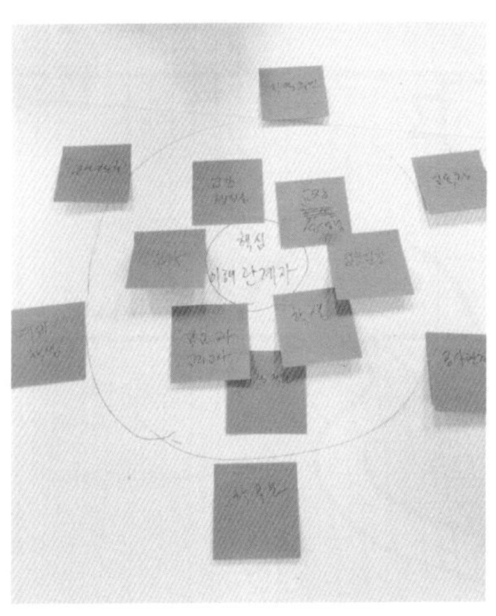

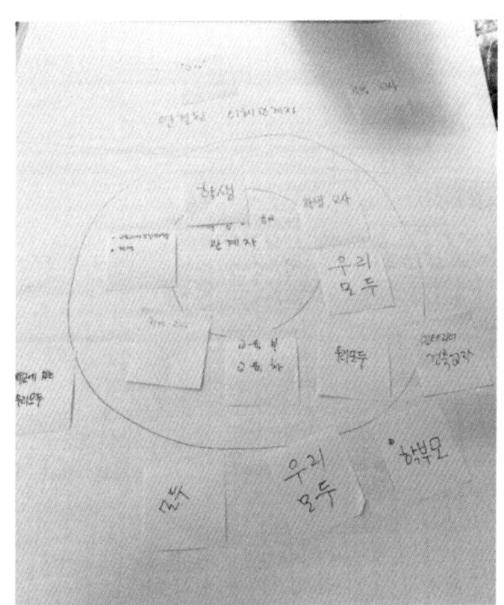

| 경남 OO고 연수 결과물 |

VII

교육기획 설계해 보기

미래학교를 위한 교육기획을 진행하기로 했다면 교육공동체가 현재 어떤 상황인지를 파악할 필요가 있다. 현재 교육공동체의 역량이 10이라면 투입되는 역량이 12~15 정도의 미래학교를 만들 수는 있으나 100의 학교를 만들 수는 없다. 아주 잘 만들어진 미래학교여도 교육공동체가 함께 참여하지 못한다면 의미가 낮을 수밖에 없다. 현재 상황에 대한 분석이 끝났다면 교육공동체가 생각하는 미래학교의 철학을 만들고 공간에 반영시키는 과정 순으로 진행되어야 한다.

미래학교 교육기획에 많은 경험을 가지고 있는 김은미 장학사의 교육기획 구성을 위한 출발점 자료를 공유한다. 학교가 왜?, 무엇을?, 어떻게? 라는 질문에서 출발한 것을 볼 수 있다. 교육공동체가 교육기획을 설계한다면 아래와 같은 생각의 정리 과정이 필요하다.

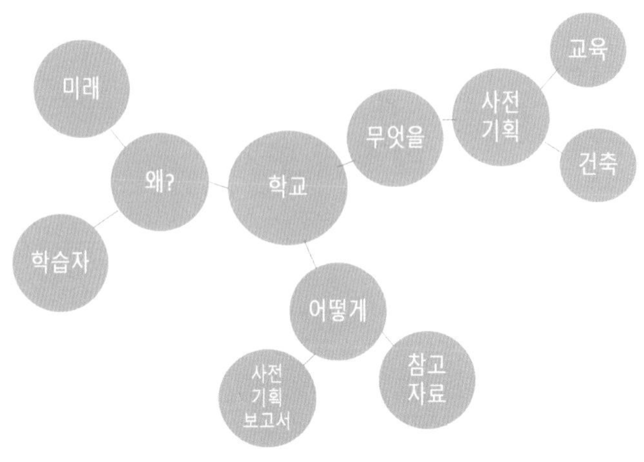

출처 : 세종교육청 김은미 장학사

위와 같이 맥락을 가질 수 있는 생각을 했다면 아래 표에 교육기획과정을 정리해 보자.

왜 필요성 및 요구	**무엇을** 교육기회 주제	**어떻게** 진행방법	**누구를** 프로그램 대상자	**언제** 시기, 횟수 등

만약 책의 내용을 참고해서 교육기획을 설계한다면, 본 장의 내용 구성을 다시 살펴보자. 아래 구성에 따라 흐름을 잡고 내용을 선정하고 시간을 결정해 보자.

1. 교육기획 접근하기 : 설문을 통한 현재 상황 분석

2. 우리라는 공간으로 초대하기 : 교육공동체의 일상으로 함께하기

3. 공감대 형성하기

- 미래학교 구성원 캐릭터 설정과 변화된 모습 상상하기
- 현재 학교 공간하면 떠오르는 이미지 그리기
- 우리 학교에서 인상적인 공간과 이유 나누기
- 모둠별 상황 상상하고 이어쓰기
- 영상자료 보고 모둠원들과 나누기
- 미래학교에 대한 이해도 높이기
- 우리 학교가 속한 지역에 대한 SWOT 분석하기

4. 미래교육을 위한 질문하기

- 학생과 교사의 모습 바라보기
- 2030의 사회, 학교, 교사 상상하기
- 개인이 느끼는 미래교육 공유하기
- 미래교육에 관한 Y토론

5. 미래학교로 구체화하기

- 우리 학교 미래교육 비전 생각해보기
- 미래 학습자 역량과 이를 지원하는 수업
- 미래학교로 가는 과정 정리
- 미래학교로 가는 과정의 이해관계자

흐름	운영 내용	대상	시기 및 횟수
1. 교육기획 접근하기			
2. 우리라는 공간으로 초대하기			
3. 공감대 형성하기			
4. 미래교육을 위한 질문하기			
5. 미래학교로 구체화하기			

위와 같이 교육기획과정을 정리했다면 주제와 상황에 따라 교직원, 학생, 학부모, 지역사회, 관계자들이 참여하는 워크숍을 꾸준히 진행한다. 그리고 모든 내용을 워크숍에서 풀어내기에는 시간적 여유가 없으므로 수업시간 중 주제 중심 학습활동과 연계해서 하는 것을 추천한다.

2015 개정교육과정부터 수업량 유연화에 따른 단위학교 자율 교육과정 편성이 가능해졌다. 교육공동체의 의견이 모아지고, 학교운영위원회 심의를 받게 되면 운영할 수 있다. 아주 간단하게 이야기하면 일주일간 주제 중심 프로젝트 수업을 운영하는 것이다.

프로젝트 수업을 설계할 때 도움을 받을 수 있는 자료인 수업 설계 카드를 소개한다. 다양한 수업 설계 카드가 존재하므로 교육공동체에 적합한 자료를 활용하면 좋다. 해당 카드를 활용해서 수업의 방향성을 잡은 뒤 세부 운영방식은 빈 카드에 보드펜으로 적으면 된다.

| 자원카드, 역량카드, 기능카드, 내용카드, 평가카드로 구성 |

VIII

미래교육, 학교 공간 재구조화와 연결하기

교육기획 활동을 통해 미래학교에서 운영할 교육과정에 대해 충분한 토의 및 결론의 과정을 거쳤다면 미래형 교육과정을 지원할 수 있는 학교 공간 재구조화를 통해 교육과정이 원활하게 운영될 수 있는 물리적 환경을 만드는 과정으로 이어가야 한다. 해당 과정을 운영하기 위해서는 교육기획과정을 건축기획자에게 설명해 줄 수 있는 담당자가 필요하다. 학교 공간을 교육의 관점으로 바라보는 경우와 건축의 관점으로 바라보는 경우 같은 상황을 다소 다르게 볼 수 있으므로 교육기획과정에서 건축기획과정으로 넘어가는 과정에서는 양쪽 담당자들이 함께 모여 그동안 진행되었던 과정을 충분히 공유해야 한다. 아래의 과정을 교육공동체와 건축기획자가 함께 진행해 보면 좋을 것이다.

1. 교육기획 과정 공유하기

교육기획 과정을 통해 진행되었던 과정은 그때마다 결과물 위주로 모든 모둠의 결과물을 사진 찍는다. 디지털로 기록된 정보들을 패들렛 등의 사이트를 통해 진행 과정의 제목을 붙인 뒤 간단한 메모와 함께 분류해서 저장한다. 제일 좋은 방법은 미리 진행 과정을 저장할 수 있는 공유 사이트를 제작한 뒤 진행 과정에서 모둠이 바로 저장하는 방법이다.

교육기획과정을 마무리하고 건축기획과정으로 진행될 때 건축가와 함께 해당 자료들을 보면서 설명해 주면, 건축가가 교육공동체의 진행 과정을 이해하는 데 많은 도움이 된다. 이를 바탕으로 교육공동체가 무엇을 원하는지를 정확하게 판단하고 공간으로 구현할 수 있다.

2. 미래학교 공간 상상하기

가. 미래학교에 필요한 공간 상상하기

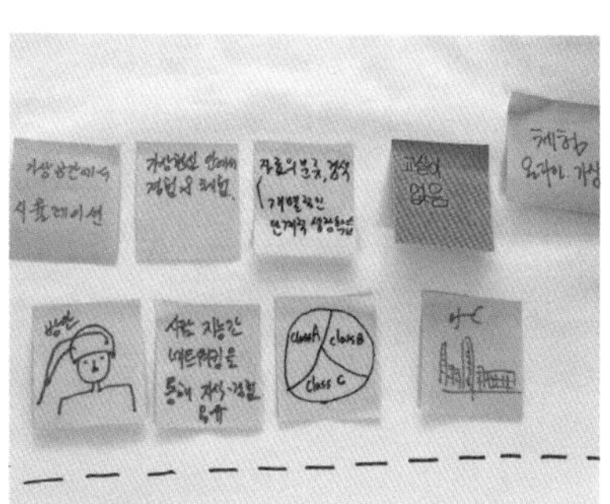

| 경남 OO고 연수 결과물 |

미래학교에 어떤 공간이 있었으면 좋을지 생각해 본 뒤 포스트잇에 그림으로 그린다. 이때 학교 전체 공간을 그리는 것이 아니라 미래학교에 필요한 일부 공간 또는 교실을 그린다.

나. 가상의 학교에 표현하기

1) 모둠별 종이에 미래학교 공간을 상상한 뒤 점선으로 학교 공간을 구역으로 나눈다.
2) '가. 미래학교에 필요한 공간 상상하기' 활동으로 작성된 그림을 점선으로 구역이 나누어진 미래학교 공간에 배치해 본다. 이때 해당 그림이 어떤 위치에 있으면 좋을지 모둠원들과 토의한 뒤 해당 위치에 붙인다.
3) '2. 미래 학습자 역량과 이를 지원하는 수업방식'에서 작성한 학습방식을 미래학교 공간 중 어울리는 곳 옆에 붙인다.

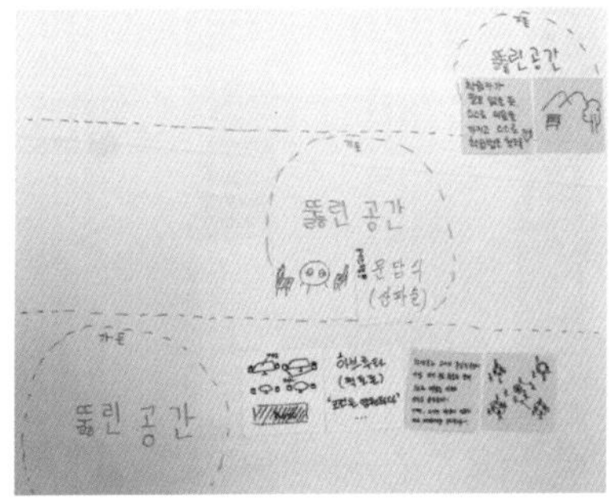

| 경남 OO고 연수 결과물 |

3. 메타버스로 미래학교 공간 구현해 보기

우리가 흔히 머릿속으로 상상한 과정을 가상으로 미리 해 보는 과정을 통해 오류를 수정하고 실제 적용할 때 도움을 받는다. 미래학교의 모습도 이런 과정을 거쳐 보면 실제 학교를 구현하기 전 다양한 오류를 미리 줄일 수 있지 않을까? 이때 가장 좋은 방법으로 '메타버스'를 추천한다.

메타버스라는 확장공간에 우리가 구현하고자 하는 미래학교를 구현해 놓고 미리 교육공동체들이 경험하게 하자. 교육공동체가 경험한 뒤 좋았던 점, 개선할 점에 대한 의견을 취합하자. 취합된 의견은 판단하지 말고, 건축기획자와 함께 공유하자. 이러한 구체적인 예시로 게더타운에 미래학교를 디자인하고 실제 진행했던 이야기를 수집하고 공유하도록 만들었다. 아래의 공간은 실제 학생들이 자유롭게 학교를 탐색하는 것처럼 돌아다니고 기존의 공간과 다른 가상현실세계여서 학생과 교사 모두 흥미를 가지고 진행할 수 있는 좋은 사례이다.

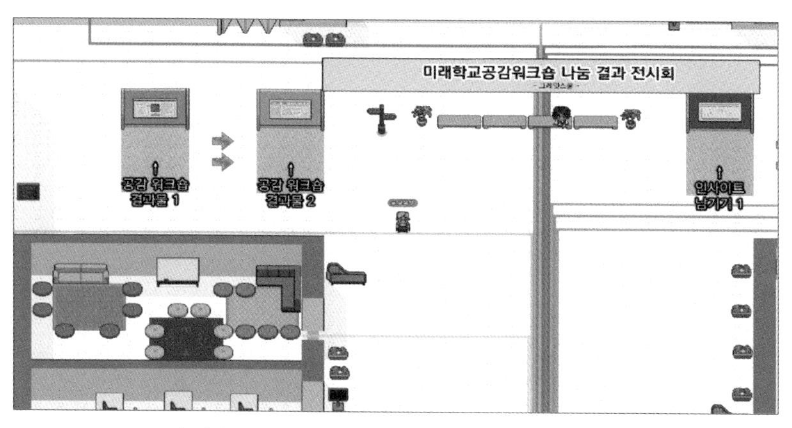

| 메타버스에서 미래학교 구현공간 및 과정 공유하기 |

2019년에 학교공간혁신사업이 전국적으로 시행되면서 수많은 사례들이 만들어졌다. 이에 비례하여 가이드라인, 우수사례 보고서, 동영상 등 수많은 참고자료들이 만들어졌고 그 결과도 인터넷에서 쉽게 구할 수 있게 되었다. 학교 공간에 대한 변변한 자료조차 없던 과거와 비교하면 발전적인 방향으로 가고 있는 것은 분명하다. 그러나 신기하게도 학교 공간에 대해 관심을 갖고 있는 교육청, 학교 등의 모임에 가면 항상 나오는 질문이 "어디서 우수사례 사진을 구할 수 있습니까?"라는 질문이다. 다시 한 번 말하지만 인터넷에 수많은 자료들이 존재하고 있다.

위의 질문에 반대로 질문하고 싶다.

"우수사례 사진이 있으면 적용이 가능합니까?"

적지 않은 사람들이 오해하고 있는 것이 있다. 몇 장의 우수사례 사진, 몇 권의 책, 한두 개의 공간 재구조화 프로젝트를 수행하면 학교 공간에 대한 전문성이 쌓일 것이라 생각하는 것이다. 그러나 학교 공간 재구조화 사업에 직접 참여하게 되면 이 사업이 단순히 집을 고치는 프로젝트와는 근본적으로 다른 종류의 사업이라는 것을 금세 깨닫게 된다.

가장 중요한 문제라면 학교 공간에 대한 경험을 넘어서 학교 공간에 대한 철학을 정립하는 것이리라. 단순히 공간을 보는 것이 중요한 것이 아니라 공간에 담겨진 의미를 해석하고 적용해보는 실질적인 노력이 필요하다는 말이다. 단순히 사례만을 보여주는 것이 아니라 그 사례들이 담고 있는 철학을 이해하는 것이 핵심이다. 이 책은 눈에 보이는 물리적 형태를 넘어서 공간철학을 제시하는 책이라 할 수 있다. 독자에게 눈을 위한 요깃거리를 넘어서 생각의 요깃거리를 제공하는 책이다. 따라서 이 책은 개인적인 차원을 넘어서 교육공동체의 차원에서 지속적으로 논의될 때 더욱 유실한 의미를 가질 수 있게 될 것이다.

이 책을 통하여 단순히 학교 공간 사례가 늘어가는 대한민국 학교가 아니라 학교 공간에 대한 생각이 늘어가는 대한민국 학교가 늘어가길 기대한다.

건축공학박사

박 성 철

| 추천사

학교 공간의 재구조화는 학교교육의 재구조화로 이어진다. 학교에서의 삶은 살기와 배움으로 이루어지기에 결국 삶의 재구조화를 가져온다. 학교 공간의 혁신이란 학교공동체의 삶의 방식을 담아내는 것이다. 삶의 방식은 곧 문화이기 때문에 학교만 지어내는 것이 아니라 학교의 문화와 공간이 같이 지어져야 제대로 짓는 것이다. 그러기에 학교건축과 공간을 만들 때 그 학교의 문화를 대하는 태도가 사업실행방법의 결을 만든다. 이 책은 그린스마트 (미래)학교사업이 그동안 시설사업 과정을 조급하게 따라가느라 놓쳐 왔던 학교 이야기들을 짚어주는 귀중한 질문들을 담고 있다. 미래학교를 향한 결과보다 과정의 가치를 아는 분들이 엮어낸 실천의 글들로 이루어진 이 책을 읽노라면, 이 시대 학교 공간을 고민하는 우리들이 그토록 필요로 했던 도구들을 어느새 '스스로' 갖추게 되었음을 발견하게 될 것이다.

_고인룡 공주대학교 건축학부 교수 / 학교건축 촉진 전문가 그룹(SAFE)

교육의 본질은 가르치고 배우는 관계이고, 미래교육은 이 관계를 확장하고 새롭게 만드는 일이다. 삶과 배움의 주체인 우리 아이들이 자신의 삶에서 관계 맺는 모든 것을 통해 성장하며 우리 공동체의 행복과 안녕에 기여하는 교육이 바로 미래교육이다. 미래교육 실천을 위한 새로운 시대 앞에서 귀한 책이 출간되어 진심으로 기쁘다. 이 책은 미래학교 상에 대한 제시를 통해 우리 아이들의 배움의 시간이 연속되며 교과서 밖 세상으로 교육과정이 비상할 수 있는 실천적 대안을 보여주고 있다. 시·공간 확장을 위한 학교 공간 재구조화를 위한 사전기획 등의 구체적 사례를 통해 미래학교 구축에 실제적 도움을 주는 책이다. 현재를 살고 있는 시민이자 미래시민인 우리 아이들의 삶과 배움의 실천적 지원을 위해 이 책 『미래학교, 공간과 문화를 짓다』 일독을 권한다.

_최교진 세종특별자치시교육감

• 교육과정 · 수업 관련 도서 •

포노 사피엔스를 위한 진로 교육

김덕년, 유미라, 허은숙 지음

아이들이 행복한 진로 교육이란 바로 가치의 경중을 따지지 않는 진로 교육이다. 쓸모가 있건 없건 생명이 있는 존재는 모두 소중하다. 이 책은 이런 소중한 생명들에게 어른들이 해주어야 하는 진로 교육은 무엇인지를 논한다.

과정중심평가

김덕년, 강민서, 박병두, 김진영, 최우성, 연현정, 전소영 지음

2015 개정 교육과정의 핵심 내용 중 하나로, 최근 교육 현장에서 가장 큰 화두인 '과정중심평가'를 소개한다. 특히 '과정중심평가를 어떻게 실천할 것인가'에 대한 실마리를 제시한다.

특수교육에서의 교육과정 재구성과 수업

한재희 지음

저자는 수업공개를 통해 특수교실의 문을 활짝 열었다. 이 책은 특수교육에서 교육과정 재구성이 왜 중요하며, 그것이 교실에서 어떻게 실현되어야 하는지를 성공 사례와 실패 사례를 통해 보여준다.

그림책 성교육

김경란, 신석희 지음

어떻게 하면 아이들과 자연스럽게 성에 대해 이야기 할 수 있을까? 성교육의 중요성과 필요성은 누구나 공감하지만, 다양한 가치관 앞에서 무엇을 어떻게 가르쳐야 할지 고민이 생긴다. '성교육'을 그림책을 통해 편안하고 친근하게 접근할 수 있게 안내한다.

그림책 감성놀이

그림책사랑교사모임 지음

『그림책 생각놀이』의 후속편으로, 생각과 행동의 근원이 되는 '감정'과 감정에서 비롯되는 생각과 심리적 생물학적 상태, 행동 성향 등을 아우르는 '감성'을 아이들과 함께 놀이하며 찬찬히 들여다보고 자연스럽게 받아들이며 따뜻하게 다독인다.

14가지 빛깔의 그림책 수업

그림책사랑교사모임 지음

교실에서 시도한 14가지의 활동 수업을 차시에 따라 자세히 소개한다. 창작 수업부터 온라인 협력 수업까지 다양한 활동 속에서 즐겁고 자연스럽게 배움이 일어나는, 새롭고 도전적인 수업 방법들을 알려 준다.

• 교사성장 관련 도서 •

예술, 교육에 스며들다

이다정 지음

우리 교육이 동일한 것으로 환원하는 것에서 벗어나 차이를 생성하고, 고정된 틀을 벗어나 상상하고, 자신만의 철학과 이야기를 다양한 감각을 통해 공유하기 위해서는 어떻게 해야 할까? 저자는 교육 전반에 예술이 스며들어야 가능할 것이라고 이야기한다.

그림책, 교사의 삶으로 다가오다

김준호 지음

삶에 지쳐 힘들 때 그림책을 펼쳐보자. 그림책은 삶에 지친 우리의 마음에 지금 충분히 잘하고 있다고, 억지로 무엇을 더 할 필요가 없다고 위로와 위안을 건네줄 것이다.

민주학교란 무엇인가

이대성, 이병희, 이지명, 이진희, 최종철, 홍석노 지음

민주시민 교육과정에서 민주적 학교문화까지 민주학교의 길을 먼저 걸어간 저자들이 민주적인 구조와 과정을 실천하는 학교문화 속에서 민주시민교육을 핵심 교육과정으로 민주시민을 양성하는 '민주학교'가 무엇인지를 보여준다.

격려수업, 격려수업 워크북

김성환 옮김

새로운 사람처럼 생각하고 느끼고 행동하게 하는 아들러 심리학에 기반한 8주간의 '격려 상담'. 당신이 겪고 있는 문제와 관련된 정보를 찾고 그로부터 그 문제를 해결하도록 돕는다.

다시, 교사를 생각하다

박종근 지음

대한민국 교사의 미래에 대해 이야기한다. 학교와 교육의 문제의 해결과 그 변화의 중심에는 교사가 있어야 하며, 교사가 학교 문제를 해결하는 열쇠라고 말한다.

실천교육학

마이크 샤플스 지음, 사람과교육 번역연구팀 옮김

가르치고 배우고 평가하는 혁신적인 40가지 새로운 방법을 소개한다. 교실만이 아니라 비공식적인 환경, 온라인 학습공간에서의 다양한 교수법에 대한 사례연구를 만날 수 있다.